政党外交论丛　申险峰・主　编　徐　亮/邢新宇・副主编

文化与国际交往

Culture and International Communication

朴钟锦　周榆涵◎编著

时事出版社
北京

图书在版编目（CIP）数据

文化与国际交往/朴钟锦，周榆涵编著．—北京：时事出版社，2024.1
ISBN 978-7-5195-0514-1

Ⅰ.①文…　Ⅱ.①朴…　②周…　Ⅲ.①文化交流—研究　Ⅳ.①G115

中国国家版本馆 CIP 数据核字（2023）第 060643 号

出版发行：时事出版社
地　　址：北京市海淀区彰化路 138 号西荣阁 B 座 G2 层
邮　　编：100097
发行热线：（010）88869831　88869832
传　　真：（010）88869875
电子邮箱：shishichubanshe@ sina. com
印　　刷：北京良义印刷科技有限公司

开本：787×1092　1/16　印张：16.5　字数：270 千字
2024 年 1 月第 1 版　2024 年 1 月第 1 次印刷
定价：120.00 元
（如有印装质量问题，请与本社发行部联系调换）

本书受到北京第二外国语学院教师队伍建设—教师教学促进—双培计划虚拟教学团队建设（544013/004）项目资助

目　　录

第一章　文化与国际交往概况

第一节　文化的概念、构成、功能和特征

一、文化的概念

（一）“文化”的词源

从汉语的“文化”词源来看，“文化”是由“文”与“化”两个字构成。据考察，“文”与“化”两个字合二为一并非自古以来就如此，而是到了西汉时期才有了“文化”这一合成词。那么“文”与“化”单独使用时各表达什么意思呢？

“文”字的本义是指色彩交错的图形、花纹、纹理，后来由“纹理”衍生出“语言文字及其相关的各种象征符号”之义，又从“语言文字”含义衍生出“文物典籍、礼乐制度”；由“色彩交错的图形”引申出装饰、修养等意思，又从“装饰、修养”之意引申出“审美、道德修养”的意思。①

如，《礼记·乐记》载：“五色成文而不乱”，《说文解字》释义为“文，错画也，象交文”。《左传·隐公元年》载：“仲子生而有文在其

① 庄孔韶主编：《人类学通论》，山西教育出版社2005年版，第16—17页。

手”，其“文”指花纹、纹理之义。《尚书·序》载，伏羲画八卦、造书契，“由是文籍生焉”，其“文”指“语言文字”之意。《论语·子罕》载：“子畏于匡，曰：‘文王既没，文不在兹乎？天之将丧斯文也，后死者不得与于斯文也；天之未丧斯文也，匡人其如予何？’”孔子被匡地的人们所围困时，他说：“周文王死了以后，周代的礼乐文化不都体现在我的身上吗？上天如果想要消灭这种文化，那我就不可能掌握这种文化了；上天如果不消灭这种文化，那么匡人又能把我怎么样呢？”① 这里的“文”字，指“礼乐制度”。《尚书·舜典》中“经纬天地谓之文”的“文”指“装饰”。《论语·雍也》载：“质胜文则野，文胜质则史。本质彬彬，然后君子”，其“文”与“质”对称，表“修养”之义。《礼记·乐记》载：“礼减而进，以进为文”，其“文”字，即“美、善”之义。②

“化”字，指“变易、生成、造化、教化”之义。如，《庄子·逍遥游》载：“北冥有鱼，其名为鲲，……化而为鸟，其名为鹏”，其“化”为“变化、变易”之义。《周易·系辞下》载：“男女构精，万物化生。”《黄帝内经·素问·五常政大论》载：“化不可代，时不可违”，“化”字指“造化”，大自然的功能。《论衡·佚文》载：“无益于国，无补于化”，其“化”指“教化”，即用教育感化改变人心风俗。③

“文化”合成词出现后，有相对于“武功”而言的“文治”与“教化”之意。如，西汉刘向的《说苑·指武》载：“凡武之兴，为不服也，文化不改，然后加诛。”大意为：只是运用武力征服，百姓口服心不服。如果不以德治国、以文化之，最后还会被别人同样以武力再次讨伐回来。这里的“文化”是与“武功”相对的“文治、教化”之意。④

汉语的“文化”含义丰富，与现代文化人类学所说的“文化”概念，虽有相通之处，如指人类创造的东西、与武功相对的“文化”含义，但它们不能划等号。文化人类学的“文化”概念，是一个学科概念，是人们把

① 《〈论语〉子罕篇第五：子畏于匡》，腾讯网，2014 年 5 月 15 日，https://rufodao.qq.com/a/20140515/014827.htm。

② 庄孔韶主编：《人类学通论》，山西教育出版社 2005 年版，第 17 页。

③ 《古汉语常用字字典》编写组：《古汉语常用字字典》，商务印书馆 1979 年版，第 103 页。

④ 庄孔韶主编：《人类学通论》，山西教育出版社 2005 年版，第 17 页。

感知到的人类所创造的一切事物的共同本质特点抽象、概括出来的一种思维单位。

（二）culture 的词源

英语的 culture 一词，也有其演变过程。最初源自拉丁文 color，指照料土地、饲养动物，也指照料人们的生活（穿衣、装扮、照料和关心朋友及家庭、敬神），还意味着居住在城镇或城区、培养正确的道德观与健康的心智。

到了中世纪晚期，culture 在欧洲开始用来指完美的道德与心智或艺术成就，指对人的品德和能力的培养。到了 18 世纪中期，“文化”一词在德国用来指与体力劳动者、“野蛮人”相区分的“优雅的心理和精神能力”。19 世纪的欧洲出现“德意志文化”“希腊古典文化”的用法，这时的文化以复数形式出现，指与物质手段相反的精神观念领域的含义。1871 年英国人类学家泰勒最先给“文化”下了学科定义，之后，有许多学者从不同角度给文化下了不同的定义，到了 20 世纪初，文化已成为人类学最核心的概念。近代日本把 culture 翻译成“文化”，并传入我国，我国借用此译法一直到今日。①

（三）文化的学科定义

1952 年，美国人类学家克鲁伯和克拉克洪发现，从泰勒提出第一个“文化”定义的 1871 年开始到 1951 年的 80 年间，共有 164 个关于“文化”的定义。二人对此进行专门的梳理和研究，发表了《文化：关于概念和定义的探讨》一文。② 此后，有很多学者根据研究需要给文化下了许多不同的定义。

泰勒在其《原始文化》一书中，首次给文化下了定义。他指出：“文化或文明……是一个复合的综合体，它包括知识、信仰、艺术、法律、道

① 庄孔韶主编：《人类学通论》，山西教育出版社 2005 年版，第 19 页。

② A. L. Kroeber, Clyde Kluckhohn, “Culture: A Critical Review of Definitions”, *Papers of the Peabody Museum of American Archaeology and Ethnology*, 1952, Vol. 47.

德、习俗以及作为社会成员的人所获得的其他任何能力与习惯。”①

克鲁伯和克拉克洪在《文化：关于概念和定义的探讨》中给文化下的定义是这样的：“文化由明确的或含蓄的行为模式和有关行为的模式构成。它通过符号来获取和传递。它涵盖该人群独特的成就，包括其在器物上的体现。文化的核心由传统（即历史上获得的并经选择传下来的）思想，特别是其中所附的价值观构成。文化系统一方面是行为的产物，另一方面又是下一步行动的制约条件。”②

赫斯科维茨在其《文化人类学》一书中的文化定义是：文化是一切人工创造的环境，也就是说，除了自然原生态之外，所有由人添加上去的东西都可称之为文化。这里人工创造的东西包括两大类：一类是客观文化、硬件产品，另一类则是主观文化、软件产品。硬件是那些看得见摸得着的物品，如房屋建筑、交通公路、家用电器以及各种机器、工具等。软件则是那些触摸不到，但似乎又无处不在的东西，比如社会规范、价值观、信念、理想。它们就像空气和阳光一样无时无刻不影响着人。赫斯科维茨的文化定义是广义的文化定义，包括物质文化与精神文化。③

霍夫斯特泰德将文化定义为：“被一个群体的人共享的价值观念系统。”他认为文化犹如人的“心理程序”，会影响人们关注什么、如何行动以及如何判断人和事物。④

琼潘纳斯和特纳在《文化踏浪》一书中将文化定义为：是某一群体解决问题和缓和困境所采用的途径和方法，而非仅仅是一套价值观念系统。这个文化定义隐含一个基本假设，即所有的人类都面临一些共同的问题和困境，如时间、空间、外界的自然环境等。一个群体的人对时间的共同理解和感知，对外界自然环境的态度和行动形成这个群体的独特文化。在这

---

① Edward B. Tylor, *Primitive Culture*, Harper & Row, 1958 (1871), p. 1.

② A. L. Kroeber, Clyde Kluckhohn, “Culture: A Critical Review of Definitions”, *Papers of the Peabody Museum of American Archaeology and Ethnology*, 1952, Vol. 47.

③ Herskovits M. J., *Cultural Anthropology*, New York: Knopf, 1955.

④ Hofstede G., *Culture's Consequences: International Differences in Workrelated Values*, CA: Sage, 1980.

个定义里，文化又包括主观和客观两个层面。[①]

美国人类学家哈维兰认为："文化是一系列规则或标准，当社会成员按其行动时，所产生的行为属于社会成员认为合适和可以接受的范畴。"[②]

由上可知，文化定义有广义和狭义之分，广义的文化是指：由人类创造的，经过历史检验沉淀下来的物质和精神财富。上述克鲁伯和克拉克洪的文化定义、赫斯科维茨和琼潘纳斯等的文化定义，都属于广义文化概念。

狭义的文化，主要指精神文化部分，如泰勒的文化定义就囊括了精神文化的全部内容。狭义的文化还包括"规范文化说"，如哈维兰的文化定义，及"价值观文化说"，如霍夫斯泰德的文化定义。

国际政治、国际关系、外交学界在研究文化与其关系时所用的文化概念，通常是指狭义文化概念，即精神文化。如亨廷顿和哈里森在《文化的重要作用——价值观如何影响人类进步》中指出："文化若是无所不包，就什么也说明不了。因此，我们是从纯主观的角度界定文化的含义，指一个社会中的价值观、态度、信念、取向以及人们普遍持有的见解。"[③] 邢悦在《文化如何影响对外政策——以美国为个案的研究》一书中所用的文化概念也是狭义文化概念指"支配民族国家个体和群体行为的、占主导地位的民族心理、价值观、行为规范以及建立在此基础上的行为模式"。[④] 俞新天在《强大的无形力量——文化对当代国际关系的作用》一书中也明确阐明，其所用文化是狭义的文化概念，指精神文化，尤其是文化的核心即价值观。[⑤]

---

① F. Trompenaars, C. Charles Hampden - Turner, *Riding the Waves of Culture*, New York: McGraw - Hill, 1998.

② William A. Haviland, *Culture Anthropology*, Orlando, Florida: Harcourt, 1993, p. 30.

③ ［美］塞缪尔·亨廷顿、劳伦斯·哈里森主编，程克雄译：《文化的重要作用：价值观如何影响人类进步》，新华出版社 2002 年版，第 3 页。

④ 邢悦：《文化如何影响对外政策：以美国为个案的研究》，北京大学出版社 2011 年版，第 46 页。

⑤ 俞新天等：《强大的无形力量：文化对当代国际关系的作用》，上海人民出版社 2007 年版，第 4 页。

二、文化的构成

文化的构成、分类，不同人有不同划分方法，主要有“洋葱比喻说”“两分说”“三分说”“四分说”“五分说”等。下面重点介绍文化“洋葱比喻说”和国际政治学界的文化“三分说”“五分说”。

（一）“洋葱比喻说”

所谓“洋葱比喻说”就是把文化比喻成洋葱，洋葱里面有一层一层的果肉，文化的构成也像洋葱一样有层次。按照文化的特点和功能可以将文化分为三个层次，即表层文化、中层文化和核心层文化。

表层文化包括那些外在直观的事物，如衣服、食物、房屋、汽车、语言文字、艺术品、电影、绘画、商店、市场等等，可视、可听、可触摸的东西，都属于表层文化。物质文化都属于表层文化。

中层文化主要包括社会规范、社会关系及其社会组织机构等。社会规范包括社会制度、法律规范、风俗习惯等；社会关系如家庭关系、社会关系等，其社会组织机构包括家庭、学校、医院、立法、行政、宗教等。

核心层文化指人的世界观、人生观、价值观、思想、信仰、思维、认知、审美等，是文化中看不见的部分。

上述三层文化具有不可分割的联系：任何表层文化都是社会价值观的直观体现，都折射出一个社会更深的理念。如东西方传统服饰的差异，体现了东西方审美观念、思想理念的差异。中层文化受核心层文化驱动、影响，又驱动、影响表层文化。我们平时能观察到的通常都是表层文化，通过表层文化理解中层文化与核心层文化才是我们的目的。①

（二）“三分说”

国际关系学多采用狭义的文化概念（精神文化），对文化的构成多采用“三分说”。

---

① 陈晓萍：《跨文化管理》，清华大学出版社 2005 年版，第 6—14 页。

认知体系：告诉人们“是什么”的一套系统的知识，它为人们认识宇宙、世界、人自身和人在宇宙、世界和社会中的位置及关系提供了视角和框架。不同的认识视角下，人们所看到的世界图景是不同的。认知体系是决定文化价值观的内因或根源。

价值体系：告诉人们“什么是好的”的一套系统的知识，目的在于为人们的行为提供目标和方向。不同价值体系下，人们对同一件事的评判标准是不同的。

规范体系：建立在认知体系和价值体系上的行为规范，告诉人们“应该怎么做”的一套系统的知识，它为人们提供行为模式。①

（三）“五分说”

有学者将文化分为物质文化和精神文化两大部分，然后在此基础之上，又将文化细分成五大要素。

第一要素是认知体系，指认识论和知识体系，是评价行为和事物的标准。由感知、思维方式、世界观、价值观、信仰、艺术、伦理道德、审美观念及其他具体科学构成，其中世界观、价值观最为重要，是认知体系的核心。它们以不可见的形式存在于人们的内心深处，通过语言符号和非语言符号（如态度和行为）表现出来，因此人类创造的一切物质和精神产品都体现了人类的世界观和价值观。这些深层的文化价值理念决定了人们赞赏什么、追求什么，选择什么样的生活方式和社会制度，也为社会成员观察世界、了解现实、改造自然提供认知工具，为人们明辨是非、判断好坏提供衡量标准。

第二要素是规范体系，指社会规范即人们的行为准则。包括两种，其一是明文规定的准则，如法律条文、规章制度等；其二是约定俗成的准则，如风俗习惯等。各种规范之间相互联系、相互渗透、互为补充，规范着一种文化群体成员的行为方式、活动式样，调整着人们的各种社会关系，是价值观的具体化表现，具有外显性。

① 邢悦：《文化如何影响对外政策：以美国为个案的研究》，北京大学出版社 2011 年版，第 40—50 页。

第三要素是社会关系和社会组织。社会关系是人们在共同生活中结成的关系，是上述各文化要素产生的基础。据“360百科”查询“社会关系”一词，从关系的双方来讲，社会关系包括个人之间的关系、个人与群体之间的关系、个人与国家之间的关系，一般还包括群体与群体之间的关系、群体与国家之间的关系。这里讲到群体的范畴，小到民间组织，大到国家政党。这里的国家在实质上是一方领土之社会，即个人与国家之间的关系就是个人与社会之间的关系，而个人与世界之间的关系就是个人与全社会之间的关系。从关系的领域来看，社会关系的涉及面众多，主要的关系有经济关系（即生产关系）、政治关系及法律关系。此外，宗教、军事等也是社会关系体现的重要领域。据“MBA智库百科”查询，社会组织是指由一定数量的社会成员按照一定的规范并围绕一定的目标聚合而成的社会群体。社会组织是实现社会关系的实体，社会关系的确定，需要有组织保障。家庭和生产组织、教育组织、宗教组织、政治组织、娱乐组织、立法组织、行政组织等都是保证各种社会关系运行的实体。

第四要素是物质产品，指经过人类改造的自然环境和创造出来的一切物品。它是文化的具体有形部分，具有物质特征，属于表层文化。它们凝聚着人们的价值理念、创新智慧、审美需求、创造能力等，既有一定的文化价值，又有一定的实用价值。

第五要素是语言和非言语符号系统。语言符号系统包括语言和文字两种类型；非言语符号系统包括视觉系统和听觉系统。它们在人们的交往活动中起着交流信息的作用。人们只有借助语言符号和非言语符号才能沟通，只有沟通和相互活动才能创造文化、记录文化、传递和传播文化。而上述各文化要素也只有通过语言和非言语才能反映和传授。当然，语言也是跨文化交流最明显的障碍。①

三、文化的功能

关于文化的功能，许多学者从不同的角度进行了归纳。比如：有人从

① 关世杰：《跨文化交流学：提高涉外交流能力的学问》，北京大学出版社1995年版，第16—17页。

文化与人的本能、需求和利益的关系角度，提出文化具有规范人的需求、调节人的需求的功能，同时满足利益和价值的需求的功能。[①] 有人从文化与个人、群体、社会（国家）的关系，提出文化具有社会化功能、团体整合功能、社会整合功能、社会导向功能、影响社会变迁功能。[②] 也有人从文化与国际关系的角度，提出文化具有五方面功能：（1）文化作为人们观察和认识国际关系的视角；（2）文化作为国际关系行为体的行为动力；（3）文化作为国际关系伦理的价值评判标准；（4）文化作为国际关系的认同基础；（5）文化作为国际关系行为体的交往方式。[③] 据“百度知道”查询，文化具有满足需要功能、记录功能、认知功能、传播功能、教化功能、凝聚功能、调节功能、价值功能、动力功能、创造功能。这些归纳总结都很有道理，对我们了解文化的功能具有启发意义。根据学者们的研究成果，结合我们的分析，这里认为文化的功能可以从以下几方面来解读。

（一）满足人类生存和发展需求的功能

人类创造文化的目的是为了自身的生存和发展，而人的生存和发展离不开物质基础和精神给养。据“百度百科”查询，社会心理学家马斯洛将人的需求划分为5个层次，从低到高分别是：生理需求、安全需求、社交（友谊）的需求、尊重需求和自我实现需求。文化被人类创造出来，就是为了满足人类的这些需求。比如，人有爱的需求，婚姻制度就可以提供规范保障作用；人有出行的安全需求，文化就有交通工具和交通规则提供方便和制度保障；衣食住行是人的基本需求，人们就创造了饮食文化、服饰文化、建筑文化等来满足人们的丰衣足食、遮风挡雨以及更高级的审美需求。

（二）记录、传承和传播的功能

文化是人类智慧的宝库，它的积累与丰富，皆赖于文化的记录、传承

---

① 邢悦：《文化如何影响对外政策：以美国为个案的研究》，北京大学出版社2011年版，第51—56页。

② 关世杰：《跨文化交流学：提高涉外交流能力的学问》，北京大学出版社1995年版，第23页。

③ 朱威烈主编：《国际文化战略研究》，上海外语教育出版社2002年版，第16—18页。

和传播功能。记录功能就是指信息的保存功能；传承功能就是指纵向的代际之间可进行的信息传递活动，如父母之间、师生之间、师徒之间、前辈与晚辈之间的信息传递活动；传播功能是指横向的人与人之间、地域与地域之间、族群与族群、国家与国家之间的信息传递、沟通活动。文化的传承和传播功能有赖于文化的记录功能，没有文化的记录功能就不会有文化的传承和传播功能。文化中的语言和文字具有超强的记录功能，正是语言和文字的使用，人类的生活和生产经验、知识和科学技术等，通过口耳相传、史书典籍、科学著作、报纸杂志和相关媒介等，得以记录和保存下来，并世代相承。此外，音乐、绘画、舞蹈，甚至陶瓷器皿、红砖绿瓦，也都具有文化的记录、传承和传播功能，不然我们何以感知秦砖、汉瓦、长城、故宫的历史厚重，又怎能知晓西方的哥特式建筑和巴洛克艺术?

（三）认知和社会化的功能

文化具有认知的功能，因为文化是人类认识世界和改造世界的实践成果，是世代积累的知识宝库。据“百度百科”查询，文化是人类从各个途径中获得的经过提升总结与凝练的系统的认识，是人类智慧的结晶。它包括事实、信息的描述或在教育和实践中获得的技能，它的内容丰富浩瀚，涉及政治、经济、艺术、哲学、历史、文学、医学、物理、化学等，可谓无所不包，学习和掌握它们，不仅便于我们借鉴历史，了解人类的昨天，也便于我们思考今天、展望未来，为我们认识世界和改造世界创造条件。

文化具有社会化的功能。文化为人的社会化提供了有利条件。据“百度百科”查询，社会化是个体在特定的社会文化环境中，学习和掌握知识、技能、语言、规范、价值观等社会行为方式和人格特征，适应社会并积极作用于社会、创造新文化的过程。它是人和社会相互作用的结果。一方面，个体接受社会的影响，接受社会群体的信仰与价值观，学习生活、生产技能和行为规范，适应社会环境；另一方面，个体作用于社会，用自己的信仰、价值观和人格特征去影响他人和社会，改造旧文化，创造出适应时代需要的新文化。对社会而言，社会化是一个教化人和塑造人的过程，是一个约束和控制的过程；对个体而言，社会化是个体适应社会、融入社会的过程，即由自然人成长为社会人的过程。社会化过程也就是文化延续和传递、创新和发展的过程。[①]

（四）价值驱动和引导的功能

如前所述，文化构成中的深层部分（人生观、世界观、价值观等），对文化的中层部分（社会规范、社会组织等）、表层部分（语言、行为、物质文化等），有着驱动和引导作用。作为个人，在其文化社会化的过程中，通过家庭、学校、工作单位、社会等多种渠道，获得该社会文化价值观的“教化”，并在社会交往实践中，不断调整并最终内化成为相对稳定的价值选择和行为方式；作为社会，为了稳定、和谐和可持续发展，通过文化的社会化功能，赋予人以顺应该社会的正向导向的理想、信念、价值目标和行为规范。文化能够引导人们如何看待世界，如何判断真善美、是与非，如何为人处世，即具有为人提供精神指引和行为准则的引导功能和驱动作用。当然，不同文化环境提供给个人进行社会化的文化价值观不同，就会导致不同的社会规范和行为方式；反过来说，不同的行为方式反映和体现了不同的社会规范和文化价值观。文化的价值驱动论和引导功能，反映在文化对国际关系的作用方面，就是不同的文化价值观会驱动和引导人们具备不同的观察和认识国际关系的视角、不同的判断是非和敌友的标准，最终导致不同的行为方式。如，赋有二元对立思维模式的人们，只相信国际关系是“零和博弈”，不相信国与国也可以“合作共赢”。这种“零和博弈”的思维模式，必然会产生“你死我活”的敌对行为方式，对“敌人”不惜采取各种污蔑、歪曲、打压、围堵、制裁、孤立甚至战争等手段，以达到“你死我活”或削弱“敌人”的目的。而他们划分敌和友、我和他的关系，以及判断是与非、对与错的标准就是“我”，与“我”的价值理念相同、有利于维护“我”的利益和既有地位的就是“真善美友”，否则就是“假恶丑敌”，就是“邪恶”“威胁”“敌人”。

（五）创新的功能

文化具有创新功能，这是文化的本质属性决定的。文化本身就是人类

① 关世杰：《跨文化交流学：提高涉外交流能力的学问》，北京大学出版社 1995 年版，第 23 页。

为满足自身生产和发展需要而创造出来的，世界上没有一成不变的文化，因为人类的需要是随着社会化的过程而不断发展变化的。任何文化的变迁都是靠发现、发明、演进、传播、传承等来完成的，这是文化变迁的基本过程，也是文化发展的基本规律。人类社会得以生存和发展，皆赖于不断的发明创造、传播扩散和演进，从而取代旧的、过时的、不适应新社会需要的陈腐模式。比如，煤、电、天然气的发现和应用，汽车、飞机、高铁的发明创造和不断的改进，人类的生活才得以改变和不断完善。发明、创新、传播、传承、演进，相互启发、互相推动，进而推动文化的发展。总之，文化的发展过程就是一个不断吐故纳新、革故鼎新的历史过程。

（六）变迁的功能

文化的变异或变迁功能，不仅指文化自身的变迁变异，也指文化对社会变迁的影响。如前所述，文化的创新、传播、社会化功能，使得文化发展始终处于一个渐行不息的变化之中，这种文化变迁是“文化内容和结构在量上的缓慢变化过程”①，既包括“对传统文化的萃取与摒弃”，又包括“对外来文化的批判和吸收”，它对人产生潜移默化的影响。一般而言，“文化的变迁是随社会的变迁而变迁的”，“一个社会内部和外部的变动，都会促使其文化系统发生适应性变化”。②

这里所谓的社会变迁，“泛指任何社会现象的变更”，它既“包括社会的宏观变迁、微观变迁”，也“包括社会的纵向前进和后退、社会的横向分化和整合、社会结构的常态变迁和异态变迁、社会的量变和质变”，还“包括社会关系、生活方式、行为规范、价值观念的变化等”。“社会变迁是社会的发展、进步、停滞、倒退等一切现象和过程的总和”。③

大多数情况下，文化变迁是一个缓慢、隐蔽、无意识的发展过程，因

① 顾明远主编：《教育大辞典（增订合编本）》，上海教育出版社1998年版。转引自：“文化变迁”词条，百度百科，https：//baike. baidu. com/item/% E6% 96% 87% E5% 8C% 96% E5% 8F% 98% E8% BF% 81/8663290？fr = aladdin。

② 王铭铭：《文化变迁与现代性的思考》，《民俗研究》1998年第1期。转引自：“文化变迁”词条，百度百科，https：//baike. baidu. com/item/% E6% 96% 87% E5% 8C% 96% E5% 8F% 98% E8% BF% 81/8663290？fr = aladdin。

③ 邓伟志主编：《社会学辞典》，上海辞书出版社2009年版，第23页。

为文化中的思维方式、价值理念、审美取向等深层要素是一个相对稳定的因素。但是当一种旧制度旧体制无法适应生产力和经济基础的发展需要时，文化变迁就会发生。文化的创新功能会赋予人们探索新的价值理念的能力，以批判、否定并超越旧的思想观念，寻求建立新的制度、新的体制，进而推动社会变迁。14—16 世纪的欧洲文艺复兴运动对 17—18 世纪的欧洲资产阶级革命和资本主义制度的建立，1919 年中国的五四运动对中国新民主主义革命和新中国的建立，无疑起到了先导作用。

当然，社会变迁既包含社会的进步和整合，也包含社会的退步和解体。但历史事实证明，无论是进步、整合，还是退步、解体，文化价值观对社会变革起着巨大的影响作用。我们不能否认一些国家的“颜色革命”与西方民主、自由、人权等“普世价值”在这些国家的渗透无关，相反二者关系密切、重大，它们足以证明文化价值观的改变对社会变革起到了驱动影响作用。

（七）社会整合的功能

文化对于整个社会起着整合作用。“社会整合指调整或协调社会各部分之间的矛盾和冲突，使整个社会成为一个统一的运行良好的体系的过程。”①

有人的地方就会有矛盾，任何一个社会都会有各种各样的矛盾。如果这些矛盾得不到有效解决，社会就会面临无序、动荡、解体的风险。为了保障人们的社会生活能够正常进行，维持社会的安定、和谐、稳定，以保障人类的生存发展，人类就创造了一系列社会规范和价值体系，用来规范、约束人们的行为方式，统一人们的思想意志，进而协调人与人、人与社会、人与自然等各种社会关系，使社会有序、和谐，可持续发展。而这些社会规范对人的约束、调节、规范的作用，就是文化的社会整合功能。

依据文化构成的要素，我们可以将社会整合分为价值整合、规范整合和结构整合。价值整合是指通过社会化过程和文化建设，使社会成员在统一文化的熏陶下，形成大体一致的价值理念。只有价值理念一致，才会有

① 郭翔、鲁士恭主编：《犯罪学辞典》，上海人民出版社 1989 年版。

行为的规范和协调。规范整合是指通过外在的强制和内在的认同两个机制，使社会规范内化为个人的行为准则，从而达到约束社会成员行为，促进社会成员之间相互沟通、彼此依赖、协调合作的目的，避免社会失序、动荡混乱的局面，实现社会的稳定和谐和有序的变迁。结构整合是“指一个社会在组织机构和制度上进行的必要调整和重建”。“社会是由众多系统和组织构成的”，彼此不能离开的相依为命的一种复杂结构。如果每个系统和组织都不能各司其职，不能与其他系统和组织相互联结、协调配合，社会就不能正常运转，可能导致分裂和解体。所以社会各个系统组织，都必须在统一的价值和规范等文化的作用下，构成一个有机协调的功能体系，社会才能维持稳定、和谐和发展。①

（八）文化认同的功能

文化认同是指个体或群体对自己所遵循的文化符号、文化理念和价值观念、文化规范等所进行的一种文化确认，② 也是“民族成员对本民族文化的承认、认可和赞同，由此产生归属意识，进而获得文化自觉的过程”③。

据“百度百科”查询，“社会整合”可以把一个社会群体中的人们纳入到统一的价值理念，相同的语言文字、风俗习惯、行为方式的轨道上，使人产生亲切感和归属感，形成稳定的文化认同和民族认同，并以此辨别异己文化，从而确认自己的身份归属和文化归属。这种文化的归属感、认同感、亲切感，就是文化的凝聚力，它将所有成员紧紧团结在一起，抵御外来异质文化的入侵，维系本民族的文化特色，进而保障本民族和国家的安全。

一个社会，一个民族，如果缺乏社会规范整合、丧失对本民族的文化认同，那么这个社会、民族必将四分五裂，国将不国。一个民族得以生生

---

① 关世杰：《跨文化交流学：提高涉外交流能力的学问》，北京大学出版社 1995 年版，第 23 页。

② 邓伟志主编：《社会学辞典》，上海辞书出版社 2009 年版，第 23 页。

③ 詹小美、王仕民：《文化认同视域下的政治认同》，《中国社会科学》2013 年第 9 期，第 28 页。

不息，就是因为共享同一种文化，像精神的纽带将所有成员凝聚在一起，形成一种强大的文化软实力。体现在国际关系上，文化认同程度高的国家间关系要比文化认同程度低的国家间关系更融洽、和谐，矛盾冲突也会相对更少。

四、文化的特征

文化具有如下几方面的特征：

第一，创造性。文化是人类为了自身的生存与发展而创造出来的智慧结晶。自然存在物不属于文化，只有经过人类加工制造出来的东西才可称之为文化。如：自然状态下的土壤不是文化，而用土堆起来的某些墙是文化；石头不是文化，但赋予人类情感故事的“望夫石”则是文化。

第二，差异性。文化是丰富多样的，常表现为差异性，如地区性差异、民族性差异等。最直观的差异是物质文化方面的差异，体现在衣食住行方面，可谓千差万别，如建筑方面，中国的传统建筑有北京四合院、徽州民居、傣族竹楼等，它们风格各异，又与欧洲的哥特式建筑、巴洛克建筑形成鲜明的差异。

第三，后天习得性。文化不是先天遗传的本能，而是后天经过学习得到的知识和经验。人一生下来，就要接受社会的文化熏陶，通过社会化的过程，由一个自然人变成一个文化人、社会人。如果让一对双胞胎分别在不同国家文化环境中长大，长大后其言语行为、思维方式等都会有显著不同，这是因为他们在不同文化中经历了不同的社会化过程，习得了不同的价值观和行为方式，说明文化环境对人的影响非常重要，特别是儿童时期的文化传统教育至关重要。①

第四，软性影响力。文化犹如空气，影响着我们的社会生活，可以说文化无处不在，但其作用又是不见行迹、人们日用而不知的。这是因为人们的社会化是一个潜移默化的过程，在日积月累的渐进过程中，人们的思

---

① 关世杰：《跨文化交流学：提高涉外交流能力的学问》，北京大学出版社 1995 年版，第 18—23 页。

维方式、价值理念、行为模式等方面已经与文化整合的要求保持一致。[①]所以，很多国际政治学者强调文化软实力，就是利用文化的这种软性影响力，向对象国展开公共外交或文化外交。

第五，规范性。我们身在文化环境里时，感觉不到文化的存在，但是一旦离开这个文化环境，来到另一个陌生的国度，就会感受到文化差异带给人的不适应感和焦虑感，这就是不同文化规范产生的不同约束力带来的文化震荡。即使在同一文化环境中，当我们试图反抗或挣脱原有的或旧有的文化束缚时，文化的约束力量就会显现出来。[②] 如，封建时代的婚姻讲求“媒妁之言，父母之命”，自由恋爱不被允许，导致许多爱情悲剧发生。梁山伯与祝英台挣脱不了封建文化的束缚，只能化蝶在天比翼齐飞。所以，人类学家马林诺夫斯基说：“人生而有文化，文化生而有约束。”[③]

第六，系统性。文化是由各种要素组成的一个复杂系统，这个系统中的各部分在结构上互相联系，功能上互相依存。如，一部影视剧作品，体现了文化要素的有机联系：物质产品（可视可听）、社会组织（由编剧、导演、摄像、演员等构成的团队共同制造）、认知体系（反映世界观、人生观、价值观、审美倾向等）、规范体系（影视剧制作规范、影视剧内含的社会规范）、语言文字（人物语言对话、歌词、字幕等）。文化体系中的任何一部分的改变都会引发其他部分的连锁反应，“文化帝国主义”的理论核心就是利用文化各部分的相互关联性，对他国进行“文化渗透”乃至“文化侵略”。许多第三世界国家为了维护自己的文化主权，奋力抵制不良影视剧等各种文化节目的输入，就是因为深知西方的文化价值观会通过这些影视剧的传播途径而潜移默化地影响、改变本国的文化生态，导致社会思想的混乱，进而导致社会分裂和解体。

第七，象征性。文化是建立在象征符号（如语言文字、松鹤等象征

---

① ［美］C. 恩伯、M. 恩伯著，杜杉杉译：《文化的变异：现代文化人类学通论》，辽宁人民出版社 1988 年版，第 29—30 页。

② ［美］C. 恩伯、M. 恩伯著，杜杉杉译：《文化的变异：现代文化人类学通论》，辽宁人民出版社 1988 年版，第 29—30 页。

③ ［英］马林诺夫斯基：《在文化诞生和成长中的自由》，载于庄锡昌等编：《多维视野中的文化理论》，浙江人民出版社 1987 年版，第 109 页。

物）之上的，是可以纵向传递和横向传播的。每个国家、民族都有自己独特的象征符号。如：中国文化的象征物，精神信仰方面有龙、龟、松、竹、鹤等；修身爱好方面有文房四宝、字画盆景；家族方面有祠堂、宗庙、坟茔碑刻等。这些象征符号所承载的文化内涵可以通过教育、风俗习惯等进行代际传承，也可以通过横向的国际交往向外国进行传播。

第八，变迁性。文化是发展变化的。首先，生产力的发展和新的发明创造、新的观念的出现是文化变迁的原因之一。如：电脑、网络的出现，改变了人们的生活方式；改革开放的观念带来了中国各方面的发展和变化。其次，不同文化间的交流是文化变迁的另一个重要原因。如，改革开放以来，外国文化对中国文化的影响举目皆是，体现在物质、规范、价值观等许多方面。改革开放后牛仔裤的流行、肯德基的出现，不仅改变了人们的传统着装习惯和生活方式，也改变了人们的审美观、价值观。再次，从变化特点来看，在文化的发展演变中，物质文化和制度文化的变化是显而易见的；而作为制约和影响文化表现形式的文化心理结构，即思维方式、价值观念和审美方式等隐性或深层文化的变化是缓慢的、隐蔽的。如，西方近代科学技术与工业文明的发展变化是非常迅速的，但影响西方科技发展的理性主义的变化则是缓慢而隐蔽的。[①] 最后，文化也会消失，或因战争，或因自然灾害。如，历史上曾经存在过的亚特兰蒂斯古国、玛雅古国、蒂亚瓦纳科古国、查科古国和楼兰古国等都已消失[②]，只留下一些考古遗迹证明它们曾经存在过。

第九，共享性。文化具有共享性，是指文化具有为一个群体所共享的特性。文化是一个群体共同创造的社会性产物，它必须为一个群体的所有成员共同接受和遵循即共享，才能成为文化。纯属个人私有的东西，如个人癖好等，不为社会成员所理解和接受，则不是文化。在同一社会中，不同的时代、不同的世代都可享受同一文化；不同阶级，既有不同的亚文化，也有共同文化。文化的渗透性、扩散性、传递性、继承性和习得性，

---

① 关世杰：《跨文化交流学：提高涉外交流能力的学问》，北京大学出版社 1995 年版，第 18—23 页。

② 《世界上神秘消失的六大古国》，海南省地质局网站，2018 年 9 月 7 日，http：//geo.hainan.gov.cn/sdzj/dzkp/201809/c7d7640cd2c242079ce5963d506c0496.shtml。

使得文化能够为他人和后人所共享。如，艺术、物质产品、语言、风俗习惯等等都是共享的。①

第十，各民族常有本民族文化优越感的倾向。据“百度百科”查询，优越感是指显示蔑视或自负的性质或状态，是一种自我意识。文化优越感是人们自以为在价值观、社会制度、风俗习惯、语言、建筑等文化上长于、强于别人的心理状态，是自我感觉自己的文化更为优越的心态。大多数民族的大多数人都有不同程度的文化优越感，具有文化优越感的人，喜欢把自己的文化置于被尊重的中心地位，习惯用自己的文化作为衡量、评价其他民族行为、习惯的价值评判尺度，对其他民族文化表现出高傲、固执、自我欣赏等不太适当的负面情绪。这种民族文化优越感常常阻碍跨文化交流的顺利进行，走向极端就是文化歧视、文化霸权。

第十一，文化的正态分布。所谓文化的正态分布，是指在比较两个国家或民族的文化差异时，称其中一国或民族具有 A 种文化类型特征，而另一国或民族具有 B 种文化类型特征时，“两个国家或民族的总样本平均水平的差异，而非个体水平的差异”。②

下图中，假定 A 是美国文化，B 是中国文化，横轴左端代表个体主义文化类型，右端代表集体主义文化类型。那么，一般而言，美国文化比中国文化更具有个体主义文化特征，而中国文化比美国文化更具有集体主义文化特征。a 和 b 代表两种文化的标准值或平均值，表示社会的核心文化、规范文化和标准文化（即社会主流文化）。③ 曲线的陡峭和扁平程度（及数据的集中程度）表示该种文化的核心价值理念被该社会成员所共同认可的程度。“曲线越扁平，认同程度越低；反之，认同程度越高。”④ 曲线由高峰向两边低落，表示主动接受和认可社会核心文化的人占大多数，以此向外人数呈逐渐递减趋势。同在美国社会中个体之间在该维度上存在差异：

① 关世杰：《跨文化交流学：提高涉外交流能力的学问》，北京大学出版社 1995 年版，第 18—23 页。

② 陈晓萍：《跨文化管理》，清华大学出版社 2005 年版，第 17—18 页。

③ 王兆萍：《文化的正态分布与文化均衡发展》，《南开学报（哲学社会科学版）》2012 年第 6 期，第 129—130 页。

④ 陈晓萍：《跨文化管理》，清华大学出版社 2005 年版，第 17—18 页。

靠近正态曲线左端的人非常个体主义，但靠近曲线右端的人却更显示出集体主义。[①] 说明同一社会里的“不同人群之间存在着一定的文化距离，它是一种客观存在”；“归属同一类型文化的人，并不意味着他们具有完全相同的文化特征，只不过他们之间的相似性更多一些，差异性少一些，表现为具有共同的文化本质特征”。[②]

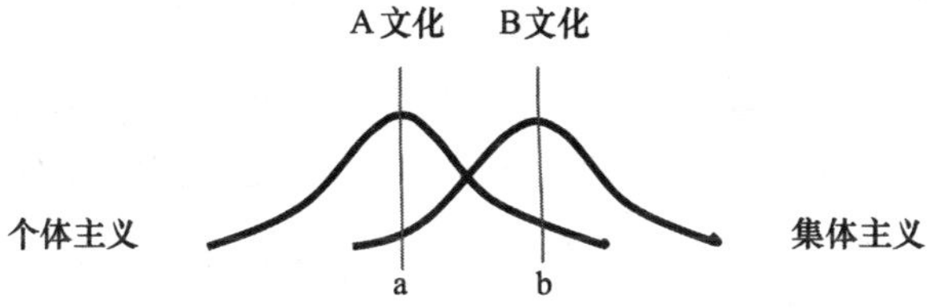

图1－1　文化的正态分布图

第二节　国际交往的概念、分类、功能和原则

一、国际交往的概念、分类

（一）交往的概念

交往的汉语字面意思就是互相往来、走动，大致相当于英语的 communication。communication 的含义较复杂，在我国有多种译法，如传播、交流、交际、交往、沟通、传通、通信、交通等，其基本含义是“与他人分享共同的信息”。其词根 common，与 communism（共产主义）的词根相同，意指共有、共同。因汉语里没有相对应的词，所以当它与大众传播学

---

① 陈晓萍：《跨文化管理》，清华大学出版社 2005 年版，第 17—18 页。

② 王兆萍：《文化的正态分布与文化均衡发展》，《南开学报（哲学社会科学版）》2012 年第 6 期，第 129—130 页。

相关时，译成“传播”，意指信息从点到面的传播，具有单向特点；当它用在个人之间或双方交换意见、互动往来时，其含义带有双向或多向特点，常被译成交流、交际或交往。[①]

交往、交流或交际的学术定义有很多不同流派观点，其中，卡尔·霍夫兰的说服观认为，交流是信息发送者通过渠道把信息传给信息接受者，以引起反应的过程，即传送者传递刺激，以影响接受者行为的过程。亚历山大·戈德的共享观认为，交流是一个人或数个人所独有的信息，转化为两个人或更多人所共有的过程。施拉姆的定义也属于共享观，他认为交流是对一组告知性符号采取同一意向。《简明不列颠百科全书》与《中国大百科全书》里的交流定义也属共享派观点。说服观和共享观的差异是前者强调了发送者的意向。[②] 相互作用观认为，交往是指两人或两个以上的人为了交流信息而相互作用的过程。

据“百度百科”查询，不同学科关于交往的定义也各有侧重。如：心理学上的交往概念指人与人之间的心理接触或直接沟通，彼此达到一定的认知；社会学上的交往概念主要指特意完成的交往行为，通过交往行为特定的社会联系；语言学上的交往概念主要用来表明信息交流；哲学上的交往概念指人所特有的相互往来关系的一种存在方式，即一个人在与其他人的相互联系中的一种存在方式。跨文化传播学的交流定义如鲁本和斯蒂沃特所界定的：“人类交流就是处于某种关系、群体、组织和社会中的个人向环境，或相互之间发出信息和进行反馈，以便与之适应的过程。”[③]

认知关联理论把语言交际看作是一种明示—推理的认知活动，这种活动实际上是交际者对所处认知环境进行再认识和互明的过程。从发话者的角度看，交际是一种明示，即通过话语引起听话者的注意，诱发他去思考。发话者一般有两种意图：一种是信息意图，另一种是交际意图。从听

---

① 关世杰：《跨文化交流：提高涉外交流能力的学问》，北京大学出版社 1995 年版，第 24—25 页。

② 关世杰：《跨文化交流：提高涉外交流能力的学问》，北京大学出版社 1995 年版，第 25 页。

③ ［美］拉里·A. 萨默瓦、理查德·E. 波特著，闵惠泉、王纬等译：《跨文化传播》（第 4 版），中国人民大学出版社 2010 年版，第 19 页。

话者的角度看，交际是一种推理过程，即听话者从发话者用明示手段提供的信息中推断出发话者的交际意图。交际之所以成功，就是因为双方都遵循这样一个认知模式——相关原则。①

（二）国际交往的概念和分类

1. 国内交往与国际交往、世界交往

交往分为国际交往和国内交往。国际交往是指来自不同主权国家的人们之间的交往；国内交往是指同一主权国家内的人们之间的交往。国内交往既可能是同文化交流，即来自相同文化背景的人们之间的交流；也可能是跨文化交流，即来自不同文化背景的人们之间的交流。比如韩国境内的韩国人民之间的交往是同文化交流（事实上不存在绝对相同的文化，韩国境内不同地区也存在文化差异），而美国境内的非裔美国人、亚裔美国人、拉美裔美国人之间的交往则属于国内交往中的跨文化交流。不同国家间的国际交往，往往是跨文化交流，即便美国、加拿大、澳大利亚的白人祖先均来自英国，他们与英国文化同源，但在许多方面还是存在文化差异。所以，同文化交流与跨文化交流不是绝对的概念，而是相对的概念。

“世界交往”是马克思、恩格斯在《德意志意识形态》一书中首次提出的概念②，也可理解为“国际交往”，是指世界范围内各主体（主要包括国家、民族、阶级、社会集团、社会组织、机构团体、个体）之间的相互联系和相互往来③。

2. 同文化交流与跨文化交流

同文化交流与跨文化交流虽是相对概念，但为了研究方便，学界还是根据二者文化象征符号的信息编码的重叠程度进行了分类界定：交流双方信息编码完全一致的交流称作典型的同文化交流；交流双方信息编码完全不同的交流称作典型的跨文化交流。但因在现实生活中，交流双方信息编

① 赵艳芳：《认知语言学概论》，上海外语教育出版社2001年版，第175页。

② 中共中央马克思恩格斯列宁斯大林著作编译局编译：《马克思恩格斯选集（第一卷）》，人民出版社2012年版，第166页。

③ 田海舰、王贺：《〈共产党宣言〉的世界交往思想及其当代启示》，《河北大学学报（哲学社会科学版）》2019年第3期，第31页。

码完全相同或完全不同的情况是不存在的，所以有人提出应该根据交流双方信息编码重叠的量来确定是否为跨文化交流。如有人提议双方信息重叠量大于等于70%，就应该是同文化交流，低于70%就是跨文化交流。通常交往双方的语言不同，其交流交往就属于跨文化交流。①

3. 跨种族、跨民族交流

根据交流主体的不同，国际交往还可以分为跨种族交流和跨民族交流。跨种族交流即种族之间的交流，是指信息发送者和信息接受者分属不同人种的交流。人们习惯依据肤色、毛发、五官形状和颅骨形状等的不同，将人划分为黑种、黄种、白种、棕种四大人种。不同种族之间的交流通常是跨文化交流，如中国人与非洲国家的黑人之间的交流既是跨种族交流，也是跨文化交流、跨国交流。但也有例外，如已经完全同化于美国文化的黑人与美国白人之间的交流，虽然属于种族交流，但不是跨文化交流，更不是跨国交流。② 据“百度百科”查询“种族灭绝”一词，跨种族交流的最大障碍是种族偏见，种族偏见来源于种族优越感，它不仅会导致种族间的歧视、猜疑进而阻碍跨种族的正常交往或交流，还会导致种族间的杀戮，甚至是种族灭绝。如，西方殖民主义者无论在夺取殖民地还是在镇压殖民地人民的反抗过程中，都执行过种族灭绝政策，消灭了大批殖民地原住民。

跨民族交流指不同民族之间的交流。现实世界里，同一种族往往分属不同民族、不同国家。如，同样是白种人，法国人、德国人、英国人等，不仅分属不同国家，也分属法兰西、德意志、英格兰等不同民族，他们之间的交往不仅是跨国交往，也是跨文化、跨民族的交往。跨民族交流也会发生在同一国家之内的不同民族之间。民族偏见也是影响跨民族正常交流的主要障碍，民族偏见来源于本民族优越感，它的泛滥会导致民族歧视、民族矛盾、民族冲突，甚至民族大屠杀。如二战时期，纳粹德国屠杀了近600万犹太人。

---

① 关世杰：《跨文化交流：提高涉外交流能力的学问》，北京大学出版社1995年版，第46—47页。

② 关世杰：《跨文化交流：提高涉外交流能力的学问》，北京大学出版社1995年版，第50页。

4. 跨国跨文化交流

根据交往主体的不同层次，国际交往还分为跨国跨文化的个人交流、组织交流和国家间交流。跨国跨文化的个人交流指来自不同国家、具有不同文化背景的个人间的交流，如中国人到国外旅游、留学、工作，就会与所到国家的人发生跨国跨文化交流，这属于个人对个人、个人对组织、个人对国家的跨国跨文化的人际交流。

跨国跨文化的组织交流，既包括来自不同国家具有不同文化背景的组织间的交流，如中外企业之间的交流，也包括同一组织内不同国家、不同文化背景的成员之间的交流，如世界贸易组织、国际红十字会、联合国儿童基金会、世界卫生组织等国际组织之间的交流。

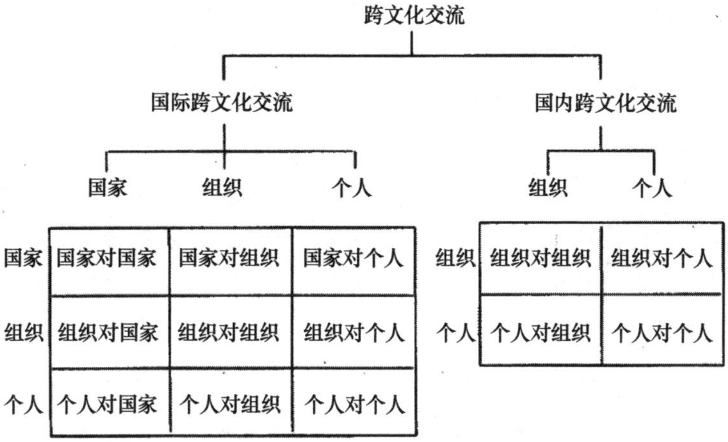

图 1－2　个人交流、组织交流、国家间交流的关系①

国家之间的跨文化交流，是最高层次的国际交往，主要发生在主权国家之间、政府之间，是外交和宣传领域的交流。它常常是跨种族、跨民族的交流。国家间交流要受国家的政策、目标、需要、经济等条件影响，具有高度的目的性和仪式化特点，常在正式场合进行。国家间交流受国际

① 关世杰：《跨文化交流学：提高涉外交流能力的学问》，北京大学出版社 1995 年版，第 52 页。

法、军事力量、条约以及对世界形势看法等因素影响。由于通信技术的飞跃发展，无线电波超越国界，大众传媒日益成为国际间交流的重要手段，所以国家间的跨文化交流也可谓是不同国家利用传统和现代的大众传播媒介进行的信息交流。

5. 其他分类

此外，国际交往还可以分为若干其他种类。如：根据交往的规模，分为宏观交往和微观交往；根据交往的途径，分为直接交往和间接交往；根据交往的状态、性质，分为和平、和睦、友好、平等的交往与对抗、暴力、战争、敌对、歧视性交往；根据交往主体的意愿，分为主动交往和被动交往；根据交往的时间，分为长期交往和短期交往；根据交往的工具，分为口头交往、书面交往、语言交往和非语言交往；根据交往的专业领域，分为政治、经济、文化、科技、教育、医学、环境保护、工业、农业、商业、媒体、网络等的交往，其中文化、教育、科技等方面的互相影响可以归类为精神交往，经济方面归类为物质交往等。

从国家层面的交往来说，对外交往除了传统意义上主权国家外交概念，还有广义的大外交概念。根据黄金祺的定义，“小外交”是指各国专职外交人员和机构负责处理的严格意义上的外交；“大外交”是由其他领域和部门的负责人和负责对外事务的人员所从事的广义外交。[①] 据“百度百科”查询，“小外交”即通常意义上的外交，是指一个国家为了实现其对外政策，通过互相在对方首都设立使馆，派遣或者接受特别使团、领导人访问，参加联合国等国际组织，参加政府性国际会议，用谈判、缔结条约等方法，处理其国际关系的活动。根据外交主体和对外政策目标的不同，外交可分为和平外交、屈辱外交、霸权主义外交、不结盟外交等；根据外交重点的不同，外交可分为经济外交、科技外交、文化外交、体育外交等；根据外交对象的不同，外交可分为双边外交、多边外交等。

---

① 黄金祺：《外交外事知识和技能：涉外人员素质修养》，世界知识出版社 2002 年版，第 1 页。

二、国际交往的功能、作用

（一）交流功能的界定

关于交流的功能，已有不少相关研究界定。如有人认为交流或交际是获取信息的手段；思想交流与情感分享的工具；满足需求、维持心理平衡的重要因素；减少冲突、改善人际关系的重要途径；协调群体行动，促进效率的提高与组织目标的手段。[①] 还有人认为交流有四大功能，即情况报道功能、娱乐功能、教育功能和说服功能。[②] 联合国教科文组织国际交流问题研究委员会在综合各国学者意见的基础上也为交流的功能做出了界定，它认为交流在任何社会制度的主要功能，包括活动信息情报功能、社会化功能、动力功能、辩论和讨论功能、教育功能、发展文化功能、娱乐功能、一体化功能。[③] 综合上述观点，笔者认为交流具有如下一些功能：

第一，信息传递或共享功能，即信息情报功能，就是收集、储存、整理和传播必要的新闻、数据、图片、事实、信息、意见和评论，以便对周围环境的情况获得了解和做出反应和决定。

第二，教育功能，即通过教育系统和教育活动，对个人和社会产生积极影响作用的功能。具体而言，就是通过课程、教科书、自学教材、计算机教育软件等，传播知识、技术，提升受教育者的理解力、洞察力、概括总结能力，进而促进人的智力发展，培养人的品格、各种技能和能力。[④] 家庭里的父母子女间、学校里的师生间、工厂里的师徒间的交流活动，公司、社会上的各种培训活动，都体现了交流的教育功能。

第三，社会化功能。据“百度百科”查询“社会化教育”一词，一个人的社会化过程应该包括接受学校教育的过程，但学校教育不是社会化的

---

① 《沟通的结构与功能》，出国留学网，https：//www. liuxue86. com/k_沟通的结构与功能/。

② 关世杰：《跨文化交流学：提高涉外交流能力的学问》，北京大学出版社 1995 年版，第 35—36 页。

③ 联合国教科文组织国际交流问题研究委员会：《多种声音，一个世界》，中国对外翻译出版公司 1981 年版，第 19—20 页。

④ 关世杰：《跨文化交流学：提高涉外交流能力的学问》，北京大学出版社 1995 年版，第 35—36 页。

全部内容。社会化是指在特定的社会与文化环境中，个体通过社会的交互作用，发展自己的社会性，成为能够履行社会角色行为的社会人的过程。社会化就是让学生突破校园束缚，有计划地接触社会，培养学生的社会信念，鼓励人们积极参与公共生活和社会活动，以便增强社会公共意识，提高社会生存和实践能力，而这一切都需要交流交际活动。

第四，娱乐功能。其指能引起人们注意并立刻使人得到愉悦的交流或传播活动的功能。如传播电影、戏剧、舞蹈、艺术、文学、音乐、喜剧、体育、游戏等，使个人和集体得到娱乐和享受。传播文化艺术作品，有助于保护历史遗产，促进文化交流和发展，故而交流的娱乐功能也被称为发展文化的功能。

第五，说服功能。说服功能也可以说是辩论和讨论功能，是为了便利达成一致意见或澄清不同观点而提供和交流必要的事实，促进人们关心本国和国际问题并普遍参加①。简言之，很多交流活动目的在于影响信息接收者的思想和观点、信仰和行为，在于“增信释疑”，促进相互间的了解和理解，消除误解，和谐关系。

（二）国际交往的功能和作用

上述关于交流功能的界定，更多的是立足于国内视角，如果从国际视角来审视国际交往的功能和作用，可以从积极的功能作用和消极的功能作用两方面来考察。

1. 积极的功能作用

第一，促进经济全球化。所谓“全球化是指经济活动的国际化过程，是一种资本、商品、服务、劳动以及信息超越国内市场和国界进行扩散的现象，是一个发展的、动态的、演进的过程”②。在过去的五十多年间，“全球化”取得了快速发展，生产、资源、人员、贸易、投资和金融等生产要素通过国际分工，在全球范围内进行优化配置和重组，降低了商品成

① 联合国教科文组织国际交流问题研究委员会：《多种声音，一个世界》，中国对外翻译出版公司 1981 年版，第 19—20 页。

② 王栋：《后疫情时期全球化发展特征及趋势》，人民智库，2022 年 6 月 29 日，https：// baijiahao. baidu. com/s？ id = 1736979156749000643&wfr = spider&for = pc。

本，提高了生产效率，加强了各国经济的互补互赖，形成了俱荣俱损的利益融合。“实现了世界经济贸易的繁荣。全球贸易大幅增长、国际投资日渐活跃，技术创新层出不穷，人员往来日益密切，全球化不断地创造福利与收益。”①

第二，促进全球治理体系改革和建设。据“百度知道”查询“经济全球化的积极影响和消极影响”，全球化促进了安全内涵从传统安全领域扩展到非传统安全领域，进而增大了国际安全合作的紧迫性，这有利于缓和国家间的军事对抗关系。因为，恐怖主义、经济安全、环境恶化、气候变暖、疫病蔓延、移民浪潮和跨国犯罪等许多非传统安全问题，没有各国的协同合作，单靠一国的力量难以解决。全球化也有利于推进国际体系的转型。美国等西方国家主导下的现行体系存在很多问题，如“国家间名义上平等而事实上不平等、国际组织作用有限、霸权主义和‘问题国家’得不到有效制约”等。要想改变现状，就必须“积极参与全球治理体系改革和建设，践行共商共建共享的全球治理观，坚持真正的多边主义，推进国际关系民主化，推动全球治理朝着更加公正合理的方向发展”②。

第三，促进文明互鉴。国际交往有利于促进文明互鉴，共创人类美好生活。互鉴，即相互借鉴。文明互鉴，即世界上不同文明之间加强交流，相互借鉴。人文交流有助于文明互鉴，文明互鉴有助于人类进步。正如习近平所指出：“文明因交流而多彩，文明因互鉴而丰富”③，“文明因多样而交流，因交流而互鉴，因互鉴而发展”④。因为“我们共同居住在同一个星球上，这个星球有 200 多个国家和地区、2500 多个民族、70 多亿人口，搞

① 王栋：《后疫情时期全球化发展特征及趋势》，人民智库，2022 年 6 月 29 日，https：//baijiahao. baidu. com/s？ id = 1736979156749000643&wfr = spider&for = pc。

② 习近平：《高举中国特色社会主义伟大旗帜 为全面建设社会主义现代化国家而团结奋斗——在中国共产党第二十次全国代表大会上的报告》，中国政府网，2022 年 10 月 25 日，http：//www. gov. cn/xinwen/2022 – 10/25/content_5721685. htm。

③ 《习近平在联合国教科文组织总部发表的演讲》，中国政府网，2014 年 3 月 28 日，http：//www. gov. cn/xinwen/2014 – 03/28/content_2648480. htm。

④ 《习近平在亚洲文明对话大会开幕式上的主旨演讲》，新华社，2019 年 5 月 15 日，https：//baijiahao. baidu. com/s？ id = 1633571248379083991&wfr = spider&for = pc。

清一色是不可能的”①，“如果只有一种生活方式，只有一种语言，只有一种音乐，只有一种服饰，那是不可想象的”②，“各种人类文明在价值上是平等的，都各有千秋，也各有不足。世界上不存在十全十美的文明，也不存在一无是处的文明，文明没有高低、优劣之分”③。文化有差异，但“这种差异不应该成为交流的障碍，更不能成为对抗的理由。不同文明、制度、道路的多样性及交流互鉴可以为人类社会进步提供强大动力。我们应该少一点傲慢和偏见、多一些尊重和包容，拥抱世界的丰富多样，努力做到求同存异、取长补短，谋求和谐共处、合作共赢”④，“我们要以对话消除误解，以包容化解分歧，营造正信正行的良好氛围”⑤。据“百度百科”查询“文明互鉴”一词，中华文明五千多年发展史充分说明，无论是物种、技术，还是资源、人群，甚至于思想、文化，都是在不断传播、交流、互动中得以发展、得以进步的。

第四，促进民心相通。人文交流有助于促进民心相通。“国之交在于民相亲，民相亲在于心相通。”⑥ 每个国家都有自己的历史文化特征，都有自己的国家利益诉求，只有加强沟通、交流、对话，完善沟通机制，才能促进相互间的了解和理解，只有消除隔阂误解，增信释疑，才能构建和平友好的国际关系，从而促进各国的经济文化发展。习近平指出：“人是文明交流互鉴最好的载体。深化人文交流互鉴是消除隔阂和误解、促进民心相知相通的重要途径。”⑦ 人文交流可以通过教育、文化、体育、卫生等多

① 《习近平在亚太经合组织工商领导人峰会上的主旨演讲》，海外网，2018 年 11 月 17 日，https：//baijiahao. baidu. com/s？ id = 1617363184362536014&wfr = spider&for = pc。

② 《习近平在联合国教科文组织总部的演讲》，中国政府网，2014 年 3 月 28 日，http：//www. gov. cn/xinwen/2014 – 03/28/content_2648480. htm。

③ 《习近平在联合国教科文组织总部的演讲》，中国政府网，2014 年 3 月 28 日，http：//www. gov. cn/xinwen/2014 – 03/28/content_2648480. htm。

④ 《习近平在亚太经合组织工商领导人峰会上的主旨演讲》，海外网，2018 年 11 月 17 日，https：//baijiahao. baidu. com/s？ id = 1617363184362536014&wfr = spider&for = pc。

⑤ 《习近平在联合国教科文组织总部的演讲》，中国政府网，2014 年 3 月 28 日，http：//www. gov. cn/xinwen/2014 – 03/28/content_2648480. htm。

⑥ 《“每日一习话” 国之交在于民相亲，民相亲在于心相通》，央广网，2019 年 4 月 26 日，https：//baijiahao. baidu. com/s？ id = 1631829714292539822&wfr = spider&for = pc。

⑦ 《深化文明交流互鉴，共建亚洲命运共同体（2019 年 5 月 15 日）》，金台资讯，2020 年 8 月 18 日，https：//baijiahao. baidu. com/s？ id = 1675350550047551747&wfr = spider&for = pc。

个领域、多种形式的交流活动，来增进相互间的理解和信任，促进情感和沟通，推动民心相通。“开放带来进步，封闭必然落后”①，文明交流互鉴是“增进各国人民友谊的桥梁、推动人类社会进步的动力，维护世界和平的纽带”②。

2. 消极的功能作用

国际交往带来的全球化是把双刃剑，不仅具有积极的功能作用，也有消极、负面的功能作用。

第一，存在不均衡、不普惠、不公平现象。指“百度知识”查询“经济全球化的积极影响和消极影响”可知，二战后，全球化经历了快速发展，美国等西方发达资本主义国家是全球化的主要推动者，它们凭借其经济、科技特别是现代信息技术上的优势，通过左右国际经济“游戏规则”，主导世界市场，获得了丰厚的回报。与此相反，许多发展中国家未能在全球化的经济体系中获益，反而加剧了贫困，使世界经济发展更加不平衡，贫富两极分化严重。另外随着欧盟市场逐渐成熟、中国等新兴国家日益兴盛，加上特朗普时期的“美国优先”政策，以及当前拜登政府的拉拢、打压、制裁、划线政策，人们开始质疑美国的全球领导力，特别是受疫情的负面影响，发达国家与发展中国家都出现了反对全球化的声音，它们反对不公平、不普惠、不均衡的全球化。但也有人认为，尽管后疫情时代会出现一些企业回流等现象，但这并不意味着大规模撤退到自给自足，而是预示着对全球化采取一种更加谨慎的做法，将长期的复原力和政治现实考虑在内。③

第二，多米诺骨牌效应。经济全球化使世界各国的经济互赖互补性增强，这虽然有促进经济合作的有利一面，但其俱荣俱损的特点也使一个国家的经济波动很容易殃及其他国家，产生连锁反应，诱发全球经济衰退乃

① 《金句来习：文明在开放中发展，民族在融合中共存》，新华社，2018 年 3 月 30 日，https：//baijiahao. baidu. com/s？ id = 1596364647364807493& wfr = spider&for = pc。

② 《人民日报和音：汇聚应对共同挑战的文化文明力量》，环球网，2021 年 12 月 30 日，https：//baijiahao. baidu. com/s？ id = 1720533140210341318&wfr = spider& for = pc。

③ 《“后疫情时代”的新型全球化趋势》，全球化智库，http：//www. ccg. org. cn/archives/70270。

至全球经济危机。

第三，后疫情时代，新技术将推进全球化的进程，但也会被人用于加剧地缘政治竞争；传统安全问题与非传统安全问题互相交织，构成全球性挑战；国际贸易、全球金融和互联网等也可能被武器化，成为制造冲突并加剧对抗的政治工具。①

第四，全球化进程放缓。受上述因素影响，过去曾经出现过的那种飞速发展的全球化进程可能不会再来，② 但这也并不意味着全球化的终结。因为各国政府越来越关注全球化的负面影响作用，如何避免或减轻这些负面功能作用带来的风险，让全球化变为更公平、更普惠、更包容、更受欢迎，并拥有更多的国际合作，使全球化从无序的全球化转向更亲力亲为的有管理的全球化，③ 这些问题伴随着全球化与逆全球化的两种力量的博弈，将促使各国政府对全球化采取更谨慎的态度。

三、国际交往的原则

从国际政治、国际关系角度来看，当前国际交往正处在百年未有之大变局的关口。“一方面，和平、发展、合作、共赢的历史潮流不可阻挡，人心所向、大势所趋决定了人类前途终归光明。另一方面，恃强凌弱、巧取豪夺、零和博弈等霸权霸道霸凌行径危害深重，和平赤字、发展赤字、安全赤字、治理赤字加重，人类社会面临前所未有的挑战。”习近平总书记在中国共产党第二十次全国代表大会上的报告中，指出了明确的方向和确定的原则，“中国始终坚持维护世界和平、促进共同发展的外交政策宗旨，致力于推动构建人类命运共同体”。为此，“中国坚定奉行独立自主的和平外交政策”，尊重各国主权和领土完整，坚持各国一律平等，“尊重各

① 《“后疫情时代”的新型全球化趋势》，全球化智库，http：//www. ccg. org. cn/archives/70270。

② 《全球化的现状与未来》，道客巴巴，2022 年 4 月 10 日，http：//www. doc88. com/p－69839685204446. html。

③ 《“后疫情时代”的新型全球化趋势》，全球化智库，http：//www. ccg. org. cn/archives/70270。

国人民自主选择的发展道路和社会制度，坚决反对一切形式的霸权主义和强权政治，反对冷战思维，反对干涉别国内政，反对搞双重标准”。

大国关系方面，积极“促进大国协调和良性互动，推动构建和平共处、总体稳定、均衡发展的大国关系格局”；周边关系方面，“坚持亲诚惠容和与邻为善、以邻为伴周边外交方针，深化同周边国家友好互信和利益融合”；对待发展中国家，“秉持真实亲诚理念和正确义利观加强同发展中国家团结合作，维护发展中国家共同利益”。

经济方面，“坚定奉行互利共赢的开放战略”，“以中国新发展为世界提供新机遇，推动建设开放型世界经济，更好惠及各国人民”；“坚持经济全球化正确方向，推动贸易和投资自由化便利化，推进双边、区域和多边合作，促进国际宏观经济政策协调”；“反对保护主义，反对搞‘筑墙设垒’、‘脱钩断链’，反对单边制裁、极限施压”；缩小南北差距，支持和帮助广大发展中国家加快发展。

全球治理方面，坚持“积极参与全球治理体系改革和建设，践行共商共建共享的全球治理观”；坚持多边主义，推进国际关系民主化；维护以联合国为核心的国际体系、以国际法为基础的国际秩序、以《联合国宪章》宗旨和原则为基础的国际关系基本准则，反对单边主义，反对搞排他性小圈子；推动世界贸易组织、亚太经合组织等多边机制更好发挥作用，增强新兴市场国家和发展中国家在全球事务中的代表性和发言权；“积极参与全球安全规则制定，加强国际安全合作，积极参与联合国维和行动”等。

对待文化差异，主张“尊重世界文明多样性，以文明交流超越文明隔阂、文明互鉴超越文明冲突、文明共存超越文明优越，共同应对各种全球性挑战”；坚持“对话协商”“合作共赢”的原则；呼吁“世界各国弘扬和平、发展、公平、正义、民主、自由的全人类共同价值”，构建人类命运共同体。①

---

① 习近平：《高举中国特色社会主义伟大旗帜 为全面建设社会主义现代化国家而团结奋斗——在中国共产党第二十次全国代表大会上的报告》，中国政府网，2022 年 10 月 25 日，http：//www. gov. cn/xinwen/2022 – 10/25/content_5721685. htm。

第二章　文化与跨国人际交往

第一节　文化对跨国人际交往的影响

如前所述，文化犹如空气无处不在、无时不有地影响着我们的日常生活和社会生活，我们的交往行为特别是跨国跨文化的人际交往，也必然受着文化的影响。那么文化是如何影响人们的交往行为？在跨文化交流中，文化又是怎样发挥影响作用的？“洋葱比喻说”和施拉姆的跨文化交流模式给我们揭示了文化影响交流的作用机制。

一、“洋葱比喻说”的价值驱动论

根据“洋葱比喻说”，核心层文化驱动、影响中层文化和表层文化；中层文化受核心层文化驱动和影响，同时体现核心层文化并驱动表层文化；而表层文化体现、反映中层文化和核心层文化。[①]

将此驱动论应用于文化与交往的关系的解释上，可以得知，跨文化交流中，许多表层文化的差异，都是核心层文化的价值理念差异所致。比如中西方传统服饰的文化差异，首先表现在服装造型上的差异，这是肉眼可见的差异。中国的传统服饰有两种基本形制即上衣下裳制和衣裳连属制，无论汉服、唐装，还是长衫马褂、旗袍，一般都是平面裁剪，穿在身上宽

---

① 陈晓萍：《跨文化管理》，清华大学出版社2005年版，第6—14页。

衣大袖，飘逸悬垂，平面直线，朴素简单，利于举手抬足，遮掩身形。与此不同，古典西服多立体裁剪，造型贴身，强调横向扩张的感觉，硬领、垫肩，蓬蓬袖、庞大的裙撑、束腰、垫臀、露颈、露背、半胸等，突显人体的自然身形。[①] 两种服饰的外形差异折射出的是两种不同的审美情趣和价值理念追求。中国的传统服饰追求的是闲适、平淡、中庸、圆通等儒道互补的美学思想，体现的是含蓄、内敛、保守、谨慎、平和的性格特征；西方服饰彰显的是西方人开放、外向、热情、直率的性格特征和对独立自我、个性张扬、空间外扩的理念追求。

二、施拉姆的跨文化交流模式

文化因素影响着跨文化交流的全过程，特别是对交流的三个最重要的因素——发送者、接收者与经过编码的信息，产生很大影响。关世杰根据施拉姆的大众传播过程模式，用图示展示了文化差异是如何影响跨文化交流的互动过程并导致误解发生。

假设一位不了解中国文化的美国教授来到中国大学教英语，他很可能会遇到如下的文化碰撞：清晨去教室的路上，中国女生用英语对美国教授发出了中国式问候："Good morning，Where are you going now?"（您好！您到哪儿去?）美国教授回答："Well，I am going to the classroom."（哦，我去教室。）课堂上，美国教授滔滔不绝，中国学生只能听懂百分之七八十的内容，甚至更少。美国教授讲课时走来走去，不时坐在学生课桌上，甚至坐到了讲台上；当用目光注视学生时，多数学生特别是女生会转移目光或低头避免目光相遇。临下课时，当美国教授问同学们有什么问题，教室一片沉默，直到下课铃声响起。

课后，美国教授感觉很糟糕：（1）面对去教室路上学生对他的问候，他有种被刺探个人隐私的不良感觉；（2）课堂上学生特别是女生回避老师的目光，他有被冒犯的感觉；（3）老师让学生提问题但学生没反应，他认

---

① 《从历史的角度浅谈中西方服饰文化的差异》，百度文秘帮，2019 年 10 月 9 日，https：//www. wenmi. com/article/pz441e00jza6. html。

为这意味着学生对他所讲内容不感兴趣，因而感到懊丧；（4）美国教授想用随意的行为举止制造轻松活跃的课堂气氛以便拉近师生关系，但中国学生却会感觉老师没有老师的样子。

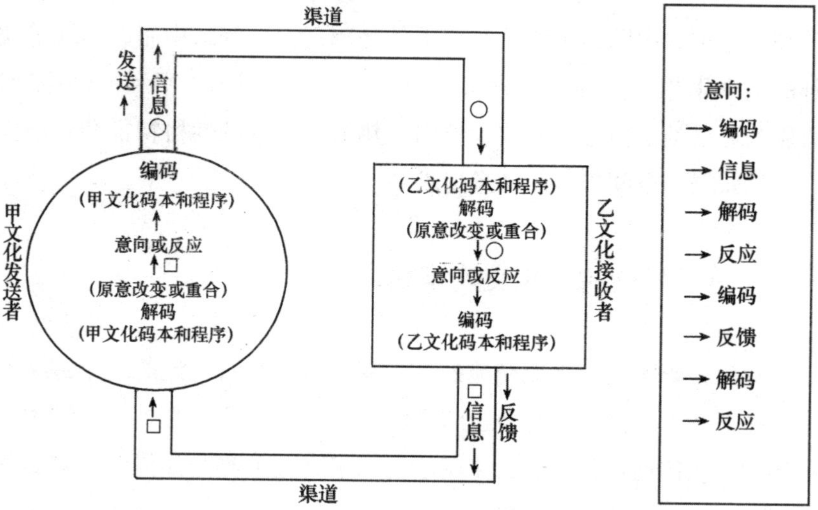

图2-1　跨文化交流模式①

师生双方产生误解的文化因素用上述跨文化交流模式的图示来分析，其过程如下：

（1）意向：美国教授想了解同学对自己所讲内容的反应。

（2）编码：他将这个意向根据美国文化的码本进行编码：感兴趣=提问题，不感兴趣=沉默。

（3）信息：他要求学生提问题。

（4）解码：中国学生听到（接收到）美国教授的要求（信息）后，根据中国文化的码本加以解码：提问题≠对老师的课感兴趣；不提问题=我们都听懂了，老师讲得好；缺乏训练因而不好意思也不知道怎么提问题。这时提问题与不提问题的含义与美国教授的原意已经完全不同。

① 关世杰：《跨文化交流学：提高涉外交流能力的学问》，北京大学出版社1995年版，第48页。

（5）反应：对老师的课很感兴趣，不必提问题，或者没听懂，也没有问题。

（6）编码：对老师的课很感兴趣或不好意思也不知道怎么提问题 = 沉默。

（7）反馈：默不作声。

（8）解码：美国教授看到同学们没有提问题，根据美国文化码本进行解码：沉默 = 不感兴趣。此时沉默的含义与同学们的原意大不一样。

（9）反应：美国教授感到懊丧。

通过这个模式可以看出，在跨文化交流中，文化差异是如何导致了误解的发生：第一，语言符号不同给跨文化交流带来困难；第二，甲文化的信息发送者（即说话人甲）发出的信息含义，在乙文化的信息接收者（即听话人乙）解码之后，"意义相反或完全不重合或大部分不重合时"，误解就会发生；第三，交流双方在编码、解码时所依据的文化码本不同是误解发生的根本原因；第四，非语言符号上的差异也会导致误解，但往往会被人忽视；第五，中美文化中关于教师职业规范和学生行为规范的差异也是导致误解和不快的原因之一。①

由此可知，文化差异是跨文化交流的主要障碍；文化的各个层面、各种因素都深深影响着人们的跨文化交流；误解发生的根本原因在于交流双方完全根据自己的文化码本来解读对方的话语。可见，"一个人的文化背景影响他对事物的基本假设，而对事物的基本假设也会影响我们的感知、态度、情绪的表达方式，最终影响我们的行为"②。

如果用认知关联理论来分析，跨文化交流容易发生误解，根本原因是交流双方在话语表达和话语解读时，参与话语交流的认知语境要素差异太大，发话者和听话者没有选择出最佳相关的语境要素，而是完全根据自己语境体系中的相关语境信息来推理、解读对方的话语，误解由此发生。

---

① 关世杰：《跨文化交流学：提高涉外交流能力的学问》，北京大学出版社 1995 年版，第 44—45、48—49 页。

② 关世杰：《跨文化交流学：提高涉外交流能力的学问》，北京大学出版社 1995 年版，第 44—45、48—49 页。

第二节　跨国人际交往中的文化差异：六大价值取向理论[①]

文化差异是跨国人际交往的主要障碍，要想在跨国跨文化人际交往中避免或减少误解、矛盾、冲突，就必须了解交流双方的文化差异之所在，所谓知彼知己，百战不殆。那么如何发现文化差异？国内外学者提出了许多跨文化交流理论，这些理论为我们发现和了解文化差异提供了多维参考视角。下面简要介绍四个理论，即克拉克洪和斯乔贝克的六大价值取向理论、霍夫斯泰德的文化维度理论、蔡安迪斯的个体—集体主义理论和琼潘纳斯的文化架构理论，以此窥见文化差异是如何影响人们的工作、生活态度的。本节首先介绍克拉克洪和斯乔贝克的六大价值取向理论。

美国人类学家克拉克洪和斯乔贝克于 1961 年在其《价值取向的变奏》一书中提出：不同民族和国家的人在如下六大问题上都有相当不同的观念，而在这六大问题上的不同观念则显著地影响了他们生活和工作的态度和行为：对人性的看法、人们对自身与外部自然环境关系的看法、人们对自身与他人之间关系的看法、人的活动取向、人的空间观念和人的时间观念。[②]

一、对人性的看法

不同文化中的人对人性是善还是恶、人性可变还是不可变等问题的看法有很大差异。如基督教的原罪说反映的是人性恶的理念，基督教强调通过忏悔和行善可以洗脱罪孽、升上天堂，反映的是人性可变的信念；与此相反，儒家文化主张“人之初，性本善”，表现的是对人性的乐观态度；而“三岁看老”与“江山易改，禀性难移”等中国俗语，反映的则是人性

① 本节内容主要参考：陈小萍：《跨文化管理》，清华大学出版社 2005 年版，第 27—33 页。

② Kluckhohn F. , Strodtbeck F. , *Variations in Value Orientaions Evanston*, IL: Row, Peterson, 1961. 转引自：陈晓萍：《跨文化管理》，清华大学出版社 2005 年版，第 28、85 页。

难变的观念。人性观的文化差异反映在管理上，就像深受基督教文化影响的美国特别强调制度，从人性恶的角度出发，严密设计制度，注重事先防堵；而受儒家文化影响的中国，常常从人性善的角度，假设人不会做坏事，到坏事发生时再去修补管理问题。

二、人们对自身与外部自然环境关系的看法

人们对自身与外部自然环境关系的看法，不同文化之间大相径庭。美国等西方文化强调人对自然的征服，在他们看来，人是世界的主体、万物的统治者，自然是人所征服的对象，因而强调通过改变环境实现自己的创作意图，达到自己的目标。反映在建筑上就是突出人的独立与尊严，人对自然的战胜与人的优越地位。如美国国会大厦的建筑风格，突出苍穹顶，旨在突出国家与法律的尊严与神圣；意大利米兰大教堂，高耸、突兀，与自然隔开。而中国的传统文化强调人与自然的和谐相处，讲求“天人合一”，反映在建筑上，讲究“风水”，房子的朝向、形状等都得与周围的自然环境相和谐。不同的自然观会导致不同的思维方式和对同一事件的不同反应。如2004年12月26日，印尼苏门答腊岛附近海域发生里氏9级地震并引发海啸，造成印度洋沿岸各国人民生命和财产的重大损失。面对天灾，不同的归因，反映出迥异的文化差异。大部分东南亚人将此事归结于命运，悲痛但没什么可抱怨的，也有的东南亚人认为这是人类冒犯自然的结果。但西方人认为这是人类对灾难的预测、防范工作做得不够造成的，如果能够设计更科学精确的仪器，做好灾难预警，完全可以减轻损失甚至是避免灾难。

三、对自身与他人之间关系的看法

对自身与他人之间关系的看法，不同文化之间同样存在很大差异。在个人与群体的关系上，中国传统文化认为，个体是群体的一员，个人不可以也离不开群体而存在；但美国文化则相反，认为人应该是独立的个体，特别强调人的独立、自由。在个性表现方面，中国人不喜欢张扬个性，喜

欢合群、随大流，怕遭致排斥；但美国人却相反，喜欢突出和张扬个性，追求与众不同。当个体利益和集体利益发生冲突时，中国人崇尚那些牺牲自我成全集体利益的大公无私的英雄，而美国文化则强调个人至上，每个人先对自己负责再对别人负责，甚至飞机上的应急指导语写的是“先救自己，再救别人”。①

四、人的活动取向

人的活动取向，是指一个文化中的个体是否倾向于不断行动。美国社会可谓是行动导向的社会，他们认为只有不断做事并快速行动，才能创造价值，美国的快餐食品、速递公司等都是行动导向文化的产物。与此相反，许多亚洲社会是静态取向的社会，安然耐心被视为美德之一，而非无所事事的表现；有时甚至提倡“以静制动”“以不变应万变”，强调“无为而治”“静观其变”等，这种处事方法和解决问题的智慧，常令美国人难以理解。②

五、人的空间观念

人的空间观念，不同文化也有显著差异。美国等西方国家的个人隐私观念很强，在家里，个人的房间、信件等，他人包括父母也不能随意进入和翻阅；在公司，每个人大都有相对独立的办公室或办公隔间。与此相反，很多亚洲国家的传统文化倾向于把空间看成公共的东西，隐私观念不强甚至没有（但现在很多亚洲国家父母开始尊重子女隐私权），如在很多公司，办公桌之间没有隔板。③

---

① 陈晓萍：《跨文化管理》，清华大学出版社2005年版，第30页。
② 陈晓萍：《跨文化管理》，清华大学出版社2005年版，第30页。
③ 陈晓萍：《跨文化管理》，清华大学出版社2005年版，第30—31页。

六、人的时间观念

人的时间观念，即时间导向上是注重过去、现在还是未来，时间利用上是一个时间里只做一件事的线性时间观，还是同一时间里可以做多件事的非线性时间观，不同文化中的人表现不同。在时间导向方面，中国传统文化比较注重过去和现在而较少注重未来；但美国文化则很少关注过去，基本着眼现在和未来。如美国盛产“外星人入侵”“机器人占领世界”“星球大战”“地球生态哗变”等具有未来时间导向性的科幻小说和电影，而中国电视频道里充满了不同历史朝代的古装戏。在时间运用上，美国人、德国人都是线性的时间观，反映在商业运作和管理方面，就是计划性非常强，远程商业活动可以提前半年、一年做安排。与此相反，意大利、中东等一些国家的人则把时间看成是非线性的，根据情况变化随时调整时间安排。谈生意时可因朋友的突然到访而停下谈判去招待老友，甚至让朋友直接参加谈判，这种随机应变在美国人看来则是太不专业、太过随便，难以信任。①

克拉克洪与斯乔贝克的六大价值理论，虽然没有探索文化差异更深层的原因，但是为我们如何辨别文化差异、合理解释不同文化的“异常”现象，提供了有效观察的视角。如时间导向的文化分析视角，在解释下面这位美国留学生的“奇怪”问题上，无疑起到了解题作用。笔者曾经遇到过来自美国留学生的一个问题：为什么中国人把“the day before yesterday”说成是“前天”而不是“后天”，把“the day after tomorrow”说成是“后天”而不是“前天”？美国留学生的问题乍一听莫名其妙，古怪难答，但仔细想想，可以用时间导向的文化差异来解释他的问题。美国留学生之所以提出这样的问题，是因为他的时间观是未来导向型的，他在时间线轴“今天”节点上，面对未来站着，所以，他觉得未来的时间表达应该用“前天”“大前天”“以前”等词语，而身后的过去时间应该用“后天”“大后天”“以后”等来表示。但是过去导向型的中国古人，在发明“前

① 陈晓萍：《跨文化管理》，清华大学出版社 2005 年版，第 31—32 页。

天”“后天”等时间词汇时，是面对着过去、背对着未来而站在时间线轴“今天”节点上，所以表示过去的词汇用“前天”“大前天”“以前”等词语，表示未来的词汇用“后天”“今后”等词语。

汉语：过去导向型，人面对过去，因而是：

前天（过去）← 今天（现在）← 明天、后天（未来）

英语：未来导向型，人面对未来，所以疑问：

后天→今天→明天→前天

图 2－2　中美时间导向的文化差异

第三节　跨国人际交往中的文化差异：文化维度理论①

荷兰管理学学者霍夫斯泰德于 1980 年在其《文化的后果》一书中提出，有四大因素（前四个）可以帮助我们区分民族文化对雇员的工作价值观和工作态度的影响。1991 年他在其著作《文化与组织》中又提出了下面五个维度：(1) 个体主义与集体主义（着眼于个体还是集体的利益）；(2) 权力距离（人们对社会或组织中权力分配不平等的接受程度）；(3) 不确定性规避（对事物不确定性的容忍程度）；(4) 事业成功与生活质量（追求物质还是强调人际和谐）；(5) 长期—短期导向（着眼于现在还是放眼于未来）。

一、个体主义与集体主义

霍夫斯泰德特将个体主义与集体主义定义为“人们关心群体成员和群

① 本节内容主要参考：陈晓萍：《跨文化管理》，清华大学出版社 2005 年版，第 34 页。

体目标（集体主义）或者自己和个人目标的程度（个体主义）”，[①] 即更加看重个体利益的被视为个体主义，更加看重集体利益的被视为集体主义。他的研究发现，美国人在个体主义上得分最高，以 91 分排名第一。[②] 霍夫斯泰德认为，“从社会或国家层面来看，个体主义和集体主义应该被视为同一维度下两个相反的端点”，“在人们通常持有更高个体主义价值观的社会里，人们也通常持有更低的集体主义价值观”，“这类社会中的各种制度都反映出：它们的形成或设计主要是为了迎合个体主义者。在通常持有更高集体主义价值观的社会中，人们也通常持有更低的个体主义价值观。这类社会中的各类制度假设人们主要是集体主义者”。[③]

二、权力距离

权力距离指的是“在一个国家的机构和组织中，弱势成员对于权力分配不平等的期待和接纳程度”[④]。“许多在权力距离指数上得分高的国家，在个体主义指数上的得分比较低，反之亦然。换句话说，这两种指数之间往往呈现负相关；高权力距离国家很可能集体主义程度更高，而低权力距离国家则更加个体主义。”[⑤] 一般而言，西方文化影响下的国家和民族，权力距离指数较低，人们对权力分配不平等的现象耐受程度低，反抗精神强烈；而东方文化影响下的权力距离指数较高，对不平等现象的耐受程度高，甚至习以为常或认为理所当然。儒家文化强调“三纲五常”“君君、臣臣，父父、子子”，受此影响，韩国、中国等国家的人在教育子女时都会强调在家听父母话、不顶嘴，在外尊敬领导、尊敬师长等，反映了人们

---

① Hofstede G.，*Culture's Consequences*：*International Differences in Workrelated Values*，CA：Sage，1980. 转引自：陈晓萍：《跨文化管理》，清华大学出版社 2005 年版，第 34、84 页。

② ［荷兰］吉尔特·霍夫斯泰德、格特·扬·霍夫斯泰德著，李原、孙健敏译：《文化与组织：心理软件的力量（第 2 版）》，中国人民大学出版社 2010 年版，第 83—84 页。

③ ［荷兰］吉尔特·霍夫斯泰德、格特·扬·霍夫斯泰德著，李原、孙健敏译：《文化与组织：心理软件的力量（第 2 版）》，中国人民大学出版社 2010 年版，第 87 页。

④ ［荷兰］吉尔特·霍夫斯泰德、格特·扬·霍夫斯泰德著，李原、孙健敏译：《文化与组织：心理软件的力量（第 2 版）》，中国人民大学出版社 2010 年版，第 49 页。

⑤ ［荷兰］吉尔特·霍夫斯泰德、格特·扬·霍夫斯泰德著，李原、孙健敏译：《文化与组织：心理软件的力量（第 2 版）》，中国人民大学出版社 2010 年版，第 87 页。

对社会等级秩序、权力距离普遍遵从、认同的风俗习惯。[①]

个体主义文化认为直言不讳是美德，冲突可以是有益的，观点碰撞可以揭示真相；但集体主义文化中的人喜欢婉转、含蓄，不喜欢直接拒绝他人，尽量避免发生正面冲突，很少说“不”，说“是”也未必代表赞同。个体主义的家庭鼓励孩子与众不同、勇于发表自己观点，否则是没有主见、性格软弱的表现；集体主义的家庭则要求孩子服从他人特别是长辈、领导，不喜欢突出自我、个性张扬，多注重礼仪规矩。个体主义文化注重语言沟通交流，喜欢明确表达思想观点，沉默被认为是不正常的，故属于低语境文化；集体主义文化则属于高语境文化，认为沉默是金，语言交流高度依赖语境要素，察言观色能力强，讲求心领神会、心照不宣的交流模式。集体主义文化不仅讲求和谐，还好面子、重荣誉，面子、荣誉是从社会环境的角度来定义的；而个体主义文化强调自尊，自尊是从个体的角度来定义的。[②]

三、不确定性规避

不确定性规避是指“某种文化中的成员在面对不确定的或未知的情况时感到威胁的程度”，“这种感觉经常通过紧张感和对可预测性的需求（对成文的和不成文的规定的需求）表现出来”。[③] 霍夫斯泰德通过问卷调查分析得出 74 个国家和地区的不确定性规避指数，其中，拉丁美洲、拉丁语系的欧洲以及地中海国家和地区的得分较高。[④] 霍夫斯泰德从不同职业、性别、年龄的不确定性规避，从家庭、工作场所的不确定性规避，从不确定性规避与百姓和政府、排外倾向和民族主义、宗教和观念等的关系角度，分析指出了不同国家的人在不同领域的不确定性规避程度各不相同，同一

---

① 陈晓萍：《跨文化管理》，清华大学出版社 2005 年版，第 36 页。

② ［荷兰］吉尔特·霍夫斯泰德、格特·扬·霍夫斯泰德著，李原、孙健敏译：《文化与组织：心理软件的力量（第 2 版）》，中国人民大学出版社 2010 年版，第 91—95 页。

③ ［荷兰］吉尔特·霍夫斯泰德、格特·扬·霍夫斯泰德著，李原、孙健敏译：《文化与组织：心理软件的力量（第 2 版）》，中国人民大学出版社 2010 年版，第 177 页。

④ ［荷兰］吉尔特·霍夫斯泰德、格特·扬·霍夫斯泰德著，李原、孙健敏译：《文化与组织：心理软件的力量（第 2 版）》，中国人民大学出版社 2010 年版，第 178—179 页。

国家或地区的高/低（或强/弱）不确定性规避指数，在不同方面的表现并非一致。[①] 比如从冒险方面来看，美国文化得分较高，呈现低不确定性规避，美国是盛产创业者的国家，创业者被认为是敢冒险的人；从对未来充满信心的程度来看，美国得分也不低，美国人很少存钱，常常贷款消费。与此相反，中国存款率极高，创业者人数远远低于美国，因此在冒险和未来信心方面，得分低于美国，呈现高不确定性规避的特点。在商业合同方面，美国表现出高不确定性规避的文化特点来，美国公司的商业合同大都内容全面、详尽、具体、精细，一份合同往往厚厚一摞；而日本公司的合同一般比较粗略，页数不多，只包括主要内容和意向，细节留待以后再商榷和填补，表现出低不确定性规避的特点。总之，不同国家的人在不同领域的不确定性规避程度各不相同。[②]

四、事业成功与生活质量

事业成功与生活质量这个维度指的是人们强调自信、竞争、物质主义（事业成功导向），还是强调人际关系和他人利益（生活质量导向）的程度。在这个维度上，美国文化与墨西哥文化相比，美国文化更具事业成功导向，墨西哥文化更追求生活质量，但美国与中国和其他亚洲国家相比，后者的文化得分都不比美国低，后者国家的人为了事业成功愿意付出甚至牺牲更多，而且家人朋友乃至整个社会大都能理解和接受。这种牺牲小我成全他人、家庭、群体的精神，自古以来就是深入人心的高尚价值观，否则怎会有千古传颂的“三过家门而不入”的大禹、“鞠躬尽瘁死而后已”的诸葛亮、“留取丹心照汗青”的文天祥等许许多多的英雄人物？今天很多中国人背井离乡、舍家弃子外出打工、出国深造等，都是这种价值观的体现。当然无论是哪种文化导向，都是相对而言的，不是一成不变的，它会随着时代的变迁而发生变化。如美国曾经非常强调事业成功，但近些年

① ［荷兰］吉尔特·霍夫斯泰德、格特·扬·霍夫斯泰德著，李原、孙健敏译：《文化与组织：心理软件的力量（第2版）》，中国人民大学出版社2010年版，第182—215页。

② 陈晓萍：《跨文化管理》，清华大学出版社2005年版，第38—39页。

来也发生了很大变化，人们越来越重视家庭和个人生活质量。

五、长期—短期导向

霍夫斯泰德指出："长期导向意味着培育和鼓励以追求未来回报为导向的品德——尤其是坚韧和节俭。与之相对的另一端，短期导向，意味着培育和鼓励关于过去和当前的品德——尤其是尊重传统、维护面子，以及履行社会义务。"① 陈晓萍对该定义的解读是：长期或短期导向指的是"一个文化对传统的重视程度"。长期导向使人们具有凡事都想到未来而非只想到当前的倾向，不做一锤子买卖，而是喜欢建立长期的关系。短期导向正好相反。如在国际商业谈判中，中国人喜欢从边缘情况谈起，等全部情况了解清楚后，再进入正题，谋求长期合作，建立长久关系。但美国人则相反，喜欢单刀直入，直接切入正题，如果成功，再拓展关系，了解其他方面的情况。前者反映的是长期导向的文化特征，后者反映的是短期导向的文化特征。②

根据霍夫斯泰德对39个国家和地区的长期导向指数的研究，中国、日本、越南、韩国位于前六名，西方国家得分都处于短期导向一端。他指出，美国的短期导向体现在："节俭和坚韧这两种价值观在罗克奇价值观调查中是不存在的，而罗克奇价值观调查被认为是以1970年左右的一份完整的美国价值观清单作为基础的。消费，而不是节俭，似乎是20世纪下半叶的一种美国价值观，无论是在个人层面还是在政府层面。"③

霍夫斯泰德用实证的研究方法来研究文化差异，其最大好处就是让每个国家在每一个维度上都有一个得分，即用量化的方式来表达文化差异的程度，这比简单定性的文化差异描述更为准确、可视。

---

① ［荷兰］吉尔特·霍夫斯泰德、格特·扬·霍夫斯泰德著，李原、孙健敏译：《文化与组织：心理软件的力量（第2版）》，中国人民大学出版社2010年版，第222页。

② 陈晓萍：《跨文化管理》，清华大学出版社2005年版，第41—42页。

③ ［荷兰］吉尔特·霍夫斯泰德、格特·扬·霍夫斯泰德著，李原、孙健敏译：《文化与组织：心理软件的力量（第2版）》，中国人民大学出版社2010年版，第223页。

第四节　跨国人际交往中的文化差异：个体—集体主义理论

蔡安迪斯出生于希腊，后移民美国，从事心理学研究。1995 年他的《个体主义与集体主义》一书出版，其中提出了不同于霍夫斯泰德的观点：个体主义和集体主义不是一个纬度的概念，也不是两个纬度的概念，而是一个文化综合体，它包括许多方面，其中比较重要的方面有：个体对自我的定义、个人目标和群体目标的相对重要性、个人态度和社会规范决定个体行为时的相对重要性、完成任务和人际关系对个体的相对重要性、个体对内群体和外群体的区分程度等。他使用个体主义和集体主义这个维度来描述文化差异时，更多地是指个体的文化导向而非国家或民族的文化导向。

一、个体对自我的定义

根据蔡安迪斯的研究，个体主义者和集体主义者对自我的定义大相径庭。个体主义者通常将自我看成是独立的个体，且应该与众不同，不太在意别人对自己的看法，别人对自己的评价常常用来验证自己对自我的定义。集体主义者对自我的定义则截然不同。他们把自我看成群体中的一员，与他人具有相互依赖、不可分割的关系，别人对自己的看法至关重要，常常会影响自己对自我的认知。个体主义者的自我观可以说是独立的自我，集体主义者的自我观是互赖的自我，他们的文化差异可以用下图来表示，前者是独立的自我，后者是互赖的自我。

美国、加拿大、澳大利亚等西方国家以个体主义者居多，他们强调个人对自我行为负责，如学生没有按时完成作业，只能怪他自己没有安排好时间。自我负责还意味着自我依靠，即通过自己的努力达到目标，而不愿依靠别人帮助。与此相反，中国、日本、韩国、印度等亚洲国家以集体主义者居多，他们具有互赖的自我意识，常有把自己的行为后果做外归因的倾向，认为自己与他人有着千丝万缕的联系，自己的行为不能完全由自己控制，而会受别人和其他事件的影响，因此，“在家靠父母，出门靠朋友”，成为解决自己问题的常理常情之事。具有独立自我意识的人，希望自己与众不同，越有个性越好；具有互赖自我意识的人则希望自己融入群体，被大家接受，与大家一样，而非格格不入，一旦被团队孤立或开除，会无地自容，无脸见人，失去自我，他人的评价会左右自我的情绪，自我的价值在与他人的比较中产生。①

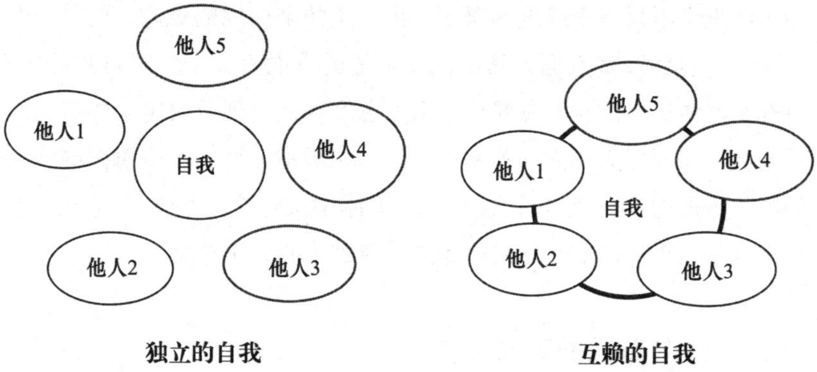

图2－3　个体对自我的定义

二、个人利益和群体利益的相对重要性

在个体主义者看来，个人利益高于群体利益，只要法律允许，追求个人利益不仅合理而且提倡。亚当·斯密的《看不见的手》的相关观点就反映了这一价值观：每个人在追求个人利益最大化的同时，能够实现集体利益的最大化，而市场就是一只无形的巨手，将个人利益与集体利益的关系自动理顺。当个人利益与集体利益发生冲突时，个体主义者多半会选择保全个人利益，然后才是集体利益，追求个人利益最大化成为西方经济学的最重要基本假设。集体主义者与此相反，主张集体利益高于个人利益，个人利益常常被看成是阴暗不光彩的东西，追求个人利益是自私的表现。古

① Triandis H. C.，*Individualism and Collectivism*，Boulder，CO：Westview Press，1994. 转引自：陈晓萍：《跨文化管理》，清华大学出版社2005年版，第47—48页。

往今来，中国人都赞美、歌颂那些“大公无私”“毫不利己专门利人”的人，特别是当个人利益与集体利益冲突时，为了保护集体利益而不惜牺牲个人利益甚至生命的人。①

三、个人态度和社会规范决定个体行为时的相对重要性

“个人态度和社会规范决定个体行为时的相对重要性”，是蔡安迪斯根据社会心理学中的合理行动理论，分析不同文化在行动动因方面差异的一种分析维度。意即不同文化社会中的人在决定个体行为时，是个人态度发挥了重要作用，还是社会规范发挥了重要作用。他的研究证明，个体主义社会中的个体行动动因主要来自于自身而非他人对该行为的态度和兴趣，即对某一行为的态度、选择，是基于他们最大程度满足自己的利益需求，而不是别人的需求，因为最终是自己对自己的行为负责，所以他们信奉“我行我素”个体主义的原则。

但集体主义社会的个体行动驱动因素，多来自自己对他人可能将有的看法的认知，换言之，一个人在做出参与某一特定行为的决定或对某种行为做出正面或负面评价时，不是根据自己的兴趣或利益需求来决定，而是根据他人的意志和利益需要做出选择。亚洲的大多数国家的人的行动动因多属于这种集体主义行动动因类型，他们喜欢入乡随俗、随大流，不愿意因为与众不同而受人排斥，每个人都是互赖的自我，比较在乎他人、大众的看法和做法。这种“随大流”的行动动因，比较容易达成“思想一致”，形成社会共识和社会潮流，但也容易让个人在不知不觉间成为社会规范或社会潮流的牺牲品。②

---

① Triandis H. C.，*Individualism and Collectivism*，Boulder，CO：Westview Press，1994. 转引自：陈晓萍：《跨文化管理》，清华大学出版社 2005 年版，第 49 页。

② Triandis H. C.，*Cultrue and Social Behavior*，New York：McGraw－Hill，1994. 转引自：陈晓萍：《跨文化管理》，清华大学出版社 2005 年版，第 52—55、85 页。

四、完成任务和人际关系对个体的相对重要性

顾名思义，这一维度是指个体主义社会和集体主义社会，人们更重视、在乎完成任务，还是人际关系。蔡安迪斯的研究表明，个体主义社会的人，因为强调独立的自我，理性比关系更重要。他们把完成任务看得很重要，而人际关系则不那么重要，因为能否胜任工作显示出个体的能力和特点，是自我定义中的一个重要组成部分，而与他人关系并不直接影响个体对自身评价，因为个人只能通过自己的行为举止而非通过人际关系来证明自己，所以人际关系对他们来说相对不那么重要。对于集体主义社会中的个人来说，任务是可以用来帮助其与他人建立关系的工具，而不是终极目的。他们的自我概念，如自尊、自我价值，都与那些与他们有密切关系的人对他们的评价密切相关，因此与他人保持良好关系至关重要，变成个人存在的目的。① 如韩国是典型的集体主义社会类型，就完成任务和人际关系的相对重要性而言，倾向于注重后者，即人际关系在人们的社会生活中占有非常重要位置，特别在职场，完成任务固然重要，但是没有良好的人际关系、广泛的人脉网络作为支撑，也是很难成就事业的。

五、个体对内群体和外群体的区分程度

所谓内群体，是指与个体有密切关系的群体，如家人，工作中的团队，在有的情况下，甚至包括同乡、同胞。外群体则是指与自己毫无关系的人的总和，如其他公司的人，外国人或陌生人。当然，内外群体的边界是非常弹性的，随时间地点场合而变。

蔡安迪斯的研究发现，在内外群体区分上，个体主义社会与集体主义社会有非常显著的差别。一般而言，个体主义社会不强调内外之分，常常对所有人一视同仁，没有太多区别。相反，集体主义社会却对内外群体区

---

① Triandis H. C. , *Individualism and Collectivism*, Boulder, CO: Westview Press, 1994. 转引自：陈晓萍：《跨文化管理》，清华大学出版社 2005 年版，第 55—56 页。

分严格，内则亲，外则疏，内外有别。集体主义社会对内群体的人，乐于合作，慷慨大方，情愿吃亏也不愿他人难受，谈生意多从合作而非竞争角度出发；与外群体谈判时，常常从没有什么商讨余地的地方开始。而在个体主义社会，倾向于先看看有无利益共同之处，与内外群体的人在谈判无异；与外群体打交道时，个体主义者认为为对方着想是一种美德。①

六、水平—垂直个体主义与水平—垂直集体主义

水平个体主义是指该文化中的个体追求个人利益的最大化，但并不在乎自己是否比别人得到的多，不追求自己高于别人。而垂直个体主义者不仅追求个人利益最大化，且要求自己好过他人。

水平集体主义是指该文化中的个体追求内群体利益最大化，但并不关心自己群体是否高过其他群体。而垂直集体主义者既关心群体利益最大化，也追求自己群体好过其他群体。②

第五节 跨国人际交往中的文化差异：文化架构理论③

荷兰管理学者琼潘纳斯在其《文化踏浪》（1993 年出版，后与特纳合作于 1998 年再版）一书中，模仿霍夫斯泰德以文化维度来表达他的文化架构理论，提出：国家与民族文化差异主要体现在七大维度上，即普遍主义—特殊主义、个体主义—集体主义、中性—情绪化、关系特定—关系散漫、注重个人成就—注重社会等级、长期—短期导向、人与自然的关系。为了避免重复，下面仅重点介绍普遍主义—特殊主义、中性—情绪化、关

① Triandis H. C. , *Individualism and Collectivism*, Boulder, CO: Westview Press, 1994. 转引自：陈晓萍：《跨文化管理》，清华大学出版社 2005 年版，第 56—58 页。

② Triandis H. C. , Chen, X. P. , Chan, D. K. –S. , "Scenarios for the Measurement of Collectivism and Individualism", *Journal of Cross – Cultural Psychology*, 1998, Vol. 29, No. 1, pp. 275 – 289.

③ 本节内容主要摘自陈晓萍：《跨文化管理》，清华大学出版社 2005 年版，第 63—82 页。

系特定—关系散漫这三个维度的内容。

一、普遍主义—特殊主义

普遍主义—特殊主义概念最早由社会学家帕森斯于1951年提出，琼潘纳斯引用帕森斯的这一概念，用来区分不同文化的特点。他认为普遍主义者强调用法律和规章指导行为，这些指导原则不应因人而异，强调“法律面前人人平等”，主张对所有事务都采取客观态度，相信世界上只有一个真理，只存在一种正确解决问题的方法。相反，特殊主义者强调“具体问题具体分析”，不用同一尺度去解决不同情况下的问题，而应因人而异、因地而异。他们认为一切都是相对的，世间没有绝对真理，也不存在唯一的正确解决方法，主张多维视角、多元路线，殊途同归。[①]

这种文化差别体现在企业管理方面就是，普遍主义社会里，企业管理强调建立和完善制度系统，而制度和系统应该满足大多数人的要求；制度一旦建立，就必须人人遵守，一视同仁，没有人可以凌驾于制度之上。相反，特殊主义社会的管理特点则是“人治”，制度虽有，往往形同虚设，遇到问题常想通过关系把问题解决，而不是通过制度渠道，因此建立个人关系网成为很多人的目标。与普遍主义的从个案走向普遍的思维逻辑不同，特殊主义者的思维方式更倾向于如何从普遍中找出特殊，将自己的问题作为特殊情况处理，特殊待遇成为大众追求的东西。如“上有政策，下有对策”就是从制度中找漏洞将自己特殊化的典型例子。[②]

普遍主义与特殊主义文化各有利弊。普遍主义虽具有客观、公平等优点，但也有死板、机械、教条，不善于随机应变，“没人情味”等缺点。普遍主义思维下，容易产生敬业精神，即对自己从事的职业忠实、专业，不因人而异的优点。而特殊主义则更为灵活，应变能力强，愿意从实际情况出发，不断调整自己的标准和行为，采取具体问题具体分析的方法，特

① F. Trompenaars, C. Hampden - Turner, *Riding the Waver of Culture*, New York: McGraw - Hill, 1998. 转引自：陈晓萍：《跨文化管理》，清华大学出版社2005年版，第64页。

② 陈晓萍：《跨文化管理》，清华大学出版社2005年版，第66—67页。

殊情况特殊处理，有“人情味”，缺点是容易出现厚此薄彼、亲疏远近、不公平等现象。①

二、中性—情绪化

中性—情绪化维度主要指人际交往中情绪外露、身体接触的程度。情绪表露含蓄微弱的文化被称为中性文化。中性文化的特点是：人与人之间很少身体接触，肢体语言相对较少；沟通与交流比较微妙，用词比较含蓄、委婉；沉默胜于插嘴，属高语境文化，需要用心领会才行；情绪表露很少或面无表情。察言观色能力比较强，压抑情绪的能力也比较强，许多人表面静如止水，内心却波涛汹涌，一旦发泄出来，就会比较强烈。

情绪表露鲜明夸张的文化被称为情绪文化。情绪文化里的人，相对来说喜欢打手势，肢体语言丰富，沟通交流时用词相对夸张、直接，属于低语境文化。激情被认为是热爱生活的表现，是生命的活力；不表露情感被看成是冷血、无趣。我们可以发现，多数亚洲国家的人属于中性文化，意大利、西班牙和很多南美国家属于典型的情绪文化，美国则处在两者之间。

美国人与日本人相比，属于比较情绪化的文化类型，但与希腊人相比，就显得不那么情绪化了。如电影《我的盛大希腊婚礼》所反映的美国人与希腊人的中性—情绪化文化差异就很明显，希腊女孩的父母及其他亲戚很热情，肢体语言、面部表情非常丰富，语言方面也是直接的；而美国小伙的父母正好相反，表情相对淡漠，缺乏激情，面对女方父母的诸多肢体语言常表现出惊讶、茫然，不知所措。所以，女孩的父亲反对女儿的婚事，原因就如其所说：“我热情款待他们，他们当我们是动物园的猴子，他们跟我们不同。好干，他们家像一片干掉的吐司面包，没蜂蜜，没果酱，干到不行。我女儿嫁给伊恩米勒，一个异族？他家的人都是吐司！我们怎会这么倒霉！我想帮

---

① 陈晓萍：《跨文化管理》，清华大学出版社2005年版，第68页。

他们涂上一点果酱，他们竟然不喜欢！他们喜欢又干又硬的吐司！”①

三、关系特定—关系散漫

（一）关系特定—关系散漫的文化特点

琼潘纳斯关于关系特定—关系散漫这个维度的提出，源自著名社会心理学家科特卢温的圆圈拓扑理论。该理论载于其专著《拓扑心理学原理》，主要基于他对美德两国人的不同人际交往方式所进行的研究而提出的。他认为美国人的交往方式属于U类方式（即特定关系类型），德国人的交往方式属于G类方式（散漫关系类型）。

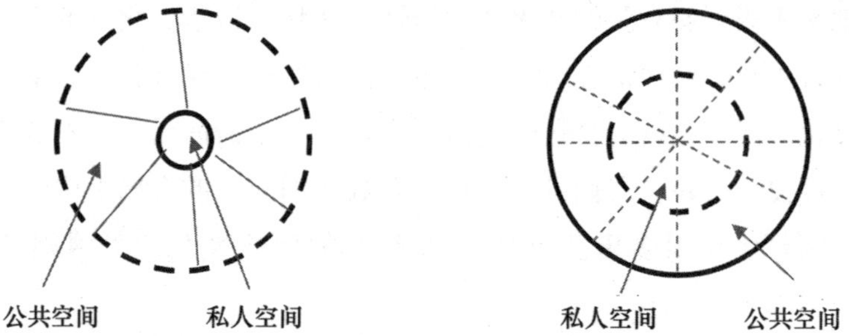

（a）U类方式　　（b）G类方式

图2－4　关系特定—关系散漫维度人际交往方式②

U类方式（特定关系类型）：（1）中间的实线小圆圈代表个体的私人空间，很小而封闭；（2）外周的虚线大圆圈与实线小圆圈之间的空间代表个体的公共空间，比较大，相对开放；（3）那些用实线隔开的公共空间则代表他们与人交往的特殊领域，而且领域与领域之间有严格的界限。美国人的公共空间比较大，他们对待陌生人也是微笑致意，愿意帮助陌生人；有点交集后，他也很愿意带你去他家里做客，客厅、书房、厨房、冰箱、

① F. Trompenaars，C. Hampden－Turner，*Riding the Waver of Culture*，New York：McGraw－Hill，1998. 转引自：陈晓萍：《跨文化管理》，清华大学出版社2005年版，第73页。

② 陈晓萍：《跨文化管理》，清华大学出版社2005年版，第73页。

汽车都可以对你开放，但是卧室属私密空间，未经允许则不得进入。美国人参加某项活动（如自行车俱乐部、网球俱乐部活动）时，不会把另一个领域（如同事、摇滚队友）的人带进去，不同的圈子不同的人，界限分明，不加混淆，所以用实线表示相互间的界限。

G类方式（散漫关系类型）：(1) 大圆圈是实线，表明即使是公共空间，一般人也不能轻易进入；(2) 公共空间要狭窄很多，许多在U类方式中被看成公共空间的地方如书房、冰箱或汽车在这里被视为私人空间；(3) 私人空间相对要大，不封闭，说明已经进入公共空间的人要进入该个体的私人空间相对比较容易；(4) 生活的不同领域之间用虚线相隔，表明彼此的界限不是绝对分明，而是互相渗透。①

来自两类不同文化类型的人相遇相处时就容易发生不解、挫折感，甚至矛盾、冲突。曾听一位朋友讲述他亲历的一件尴尬事。他刚到美国时，参加了一个交谊舞的俱乐部，与那里的人稍微熟悉之后，他习惯性地问起了对方的家庭、工作单位等情况，对方不回答，几次询问之后，对方回答说，在这里可以切磋舞艺，最好不要打探、讨论其他事情。无论是科特卢温，还是琼潘纳斯，指出文化差异的这一管窥维度，为我们了解文化差异，解读文化差异的原因，预测和避免跨文化交流风险，都提供了帮助。

（二）关系特定—关系散漫的文化在企业管理中的体现

在特定关系导向文化中，人们认为管理是帮助企业实现目标的重要过程，是一种技术。因此首先要为员工制定明确的工作目标，然后制定与完成工作目标相适应的工作报酬制度。他们认为所有工作都应该有清晰、精确、详尽的指令，否则会让人无所适从。管理者必须对事不对人，对业绩的评价应该与对个人的评价分开，个人的性格特征、人际关系等因素，不该影响对其工作业绩的评价，这导致特定关系导向文化中的人们在工作中更专注于工作本身，而比较忽略人际关系。

在散漫关系导向文化中，人们更倾向于认为管理是一门艺术，合同的

---

① F. Trompenaars, C. Hampden – Turner, *Riding the Waver of Culture*, New York: McGraw – Hill, 1998. 转引自：陈晓萍：《跨文化管理》，清华大学出版社 2005 年版，第 73—74 页。

制定往往倾向于粗线条的大纲式的原则性合同文本，而不是精细、详尽的合同条款，因为这样的合同过于刻板、教条，不利于灵活变通，也不利于应对不确定因素和未知情况的发生，主张在实践中不断修改和完善合同内容。与此相应，管理者下达工作指令时，往往也呈现出模糊不确定的特点，让员工有空间去尝试自己的理解和操作，认为繁琐的指令会约束人们的主观能动性。他们认为工作中的人际关系和工作目标同样重要，甚至比后者更重要，因此人的工作关系会延续到职场之外；工作业绩的评价也离不开对该人性格、人际关系能力等各方面的综合评价。

琼潘纳斯的文化架构理论填补了前面几种理论中没有触及的文化层面，对全面了解文化内涵和差异很有帮助和启发。但他的研究方法不甚严谨，得到的数据最多只有参考价值。①

总之，上述几个理论告诉我们，跨国跨文化交流中文化差异普遍存在，不仅影响人际交往行为，也影响跨国跨文化企业的管理。当今世界的跨国跨文化人际交往，主要发生在海外旅游、海外留学、海外工作、移民、跨国企业管理、同一国家内的跨文化管理等人际交往活动中，如果不注意文化差异，不承认文化差异，不尊重文化差异，就容易产生误解、矛盾、冲突，给工作、生活、社会秩序的稳定带来麻烦，处理不好甚至会给国家间关系造成不良影响。所以，文化差异不仅影响跨国跨文化的个人行为，也影响国际政治舞台上的国家行为和国家间关系。

---

① F. Trompennars, C. Hampden - Turner, *Riding the Waver of Culture*, New York: McGraw - Hill, 1998. 转引自：陈晓萍：《跨文化管理》，清华大学出版社 2005 年版，第 78—79 页。

第三章　文化与国家间交往

国家间交往即国际交往，指发生在主权国家之间、政府之间的交流，常指外交和宣传领域的交流，是跨种族、跨民族交流。

国家间交往与国家的对外政策密切相关。国家间交往要受到国家的政策、目标、需要、经济等条件的影响，这种交往具有高度的目的性。国家间交往也受到国际法、军事力量、条约以及对世界形势看法等影响，涉及国家利益，国家安全，国家的身份、地位、实力等诸多因素，因此它是国际政治、国际关系、外交学关注的对象。

国家间交往也是人际交往。国家间交往是国家层次的交流，其主体是主权国家、政府。而国家、政府间的军事、政治、经济和文化交往都不是由抽象的“国家”概念完成，而是由具体的“人”（个体或被组织了的个体）完成的。国家间交往可谓是人际关系以国家、民族、种族、地区、团体……为单位进行的交往。简言之，国家间交往也是人际交往，国际关系也是一种人际关系。

国家间交往也是文化交流。而人作为人际关系中的行为体，无论是统治者还是平民百姓，都无法摆脱文化的影响，因此国家间交往也是人们的信仰（或观念）、行为方式和社会组织制度之间的交往，换言之，国际交往也是一种文化交流，国家间关系也是一种文化关系。因为文化影响人际交往，也势必影响国家间交往，因而会影响国家的对外政策、外交实践，因为对外政策、外交实践都是由人制定和实施的，而其中起关键作用的是外交决策的参与者、影响者。文化通过对外交决策的主体、外交决策的过程，对外决策的内容、结果等的影响而对国家间交往产生影响作用。

第一节 文化对国际关系、外交政策的影响

国际关系学界对文化的广泛研究主要始于20世纪90年代之后，他们的研究成果使得文化成为了继政治、经济、军事之后第四个研究维度。文化在对外关系、对外决策、对外政策中的重要影响作用，通过当时中外一些学者的论述可略见一斑。如：加拿大学者谢弗在1996年撰文指出："迄今为止，人们很少从文化的角度来考虑世界体系，这是不可思议的——文化日益成为社区以及地区、国家和国际事务中越来越有影响的力量。"① 日本学者平野健一郎指出，忽略文化因素的国际关系理论从根本上说是不完备的。美国学者麦哲相信，文化将成为今后研究国际关系的著作中最时髦的概念。我国学者王缉思也撰文强调文化的重要作用，他说："国际政治包含着不同国家利益的协调与冲突，也充满着不同思想原则的相互撞击。因此，研究一个国家特别是大国的外交政策，必须联系该国的政治传统、价值观念以至广义上的文化来进行考察。"②

围绕文化在国际交往、国际关系、国际政治等方面的重要功能和影响作用，美国等西方国家学者发表了很多著名论述，进而形成了文明冲突论、软实力理论、建构主义理论等诸多理论流派。

一、文明冲突论

1993年夏，美国哈佛大学教授亨廷顿在《外交》季刊上发表了《文明的冲突?》一文，引起争论。1996年他又出版了《文明的冲突与世界秩序的重建》一书，其主要观点正如其书第一章所言，"本书的主题是文化

① 谢弗、国海：《从文化观点看新的世界体系（上）》，《现代外国哲学社会科学文献》1997年第12期，第14页。

② 《王缉思：美国外交思想传统与对华政策［1］》，搜狐网，2018年9月22日，https://www.sohu.com/a/255549188_788167；王缉思：《美国外交思想传统与对华政策》，《美国研究参考资料》1989年第3期，第1页。

和文化认同（它在最广泛的层面上是文明认同）形成了冷战后世界上的结合、分裂和冲突模式”,① 具体包含如下五大观点。

第一，“历史上，全球政治第一次成为多极和多文明的；现代化有别于西方化，它既未产生任何有意义的普世文明，也未产生非西方社会的西方化”。②

第二，“文明之间的均势正在发生变化：西方的影响在相对下降；亚洲文明正在扩张其经济、军事和政治权力；伊斯兰世界正在出现人口爆炸，这造成了穆斯林国家及其邻国的不稳定；非西方文明一般正在重新肯定自己的文化价值”。③

第三，“以文明为基础的世界秩序正在出现：文化类同的社会彼此合作；从一个文明转变为另一个文明的努力没有成功；各国围绕着它们文明的领导国家或核心国家来划分自己的归属”。④ 也就是说，文化共性促进人们之间的凝聚和合作，文化差异却加剧分裂和冲突；全世界的人根据文化界限来区分自己，不同文明集团之间的冲突就成为全球政治的中心。⑤

第四，“西方国家的普世主义日益把它引向同其他文明的冲突”。⑥

第五，“西方的生存依赖于美国人重新肯定他们对西方的认同，以及西方人把自己的文明看作独特的而不是普遍的，并且团结起来更新和保护自己的文化，使它免受来自非西方社会的挑战。避免全球的文明战争要靠世界领导人愿意维持全球政治的多文明特征，并为此进行合作”。⑦

---

① ［美］塞缪尔·亨廷顿著，周琪、刘绯等译：《文明的冲突与世界秩序的重建》，新华出版社 2002 年版，第 4 页。

② ［美］塞缪尔·亨廷顿著，周琪、刘绯等译：《文明的冲突与世界秩序的重建》，新华出版社 2002 年版，第 4 页。

③ ［美］塞缪尔·亨廷顿著，周琪、刘绯等译：《文明的冲突与世界秩序的重建》，新华出版社 2002 年版，第 5 页。

④ ［美］塞缪尔·亨廷顿著，周琪、刘绯等译：《文明的冲突与世界秩序的重建》，新华出版社 2002 年版，第 5 页。

⑤ 俞新天等：《强大的无形力量：文化对当代国际关系的作用》，上海人民出版社 2007 年版，第 41—43 页。

⑥ ［美］塞缪尔·亨廷顿著，周琪、刘绯等译：《文明的冲突与世界秩序的重建》，新华出版社 2002 年版，第 5 页。

⑦ ［美］塞缪尔·亨廷顿著，周琪、刘绯等译：《文明的冲突与世界秩序的重建》，新华出版社 2002 年版，第 5 页。

从文化对国际关系的作用的角度来看，亨廷顿的文明冲突论具有很大启发作用。首先，它肯定了文明在未来国际政治中的作用。权力、利益、认同、合作、冲突、战争和秩序，都与文明的界定、集聚、分类相关联。其次，它明确认定冷战后全球政治是多极的多文化的。西方文明是独特而宝贵的，但不是普世的；西方文明在衰落，其他文明在兴起。最后，它指出了断层线战争是未来冲突和战争的主要形式。

亨廷顿的文明冲突论受到了学术界的很多批评：（1）亨廷顿尽管承认多元文化，但内心却是赞成"西方文化中心论"的：对多元文化的兴起，他忧心忡忡；对西方文化的衰落充满切肤之痛。（2）文明之间并非只有冲突，还有交流和融合。文明之内也有不同观点的紧张和冲突。但这一切无法进入他的视野，因他持有冷战思维。（3）对非西方文明（中华文明和伊斯兰文明）持有偏见，无法客观深入理解非西方文化的价值观。①

二、软实力理论

（一）软实力理论内涵

软实力的概念是美国学者约瑟夫·奈首先提出来的。他是美国哈佛大学教授，曾担任过美国国务卿、国防部副部长等职务。1990 在《外交政策》发表《软权力》一文，引起关注，之后他又出版了《美国定能领导世界吗?》《美国权力的悖论》等一系列著述，软实力理论不断丰富和发展。

1. 关于软实力的概念

关于软实力的概念，约瑟夫·奈在不同的著述中有不同表述，但基本上软实力是指一种非强制性，能使他人效仿自己、追随自己、服从自己，做你想让他做的事情的能力、吸引力、说服力、感召力。他认为："软实力是一个国家造就一种情势，使其他国家仿效该国倾向并界定其利益的能力，这一权力往往来自文化和意识形态吸引力、国际机制的规范和制度等

① 俞新天等：《强大的无形力量：文化对当代国际关系的作用》，上海人民出版社 2007 年版，第 41—43 页。

资源。”[①] 他在《美国定能领导世界吗?》一书中指出：“一国所取得的成果也可能会使别国学习模仿，并心悦诚服地追随或接受导致这种结果的制度。这种使别国随我的意志而行动的能力被称为软力量或软实力。”[②]

他在《软实力的挑战》一文中指出：“软实力是一国文化与意识形态的吸引力，是通过吸引而非强制的方式达到期望的结果的能力。它通过让他人信服地追随你，或让他人遵循某种将会促其采取你所期望的行为的规范和制度来发挥作用。软实力在很大程度上依赖于信息的说服力。如果一个国家可以使他的立场在其他人眼里具有吸引力，或者一个国家强化那种鼓励其他国家以寻求共存的方式来界定他们的利益的国际制度，那么就无须扩展那些传统的经济实力或军事实力。”[③]

他认为：“硬权力是指通过威胁或者奖励，让别人做他们不想做的事情之能力。而软权力则是指通过吸引力而非强制手段，让他人自愿追求你所要的东西之能力。”[④] 他说，“力量意味着获得所期望结果的能力。字典上的另一种解释是，力量即通过影响他人的行为而将事情办成的能力。具体而言，力量是指对他人的行为施加影响以达到自己所期望结果的能力”[⑤]；但是“有时我们用不着发号施令就能影响他人的行为而得到预期的结果。如果你相信我的目的是合法合理的，我就能说服你为我做事，而不用威胁或者诱惑的手段。要达到预期的效果，不用施加过多有形力量是有可能的”[⑥]。

他在《灵巧领导力》中提到，软实力是指“通过吸引而非强制或利诱

---

① Joseph S. Nye, “Soft Power”, *Foreign Policy*, 1990, Vol. 80.

② ［美］约瑟夫·奈著，何小东、盖玉云译：《美国定能领导世界吗?》，军事译文出版社 1992 年版，第 25 页。

③ 韩勃、江庆勇：《软实力：中国视角》，人民出版社 2009 年版，第 2 页。

④ Robert O. Keohane, Joseph S. Nye, Jr., “Power and Interdependence in the Information Age”, *Foreign Affairs*, 1998, pp. 9 – 10.

⑤ ［美］约瑟夫·奈著，吴晓辉、钱程译：《软力量：世界政坛成功之道》，东方出版社 2004 年版，第 1—2 页。

⑥ ［美］约瑟夫·奈著，吴晓辉、钱程译：《软力量：世界政坛成功之道》，东方出版社 2004 年版，第 2 页。

的方式改变他方的行为，从而使己方得偿所愿的能力”[①]。

2. 关于软实力的来源

他认为软实力的来源与文化、意识形态、社会制度有关。如 1991 年他在《美国定能领导世界吗?》一书中指出：软实力“这种能力与文化、意识形态以及社会制度等无形的力量资源关系紧密。它与军事和经济实力这类有形力量资源相关的硬实力形成对照”[②]。

他进一步指出，软实力来源于文化、政治价值观、政治制度、政策合法性。他认为美国的“普世价值”具有国际政治感召力。如 2004 年他在《硬权力与软权力》一书中指出：“确立预期的能力往往与无形的实力资源相关，如有吸引力的文化、政治价值观和政治制度、被视为合法的或有道义威信的政策等。”[③] 2004 年他在《软力量：世界政坛成功之道》一书中进一步指出：“国家的软实力主要来自三种资源：文化（在能对他国产生吸引力的地方起作用）、政治价值（当它在海内外都能真正实践这些价值时）及外交政策（当政策被视为具有合法性及道德威信时）。”[④] 他说：“美国文化的种族开放性和民主人权的价值观具有国际性的政治感召力。”并在该书中表示：“当一个国家的文化涵括普世价值观，其政策亦符合他国认同的价值观和利益，那么由于建立了吸引力和责任感相联的关系，该国如愿以偿的可能性就得以增强，相反，狭隘的价值观和民粹文化就没那么容易产生软力量。”[⑤]

① ［美］约瑟夫·奈著，李达飞译：《灵巧领导力》，中信出版社 2009 年版。转引自：温红红、尧婕：《约瑟夫·奈的软实力理论解读：基于非传统的理论视角》，《哈尔滨学院学报》2016 年第 10 期，第 63—66 页。

② ［美］约瑟夫·奈著，何小东、盖玉云译：《美国定能领导世界吗?》，军事译文出版社 1992 年版，第 25 页。

③ ［美］约瑟夫·S. 奈著，门洪华译：《硬权力与软权力》，北京大学出版社 2005 年版。转引自：温红红、尧婕：《约瑟夫·奈的软实力理论解读：基于非传统的理论视角》，《哈尔滨学院学报》2016 年第 10 期，第 63—66 页。

④ ［美］约瑟夫·奈著，吴晓辉、钱程译：《软力量：世界政坛成功之道》，东方出版社 2004 年版，第 11 页。

⑤ ［美］约瑟夫·奈著，吴晓辉、钱程译：《软力量：世界政坛成功之道》，东方出版社 2004 年版。转引自：温红红、尧婕：《约瑟夫·奈的软实力理论解读：基于非传统的理论视角》，《哈尔滨学院学报》2016 年第 10 期，第 63—66 页。

他还认为，建立和主导国际规范及其国际制度的能力也是软实力。[①]他说："如果一个国家可以塑造国际规则，使之与自己的利益和价值观念相吻合，其行为就更可能在他人看来具有合法性。如果他可以使用和遵循那些能够引导和限制他国自愿行为的制度和规则的话，那么它就没有必要使用代价高昂的胡萝卜与大棒。"[②]

他指出，经济措施不是软实力而是硬实力，但经济措施的效应是软实力。如2006年，他在《软实力的再思考》一文中，针对有人认为软实力就是文化力量的说法，指出：文化仅仅是软实力的一部分。拥有实力资源不会直接产生实力，实力资源是否真正产生实力要依赖于所处的环境。经济措施是一种硬实力而不是软实力。经济措施产生的引诱、应用一系列经济制度和政策吸引别人认可并接受我们的体制，这才是经济措施的软实力的体现。所以经济措施本身不是软实力，经济措施产生的效应才是软实力的体现。[③]

他还指出，大众文化也是软实力。如他曾说：凝结在商品和交往中的美国大众文化具有广泛的吸引力。"不管我们做什么，美国的大众文化都具有全球影响。好莱坞、有线电视和互联网的影响无所不在。美国的电影和电视节目宣传自由、个人主义和变革。笼统地说，美国文化的全球影响力有助于增强我们的软权力——我们的文化和意识形态的号召力。"[④]

后期随着网络信息的快速发展，他又提出网络权力也是软实力。2011

---

① Joseph S. Nye, *Bound to Lead: The Changing Nature of American Power*, New York: Public Affairs, 1990. 转引自：温红红、尧婕：《约瑟夫·奈的软实力理论解读：基于非传统的理论视角》，《哈尔滨学院学报》2016年第10期，第63—66页。

② Joseph S. Nye, *Soft Power: The Means to Success in World Politics*, New York: Public Affairs, 2004. 转引自：温红红、尧婕：《约瑟夫·奈的软实力理论解读：基于非传统的理论视角》，《哈尔滨学院学报》2016年第10期，第63—66页。

③ 《Think Again Soft Power（约瑟夫奈，重新思考软实力）》，原创力文档，2019年9月19日，https://max.book118.com/html/2019/0919/6235232020002105.shtm；金筱萍、沈茹毅：《约瑟夫·奈软实力理论的三个发展阶段》，《江西社会科学》2017年第6期，第211—216页。

④ ［美］约瑟夫·奈著，郑志国、何向东等译：《美国霸权的困惑：为什么美国不能独断专行》，世界知识出版社2002年版。转引自：温红红、尧婕：《约瑟夫·奈的软实力理论解读：基于非传统的理论视角》，《哈尔滨学院学报》2016年第10期，第63—66页。

年他在《权力的未来》一书中提出了网络权力概念：“利用网络区域内电子互联的信息资源得到自己所需要的结果的能力。”这种“基于信息基础的权力不是新权力，而是网络权力”。[①] 他将网络权力区分为“网络空间内的权力”和“网络空间外的权力”，[②] 他认为通过议题设置、增强吸引力和说服力、信息等手段，发起国际互联网上的公共外交，从而建构网络空间内的软实力，因为网络空间里的行为体数量大且行为体之间的权力距离小，从十几岁黑客到大国政府都可能制造破坏，所以网络空间里实力竞争、权力表现无处不在。[③] 他在《硬权力与软权力》一书中指出：“确立预期的能力往往与无形的实力资源相关，如有吸引力的文化、政治价值观和政治制度、被视为合法的或有道义威信的政策等。”[④]

3. 软实力的重要性及其提升途径

约瑟夫·奈为什么要强调软实力的重要性？因为他认为当今世界使用军事力量代价太大，应该转化力量，如他所言：“在当今世界上使用军事力量要比前几个世纪所付出的代价更大。因为核升级的危险、对弱小国家的人们（被民族主义唤醒）进行统治的困难、互惠关系破裂的危险，以及西方民主国家内公众对动武的反对，是这一现象的主要原因。”[⑤] 针对国际形势的客观变化，他说：“当我们从资源角度考虑力量时，遇到的一个基本问题就是力量的转化问题……力量的转化是将以资源为标准的潜在实力，转化为以改变他人行为的标准的现实力量的能力。”[⑥] 因为“在以信息为基础的经济发展和跨国合作的时代里，力量变得越来越不可转化，越来越无形，越来越失去强制性。在21世纪，信息与体制的力量将发挥更大的

---

① Joseph S. Nye, *The Future of Power*, New York: Public Affairs, 2011, p. 126.

② Joseph S. Nye, *The Future of Power*, New York: Public Affairs, 2011, pp. 122 - 123.

③ 金筱萍、沈茹毅：《约瑟夫·奈软实力理论的三个发展阶段》，《江西社会科学》2017年第6期，第216页。

④ ［美］约瑟夫·S. 奈著，门洪华译：《硬权力与软权力》，北京大学出版社2005年版。转引自：温红红、尧婕：《约瑟夫·奈的软实力理论解读：基于非传统的理论视角》，《哈尔滨学院学报》2016年第10期，第63—66页。

⑤ 俞新天等：《强大的无形力量：文化对当代国际关系的作用》，上海人民出版社2007年版，第43—44页。

⑥ ［美］约瑟夫·奈著，何小东、盖玉云译：《美国定能领导世界吗?》，军事译文出版社1992年版，第21页。

作用。军事力量仍将是重要的力量因素。政治上的一致性和文化上的全球普及仍将十分重要”①。

如何提升软实力？约瑟夫·奈认为，软实力和硬实力同样重要，二者不可互相替代，必须同时抓，使用巧实力。正如他说言：虽然软实力很重要，但有一些目标只能通过硬实力获得。因为软实力并不能解决所有问题，单独依靠硬实力或软实力都是错误的。② 他强调软实力和硬实力二者缺一不可，彼此不能相互替代，而是需要将二者结合起来的智慧战略。③于是2005年开始，他提出了“巧实力”“环境智慧”的概念，所谓“环境智慧是一种直觉性的判断技巧，领导者利用这种技巧将策略和目标相匹配，根据不断变化的环境制定聪明的战略”。④ 所谓巧实力，即在环境智慧中将软硬实力有效结合后形成的合力。⑤ 他认为，“有环境智慧才能有效实施领导，而环境智慧的有效把握需要领导者把握文化环境、权力资源的分配情况、群众的需求、危机和时间紧迫性以及信息流这五大因素”。⑥

约瑟夫·奈在《灵巧领导力》一书中提出了美国巧实力实施的五个步骤：其一，明确目标，优先考虑美国国家利益问题；其二，制定资源目录，准确列出可供利用的资源目录（包括军事、经济资源及软实力资源），明确哪些资源可用，哪些资源可能会随着情景变化而发生变化；其三，了解“对手”的意图，评估可能影响目标实现的资源和偏好；其四，最佳行为选择（即具体实施战略）时，应该选择什么样的软硬实力才最有可能成功；其五，效能评估，即战略成功的可能性。⑦

---

① 俞新天等：《强大的无形力量：文化对当代国际关系的作用》，上海人民出版社2007年版，第43—44页。

② 金筱萍、沈茹毅：《约瑟夫·奈软实力理论的三个发展阶段》，《江西社会科学》2017年第6期，第211—216页。

③ Joseph S. Nye, *The Powers to Lead*, Oxford: Oxford University Press, 2010, p. 43.

④ ［美］约瑟夫·奈著，李达飞译：《灵巧领导力》，中信出版社2009年版，第84页。

⑤ Joseph S. Nye, *The Powers to Lead*, Oxford: Oxford University Press, 2010, p. 43.

⑥ Joseph S. Nye, *The Powers To Lead*, Oxford: Oxford University Press, 2010, p. 43.

⑦ Joseph S. Nye, *The Future of Power*, New York: Public Affairs, 2011, pp. 218 – 219.

（二）启发与思考

1. 关于软实力的概念

通过约瑟夫·奈的理论阐述可以得知：首先，从效能来说，软实力是一种精神力量，是吸引力、效仿力、说服力、感召力、影响力、同化力，也是政治力、外交力、合法性等。其次，从作用方式来看，是一种潜移默化、渗透式、渐进式、无形的力量，是一种非强迫、非威胁、非高压的软性的力量。再次，从作用目标来说，是为了改变对方的认知状态，让对方理解、认同、喜欢、接受、服从自己，达到“不战而屈人之兵”的目的。最后，从力量来源来说，软实力来自文化（如价值理念、社会制度、政策合法性、国际制度等）本身的吸引力和对文化的有效运用（如主导或左右国际组织的建构和国际制度的制定的能力）。

由此我们可以理解，所谓软实力是相对于硬实力（包括基本资源，如土地面积、人口、自然资源，军事、经济、科技等力量）而言的，是指一个国家利用文化的潜移默化的软性特点，通过有效运用文化的价值理念、社会制度、社会规范、大众流行文化等文化中的优势特点，来树立良好国家形象，进而吸引、诱导、说服别国理解、认同、喜欢、接受或服从自己的能力。

2. 关于软实力的来源

在笔者看来，约瑟夫·奈的软实力其实就是指文化的软力量。约瑟夫·奈否认软实力就是文化力量，他说文化只是软实力的一部分；经济措施不是软实力而是硬实力，但经济措施的效能是软实力；网络权力是软力量，凝结在商品和交往中的美国大众文化是软实力；他认为软实力的来源，与文化、政治价值、意识形态、社会制度、网络权力、政策合法性、大众文化以及国际制度的制定权等资源有关。其中的文化与政治价值、意识形态等概念，他没有给予清晰界定，但是通过他的阐述，可以推断，他的文化和政治价值、意识形态等都属于文化的价值理念部分，即“洋葱比喻说”里的核心层文化部分。借用文化“洋葱比喻说”，可能更容易理解软实力来源于文化的观点。约瑟夫·奈讲软实力来源时提到的“文化、政治价值、意识形态、民主、人权、普世价值”等都是指文化的这个核心层部分。他所谓的经济措施产生的效能也是文化理念问题，因为经济措施涉及经济的发展方向、道路、模式等选择，而这些又都涉及价值理念的问题，所以经济措施的效能反映的依旧是文化价值理念问题。

“洋葱比喻说”的第二层即中层文化，约瑟夫·奈所提到的社会制度吸引力、经济措施的效应、政策合法性，就是深层文化价值观在中层文化的社会制度、经济措施、外交政策等上的体现。此外，作为社会规范的风俗习惯的文化影响力也不可小觑。美国等西方的节日如圣诞节、情人节曾经在多国年轻人间广泛流行，正是美国风俗文化软实力的强有力体现。另外，国际组织、国际制度、国际标准也都属于“洋葱比喻说”里的中层文化，建立什么样的国际组织、制定什么样的国际制度、国际标准，如何建立、如何制定等，都涉及文化价值理念的深层问题，因此它也是软实力的来源。美国拥有强大的国际制度话语权，如约瑟夫·奈所言，在美国帮助下建立起来的国际机构和国际准则，不仅影响了其他国家谋求利益的方式，也影响了它们对自己行为的看法及对国家利益的确定。其他宗教组织、跨国企业、学校、医院、金融机构、传媒机构、政府机构、外交机构等都可以是文化软实力的承担者，如其中的媒体的国际影响力构成国际媒体话语权，在制造国际政治议题、树立或损害国家形象、主导国际舆论方面，起着相当大的软实力作用。“中国威胁论”甚嚣尘上，与美西方国家具有强大媒体话语权有很大关系。约瑟夫·奈说过，“与其他实力一样，软实力既可用于善意的目的，也可用于恶意的目的，目的的好坏通常取决于观察者的视角”①。

“洋葱比喻说”的第三层是表层文化，表层文化属于物质文化，物质文化的吸引力是凝结其中的价值理念、审美情趣、社会规范、科学技术等综合因素相互作用的结果，而其中价值理念是灵魂所在。总之，软实力就是文化的软力量。

---

① ［美］约瑟夫·奈著，李达飞译：《灵巧领导力》，中信出版社2009年版。转引自：温红红、尧婕：《约瑟夫·奈的软实力理论解读：基于非传统的理论视角》，《哈尔滨学院学报》2016年第10期，第63—66页。

3. 软实力和硬实力同样重要，二者不可分

由上可知，硬实力是看得见摸得着的物质力量，软实力是无形的精神力量，硬实力是软实力的有形的载体和物化的象征，而软实力是硬实力的内在灵魂和无形的意义内涵。两者既紧密联系，又互相区别，既相辅相成，又相互制约和协调。所以，软实力和硬实力同样重要，两者必须平衡协调发展，才能发挥各自优势。

首先，要加强硬实力建设。一方面，硬实力是软实力提升的物质基础，没有硬实力做后盾，就难以有足够的人力、物力、财力进行文化建设、文化创新，没有丰富和优秀的物质和精神文化做支撑，文化外交就是无米之炊、无源之水、无本之木。另一方面，光有强大的硬实力而没有软实力相配合，其国际地位、国际话语权也将受到制约。因此必须加强软实力建设，强大的软实力可以为硬实力建设和提升创造有利的发展环境，弥补硬实力的不足，扩充硬实力。简言之，硬实力与软实力二者同样重要，缺一不可。

其次，软实力建设要做好文化的自身建设，只有建设、创造出优秀的文化，才能塑造好自我，为软实力运用奠定基础。“软实力的特殊性在于其是无形的国家力量，对内构成民众的凝聚力，对外构成对他国的吸引力、影响力和说服力。而后者是建立在前者基础之上的”，“软实力在本国越有成效，对他国的吸引力就越大。如果在本国失去现实性、缺乏生命力，很难想象在国际社会产生吸引力”。①

最后，光有文化建设还不够，还需要做好文化外交、公共外交，这才是文化的有效运用。传统观念认为“酒香不怕巷子深”，我们的文化足够优秀，就不怕它没有吸引力、影响力。事实并非如此，优秀的文化需要传播、展示自我，同时不忘学习、吸收其他文化的精髓，而且要通过交流、沟通、对话，消除误解，增信释疑，还要与恶意的攻击、歪曲、抹黑做斗争，因为文化有差异、有隔阂，甚至有歧视和敌视现象，这就需要国家对外开展文化外交、公共外交，这就是外交力问题。文化外交需要文化自

① 《软实力理论的内涵、产生背景及运用》，豆丁网，2020 年 2 月 5 日，https：//www.docin.com/p－2304962504.html。

信，还需要与时俱进，不断创新丰富发展自己；同时还需要尊重文化差异，因地制宜，坚持文明互鉴，反对文化霸权。

三、建构主义理论

建构主义学派的代表人物主要有奥努夫、卡赞斯坦、考斯罗斯基、克拉托克维尔等人，其中，奥努夫于1989年首次将建构主义这一概念引入到国际关系研究中，而温特的《国际政治的社会理论》是该学派重要的代表作。

在世界观方面，温特否定纯粹物质主义，提倡重视观念的作用。他不否认物质力量的客观存在，但强调物质的客观因素只有通过行为体的共有观念才能产生影响行为的意义，对于个人而言，社会结构是独立存在的事物；经过科学研究议程和科学验证步骤，可以获得关于社会的客观知识。

共有观念即社会共有知识，是指一个特定环境中共同具有的理解和期望，是个体之间共同的和相互关联的知识，也可称为文化，包括规范、规则、制度、习俗、意识形态等。[①] 温特认为，共有观念建构行为体的身份和利益，也建构人类关系的结构。新现实主义和新自由主义强调权力和利益是国际政治的动力，观念则无足轻重。但温特认为，观念最重要的作用是建构作用，不是因果作用；权力和利益之所以具有意义并产生作用，是观念使然。行为体可以建构一种结构，也可以建构另一种结构，变化取决于行为体观念的变化、实践活动的变化。行为体与体系结构间存在着双向建构关系；社会结构的形成与存在是行为体社会实践的结果，行为体之间的互动造就了社会结构。因此，是共有观念建构了国际体系的结构并使结构具有动力。

温特认为，文化不同，观念相左，就会构建出不同的无政府状态。经典国际关系理论认为国际关系的无政府状态是先验给定的，温特不赞同，他提出，无政府状态是建构出来的一种文化。根据国家间互动性质的不

---

① ［美］亚历山大·温特著，秦亚青译：《国际政治的社会理论》，上海人民出版社2008年版，第11页。

同，可以有三种无政府文化：在霍布斯文化中，国家间相互定位是敌人，互相残杀；在洛克文化中，国家间相互定位是竞争对手，虽发生利益冲突时仍会动武，但征服他国和侵占他国领土已不是主要目的，国家间关系是维持现状；在康德文化中，国家间相互定位是朋友，如朋友受到威胁，他国会鼎力相助并不计较得失，实际上国与国之间是以安全共同体的形式共存。温特认为国际社会存在着由霍布斯文化转向洛克文化再转向康德文化的趋势，并对国际社会最终将走向和平友好的康德文化抱有乐观态度。①

有学者评价温特建构主义理论的最大贡献在于他指出了国际体系结构有两种作用：因果作用与建构作用。体系结构不仅对行为产生影响，也塑造了行为体的身份，身份决定了利益，利益决定行为。过去的国际关系研究，甚至连亨廷顿的文明冲突论都忽视了人的能动性，“而建构主义超越了主体性本体论，突出了主体间性这一核心内容，使人得以从哲学高度来反思国际关系理论的不足，给人以深刻启迪”，他的上述学术观点具有“革命性意义”。当然也有人批评温特的建构主义“缺乏历史感和体系感”，“未摆脱理想成分”。②

也有人从马克思主义理论视角评价温特的建构主义理论思想，认为温特的有些观点具有合理性，接近马克思主义；但有些观点，如其所谓观念比物质力量更重要的观点是错误的。从马克思主义视角来看，“国际社会的无政府状态不是天然不变的，它是历史地形成的，但绝非由国家意愿和信念所造就。因为意愿和信念是由社会历史条件所决定的，社会领域存在客观规律。这个规律就是生产关系归根结底服从于生产力发展，上层建筑服从于经济基础需要。国家关系是由世界生产方式和国际上层建筑所决定”③。

---

① ［美］亚历山大·温特著，秦亚青译：《国际政治的社会理论》，上海人民出版社 2008 年版，第 182—183、318—323 页。

② 俞新天等：《强大的无形力量：文化对当代国际关系的作用》，上海人民出版社 2007 年版，第 14—15、45—48 页。

③ 陈鹏：《马克思主义视域中的国际经济博弈》，《上海交通大学学报》2011 年第 3 期，第 64—74 页；毛天虹：《从马克思主义理论看亚历山大·温特的建构主义思想》，《学理论》2021 年第 12 期，第 44—46 页。

四、文化在国家和国际层面的作用

在较长时期内，中国国际关系学界也存在重视政治、经济、军事、战略及其相互关系而忽略文化因素作用的研究倾向。随着全球化进程的不断深入，文化问题日趋突出，文化在国际政治中的作用不断提升，逐渐引起中国学者的关注和重视。一方面，他们对西方国际关系理论出现的三种最有影响的文化理论（文明冲突论、软实力理论、建构主义理论）进行介绍和分析，推进该领域的发展；另一方面，他们对不同文化形成的价值观念如何作用于国际关系即全球化条件下的文化价值观的作用，文化在国家和国际层面的作用，文化对政治、经济及安全领域的影响等做了广泛而深入的研究，为国际关系的文化研究做出了自己的贡献。①

无论是文明冲突论，还是软实力理论、建构主义理论，国内外众多学者的相关论述或许存在着这样那样的缺点甚至是错误论断，但是从纠正过去忽视文化因素的错误倾向的角度来看，提倡和强调文化重要作用的观点得到了国内外学者的普遍赞成。本书也是从这一角度出发，借鉴相关学者的论述，对文化在国家和国际层面的作用做如下简要归纳。

就国家层面来说，文化不仅是国家制定并实施对外政策的背景，也是国家的一种软实力。一方面，文化作为国家政策制定的背景，在大众政治文化要求和支持的前提下，对其国家的政策倾向、模式、目标、手段、方式及风格产生深层次、潜移默化的影响。② 也就是说，文化作为深层的价值观，具有社会化、导向功能，在一国对外决策中，会对该国的决策者和民众心理起到驱动、引导或制约的作用。因为，每个人的价值观的形成都深受其成长环境的影响，作为外交决策者或者说代表国家利益的领导人物也不例外，他们的个人经历和成长环境不同，就会形成不同的文化价值观，而不同的价值观和世界观，又会驱动和影响他们的言语行为、行事作

① 俞新天等：《强大的无形力量：文化对当代国际关系的作用》，上海人民出版社 2007 年版，第 93—103 页。

② 杨阳：《浅析文化在国际关系中的作用》，《现代国际关系》2002 年第 4 期，第 39 页。

风，从而形成不同的对外决策模式、目标、风格、内容等。反过来说，决策者的对外决策会深受其国家和民族文化的熏陶影响，对外政策也会体现其国家和民族的文化根源和模式，因为不仅决策者个人的文化背景会影响其对外决策，社会民众所具有的文化背景也会影响他们对国家外交政策的判断标准，进而影响政府的对外决策。① 现代民主国家的对外决策，必须受到社会民众的基本认可，公共舆论对国家外交政策会产生一定的规范和制约作用。② 所以，我们既可以通过一国的外交政策和立场，找寻到其产生的国家、民族文化根源，也可以通过一国决策者和民众的文化背景材料，预判其可能做出什么样的对外决策，出台什么样的外交政策。

另一方面，文化作为一国的软实力，对内，可以通过文化的认同和整合功能，起到团结民众，增强国家和民族认同感、凝聚力的作用；对外，通过文化的传播、交流、驱动、变迁等功能和潜移默化的软性特点，开展公共外交，树立良好的国家形象，增强他国对本国的好感度，进而影响他国对本国外交政策的理解，实现国家利益，促进世界和平。

从国际层面来看，文化的认同和认异功能既可以在国家间交往中发挥促进国际合作的积极作用，也会起到引发国际矛盾、冲突的消极作用。通常，同质文化或同源文化的民族和国家更易于达成国际合作甚至形成联盟，异质文化之间由于文化价值观的差异性、排他性，容易引发矛盾、误解、冲突。欧盟的诞生和发展与其基督教文化和近现代的欧洲统一思想密切关联；阿拉伯联合反对西方帝国主义、犹太复国主义，与伊斯兰教的文化影响作用不无关系。冷战后发生的阿以冲突、印巴争端等诸多国际冲突和矛盾，其权力和利益的争夺背后，都有文化对立的根源。

文化的传播、交流、整合、变迁等软性功能，使得各国在实现国家利益的过程中，纷纷运用文化的软力量，广泛开展公共外交活动，出现了促进国际文化交流，增进各国人民之间的相互理解和包容，丰富发展人类文化的积极良好的景象。但不可否认，也出现了西方文化渗透、文化侵略、文化霸权与非西方、发展中国家维护文化主权、抵制西方文化霸权和渗透

① 王晓德：《美国文化与外交》，世界知识出版社 2000 年版，第 3 页。
② 陈邦瑜：《浅谈文化之于国际关系》，《传承》2016 年第 3 期，第 150 页。

的文化竞争或斗争的现象，二者之间的对立已成为当今众多国际矛盾与冲突的根源之一。

总之，文化在国家和国际层面都具有巨大的影响作用，我们不可忽视；但我们必须注意，文化的作用是有限的，并非无所不能，它仍要以政治、经济、科技及军事实力为依托，才能有效发挥作用，因此我们在研究国际关系时，不能无限地扩大文化的作用，不能人为地确定某种文化与某种外交政策或风格存在必然联系。[①] 以文化视角观察和分析国际关系，有利于开阔我们的眼界，拓宽我们的对外交往思路，有利于我们更好地解读国际关系中的一些问题和现象，进而促进国际间的和平交往，合作共赢。

第二节　美国文化与外交

如前已述，文化作为人们观察和认识国际关系的视角，作为国际关系行为体的行为动力，作为国际关系伦理的价值评判标准，作为国际关系的认同基础，作为国际关系行为体的交往方式，[②] 无时不在地影响着国家的对外决策和对外政策。在此以美国、日本为例，分析哪些文化价值观影响了它们各自的对外决策和对外政策，以及产生了怎样的后果。本节首先分析美国的文化与外交。

根据学者的研究，基督新教、二元对立的思维方式、美国例外论、天赋使命观、实用主义、种族优越论、扩张意识、个体主义、人权观、“美国信念”或“美国精神”、理想主义、现实主义、民族主义、道义观、我者他者观（敌友观）等，对美国外交政策都起到了巨大影响作用。

---

① 杨阳：《浅析文化在国际关系中的作用》，《现代国际关系》2002 年第 4 期，第 39 页。

② 朱威烈主编：《国际文化战略研究》，上海外语教育出版社 2002 年版，第 16—18 页。

一、基督新教与美国外交

（一）新教在美国的主导地位

美国虽是政教分离的国家，基督教“却是非正式的国教”①，据“百度百科”查询，基督教徒在美国人口所占比例一直在80%以上；基督教在美国的影响遍及政治、经济和社会等各个领域。首先，基督教是美国道德的基础，美国人共同的道德认识建立在基督教基础上。美国社会学家理查德·纽豪斯曾说：“美国社会的道德基础是犹太—基督教道德。”② 中国学者资中筠也说过，“基督教精神对美国人是一种无形的道德力量”，它使美国人“在激烈竞争中赖以自律，在高度个人主义的社会中倡导集体合作，在贫富悬殊的情况下宣扬平等，是物欲横流的浊浪中的净化剂”。③

其次，基督新教是美国文教事业的奠基者和主力军。新教在美国教育事业发展过程中扮演了重要角色。殖民地时期的大中小学几乎都是新教主办的，美国独立后，公私两大学校系统中私立学校主要是新教教会主办的。基督教的道德价值观潜移默化地渗透到学生的头脑中。

最后，教会是美国社会福利和慈善事业的主要承担者。基督教提倡“爱人如己”，鼓励教徒献身社会公益和福利事业，教会也靠捐款和实业收入获得雄厚经济实力，设立了大量济贫机构，如学校、医院、儿童保育院、安老院、娱乐设施等。同时，教会还关注世界贫困、环境污染、生态平衡等社会问题，向政府提供改良计划，并参与援助。④

（二）新教对美国政治领域的影响

纵观美国历史，新教是美国政治的依托，对美国的政治活动和国内外

---

① ［法］托克维尔：《论美国的民主》，商务印书馆1988年版，第342页。

② 刘彭：《当代美国宗教》，社会科学文献出版社2001年版，第3页。

③ 资中筠、陈乐民：《冷眼向洋（上）——百年风云者启示录》，生活·读书·新知三联书店2000年版，第7页。

④ 邢悦：《文化如何影响对外政策：以美国为个案的研究》，北京大学出版社2011年版，第145—149页。

政策有着深刻的影响。美国总统里根在1983年美国全国福音派联合会年会上的演讲中说：“如果我们不被上帝统治，我们就一定会被暴政统治。”① 美国重大典礼和政治活动都具有浓厚的宗教气氛。如：美国的国歌里有“上帝保佑美国”的歌词；美国的忠诚誓词中称美国是“上帝庇护下的国家”；美国总统就职要手按《圣经》宣誓；美国总统的演讲总是以“愿上帝保佑美国”而结束；美国国会参众两院和州议会的每一届会议都是以牧师主持的祈祷开始，自国会第一次会议以来从未中断。美国军队里有牧师、神甫等各种不同的随军神职人员，身穿军官制服，在军中提供宗教服务，其工资由政府发放。新教教徒占据了“三权机构”中的多数席位。除1961年天主教徒肯尼迪入主白宫外，其余各届总统皆为新教徒。从华盛顿到奥巴马的美国44位总统中，40位是教会成员，其余4位也有明显教派倾向。

历届总统竞选活动中，总统候选人深知争取基督教徒特别是新教徒对选举的重要性，所以在演说中会大量援引《圣经》，以表明自己虔诚的信仰，进而获得广泛的选民基础。如克林顿在竞选中流畅背诵福音书；小布什对《圣经》引经据典，信手拈来。2000年总统竞选期间，皮尤研究基金会就选民的态度与总统竞选者宗教信仰的关系做了调查，结果表明，高达70%的人希望他们的总统“笃信宗教”。②

（三）新教对美国外交的影响

基督新教对美国外交的影响通过以下两方面可以管窥一斑。

1. 通过影响外交决策者来影响美国外交政策

如前已述，美国的历届总统绝大多数都有基督教背景，他们的政治活动大都离不开宗教因素，最典型的莫过于布什政府的外交决策。

布什在2000年大选中获得的选票中有接近50%来自宗教界；自称入主白宫是“上帝的旨意”；入主白宫后，组织身边人员成立《圣经》研读

① 不易君子：《十字架下的白头鹰：被宗教“控制”的美国外交》，2020年2月19日，https：//baijiahao.baidu.com/s？id=1658933357917316094&wfr=spider&for=pc。

② 邢悦：《文化如何影响对外政策：以美国为个案的研究》，北京大学出版社2011年版，第151—152页。

小组，每日坚持读《圣经》和做祈祷[①]；“9·11”事件后，频繁出入宗教场所，突出基督徒形象；常在具有宗教背景的媒体上讲话，大量使用基督教用语；将反恐战争描绘为上帝的旨意和维护宗教价值观的需要。布什私人牧师称布什有意做美国人民的“摩西”，法国媒体认为布什政权有政教合一的色彩。

2. 新教对美国外交文化的奠基作用

所谓外交文化是指影响一国外交活动（如外交战略、行为模式、国际制度看法等）的价值观取向、思维方式等。为什么说美国外交文化的形成深受新教影响？作为现代的民主国家，美国政府每推行一项外交政策，都必须在国内得到足够的公众支持，公众的思想观念和价值倾向是政府决策不能忽视的社会基础。而新教在美国社会的主导地位又决定了美国公众乃至决策者的思想观念和价值取向都打上了深深的基督新教的烙印，这不仅影响他们的道德价值判断，也影响他们对国际问题的看法。所以，美国外交文化的形成深受新教影响。而综观美国外交政策的历史和实践，我们也可以发现，渗透其中的美国外交文化，如天赋使命观、美国例外论、实用主义等价值理念都深刻影响了美国的外交政策，而这些外交文化价值观与基督新教有着密不可分的渊源关系。

二、美国例外论与美国外交

（一）美国例外论的起源和内涵

据“维基百科”查询，美国例外论，又译为“美国卓异主义”“美国例外主义”，早在美国建国时就产生了，它源于美国的清教主义。美国清教徒们“相信上帝与其有约，并选择他们领导地球上其他国家”。清教徒领袖之一约翰·温思罗普说：“我们将成为世界山巅之城，所有人的目光都在注视着我们。”二战胜利后美国成了真正的全球性大国，冷战的结束被美国人看成是美国的胜利，这一切助长了美国人的“美国例外论”、美

① 不易君子：《十字架下的白头鹰：被宗教“控制”的美国外交》，2020 年 2 月 19 日，https：//baijiahao. baidu. com/s? id = 1658933357917316094&wfr = spider&for = pc。

国“必胜主义”（基辛格语）的心态。他们认为美国的实力已无可匹敌，美国是可以主宰一切的“世界霸主”和“世界警察”，[①] 因为美国具有特殊使命即天赋使命，美国与众不同，不能用世俗标准来评判美国的行为。“美国承担天命，对上帝负责，所以上帝才是美国行为的最终批判者”，这就意味着，国际社会对一般国家对外行为的限制和要求不适用于美国。

（二）美国例外论在外交中的体现

美国例外论导致了美国在对外关系方面出现许多“例外”的怪现象。

首先，美国是很多国际规范、国际组织的倡导者、制定者和创立者，但并不是严格的遵守者。美国人自称尊崇“法律面前人人平等”，法律制度对所有人都一视同仁，但在对外关系方面，美国却常常以各种借口搞“例外”。众所周知，联合国是主要由美国倡导的国际组织，联合国安理会的“大国一致”原则也是美国的创意，但是，美国为了达到自己的目标，不惜打破这一原则。2003 年，美国在没有联合国安理会授权情况下，以“伊拉克藏有大规模杀伤性武器并暗中支持恐怖分子”为由，发动对伊拉克的战争，历时 7 年多才撤出伊拉克，但最终也没有找到大规模杀伤性武器。面对国际社会的普遍反对和质疑，美国人不以为然，他们认为，没有得到联合国授权并不意味着美国攻打伊拉克的行为是非法的，反对美国发动伊拉克战争，是对萨达姆政权的纵容，而他们发动伊拉克战争是为了帮助伊拉克建立一个“民主自由的国家”，美国是替天行道，代表了人类的公平和正义，所以他们打破联合国安理会原则是可以被理解的。[②] 事实上，美国发动伊拉克战争，与美国维护美元的世界霸主地位，推翻反美的萨达姆政权、建立亲美政权，控制伊拉克，攫取伊拉克的丰富石油，彰显美国实力，威慑中东其他国家等诸多目的相关。[③]

---

① 钱文荣：《美国例外论是美国霸权主义对外政策的思想基础》，《和平与发展》2013 年第 6 期，第 33 页。

② 《布什宣布对伊拉克开战演讲》，百度文库，2003 年 3 月 20 日，https：//wenku. baidu. com/view/64575f4469eae009581bec5a. html？_wkts_ = 1669592330877&bdQuery = 布什发动伊拉克战争演讲。

③ 《美军为何要发动伊拉克战争?》，2021 年 8 月 24 日，https：//baijiahao. baidu. com/s？id = 1708947582420232258&wfr = spider&for = pc。

其次，美国自视为国际事务的仲裁者，而不是参与者。美国在国际事务上的“例外”表现，就是美国自居为“上帝的选民”，是“代表上帝来拯救世界”，因而美国具有“天然”的权威性、合法性和正义性。在他们看来，美国是一个追求道义、不讲私利的国家，最有资格充当国际规则的制定者、国际事务和争端的仲裁者。比如：一战期间，威尔逊总统非常反感英国把美国当成协约国的一员，而是强调美国只是协约国的伙伴，美国的责任是调停和建立和平；二战时，罗斯福总统也明确指出，美国参战的目的不是为了帮助欧洲旧大陆某个受害国，不是为了报复对自己造成伤害的敌人，而是为了建立包括欧洲在内的“自由世界”。①

再次，美国例外论早已成为美国对外推行霸权主义政策的辩护词和思想基础。除了抛开联合国安理会发动科索沃战争和伊拉克战争，还经常打着“促进民主、自由、人权”的旗号，干涉别国内政。冷战结束后，美国先后在东欧、中亚和东南亚一些国家发动“颜色革命”，制造动乱和策划政权更迭。利用网络等现代技术，监控包括美国盟国在内的各国政治、外交、经济和军事情况，甚至监控一些国家领导人的谈话和行动。在经济外交方面，美国违背自己倡导的“贸易和投资自由化”，大搞保护主义，动辄对他国进行经济制裁。②

最后，奥巴马公开使用“美国例外”一词。早在2009年的一次记者招待会上，奥巴马就公开说：“我深信美国例外主义。”美国《外交政策》杂志披露说，虽然美国历任总统都有“美国例外论”思想和政策，但“在过去82年里，奥巴马是唯一一位直接使用‘美国例外’一词的总统”。2013年9月10日，奥巴马就叙利亚问题向全国发表讲话时说：为了美国的理想、原则和国家安全，“我们必须（对叙利亚）采取行动”，“这就是使美国与众不同之处，就是我们例外之处”。对此，2013年9月11日俄罗斯总统普京在美国《纽约时报》发表题为《解决叙利亚问题的另一种方式》的文章，批评美国在对外政策中使“军事干预别国内部冲突成为美国

① 邢悦：《文化如何影响对外政策：以美国为个案的研究》，北京大学出版社2011年版，第243—245页。

② 钱文荣：《美国例外论是美国霸权主义对外政策的思想基础》，《和平与发展》2013年第6期，第32—33页。

的家常便饭”，动辄使用“残暴的武力”。在此背景下，他批评奥巴马：“无论出于何种动机，鼓励国民把自己看作与众不同的群体是非常危险的。”[①] 10月2日，白俄罗斯总统卢卡申科在俄罗斯《晨报》上发表文章批驳“美国例外论”：“奥巴马让我感到震惊。美国黑人不久前还是奴隶，如今却宣称自己拥有某种特权。我从未想过这样一个出身贫苦阶层的人会在全世界推行这种理论。这是不能容忍的，是极端危险的。”[②]

可见美国例外论的思想由来已久，不仅深入人心，也渗透到外交领域和对外关系上，催生出许多令国际社会无法接受的“例外”现象。

三、天赋使命观与美国外交

（一）天赋使命观的起源与内容

天赋使命观源于清教徒的宿命论，是加尔文教“预定论”在美国文化中的反映。清教徒崇尚自由，注重求实、创新和开拓、试验，强调勤俭致富，达到拯救灵魂的目的。美国清教徒们“相信上帝与其有约，并选择他们领导地球上其他国家”。清教徒领袖约翰·温思罗普说：“我们将成为世界山巅之城，所有人的目光都在注视着我们。”

美国先民们到达北美大陆以后，面对地广人稀、资源丰富的自然条件，及远离殖民地母国统治、封建残余较少、宗教气氛宽松的社会条件，在开发西部的过程中形成了不断开拓进取、征服大自然的冒险精神，即建设一个新世界、创造新社会模式的使命感。他们以“上帝的选民”自居，认为美国是上帝选定的特殊国家，认为自己秉承上帝的意旨，建设“山巅之城”“希望之乡”，认为美国要做全世界的领导者，将世界引向光明和善良，即对人类社会的发展和人类自身的命运负有一种特殊的、义不容辞的责任和使命。这种天赋使命观在美国历史上不断地被表述，成为美国人的一种特有的自我意识。

---

① 钱文荣：《美国例外论是美国霸权主义对外政策的思想基础》，《和平与发展》2013年第6期，第32—33页。

② 钱文荣：《美国例外论是美国霸权主义对外政策的思想基础》，《和平与发展》2013年第6期，第33页。

（二）天赋使命观对外交政策的影响

天赋使命观在美国对外政策上的体现，就是把对外传播西方基督教文明当作自己的“天赋使命”。在他们看来，落后的国家或政体不同的国家都是上帝的“弃民”，需要美国来拯救，于是他们不顾他国国情，以上帝的名义将本国的社会制度和美式民主、自由的价值观输出、渗透甚至强加于他国乃至全世界。[①] 如：1900 年 3 月，有记者质问美国占领菲律宾是否剥夺了菲律宾人民的自由，美国参议院外委会主席洛奇回答道：是责任和利益驱使美国保护菲律宾。[②] 美国前总统尼克松在《超越和平》里写道：“只有美国才具备一个肩负领导责任的国家所必须具备的军事、经济和政治力量，只有美国才能承担保卫并拓展自由、威慑并抵抗侵略的领导责任。”[③]

当美国向外输出西方基督教文明而遇到抵制和反抗时，美国的“使命感”“优越感”常常驱使他们用干预他国内政、颠覆他国政权、怂恿他国“颜色革命”，甚至不惜采用军事手段征服和改造它们。如，威尔逊总统时期，美国派遣海军陆战队登陆墨西哥的维拉克鲁兹，迫使墨西哥总统维尔塔下台；美国插手海地和多米尼加内政，“训导”当地人如何选举优秀称职的领导人；1999 年借口防止人权和民主被践踏，对南斯拉夫实施空袭；2003 年发动“改造中东”的伊拉克战争；1999 年科索沃战争时，时任总统克林顿声称不能容忍对“普世价值”的损害，美国愿意为此原则而战；《华盛顿邮报》编辑和专栏作家马拉比呼吁美国政府在 21 世纪应该组建一个由美国领导的、主要包括西方发达国家的崭新的国际机构来取代联合国，肩负起“救赎世界的神圣使命”。[④] 这些事例无不证明天赋使命观与美国对外政策存在着密切的关系。

---

① Fredrick Calhoun, *Power and Principle: Armed Intervention in Wilsonian Foreign Policy*, Kent State University Press, 1986, p. 23.

② 中国社会科学院邓小平理论研究中心课题组：《论扩张主义》，《光明日报》1999 年 7 月 23 日。

③ 赵来文：《西方霸主梦——步履维艰的美利坚》，吉林人民出版社 1998 年版，第 312 页。

④ 石俊杰：《美国文化价值观对美国外交的影响》，《东北亚论坛》2010 年第 4 期，第 36 页。

四、实用主义与美国外交

（一）美国的实用主义

美国的实用主义一方面植根于早期美国先民对美洲大陆的拓荒之中。来到新大陆的先民们为了生存，必须开拓荒地，踏实劳作，才能收获实实在在的成果，这样就逐渐形成了一种功利思想，那就是只要对自己有利的东西就是好的，注重眼前的物质功效和利益。另一方面，实用主义来自新教伦理的务实精神。与传统基督教相比，新教是一种注重现实、注重实践的流派，它宣扬世俗工作神圣论，鼓励人们勤勉工作，艰苦奋斗，追求成功，发财致富，用实际行动和现实成绩证明自己是“上帝的选民”，不管什么方法都可以。这种实用主义思想随着美国疆域的扩展而深入人心。到了19世纪中叶，在美国产生了实用主义哲学流派，代表人物有皮尔斯、詹姆斯和杜威。实用主义的主要观点是：把确定信念作为出发点，把采取行动当作主要手段，把获得实际效果视为最高目的和判断正误的最终标准。[①]简言之，有用即真理，无用即谬误。[②]

（二）实用主义在外交政策中的体现

美国的对外关系、对外政策也处处体现了实用主义色彩，孤立主义、单边主义、美国优先等政策，无不是“有用即真理，无用即谬误”的理念产物，它往往导致因一己私利而损害他国利益，从而引发国际矛盾和冲突。

孤立主义是美国开国总统华盛顿所确立的外交政策，他在《告别词》中提出“要将美国建成自由进步的伟大国家，最为重要的是应该排除对某些国家抱有永久根深蒂固的反感，而对另一些国家则又有感情上的依附”，“应该与外国发展商务关系，但是却要避免与它们发生政治联系，不要与任何外国建立永久的联盟”，“美国独处一方，远离他国，这种地理位置允许并促使美

① “实用主义”词条，百度百科，https：//baike. baidu. com/item/% E7% BE% 8E% E5% 9B% BD% E5% AE% 9E% E7% 94% A8% E4% B8% BB% E4% B9% 89/11057943？fr = aladdin。

② 石俊杰：《美国文化价值观对美国外交的影响》，《东北亚论坛》2010年第4期，第38页。

国能推行一条独特的外交路线”，“依照自己的利益，在和平和战争问题上做出自己的抉择”。孤立主义的精髓就是“我们是为我们自己行动，不是为别人而行动的”①，这种外交理念，直到一战与二战爆发后才发生变化，此前一直主导了美国的对外政策。如，1793 年英国对法国宣战并组成了反法同盟，根据法美盟约，美国应当支援法国，对英国作战。但美国考虑自己当时国力尚属弱小，冒然参战会大损国力，极易失去来之不易的独立，故背弃盟约，选择了保持中立，“外交决策的更可靠基础不在于辨别对错，而在于如何正确地确定国家利益”。②

“美国优先”与单边主义政策是特朗普就职美国总统的典礼上提出来的，特点就是将美国国家利益放在首位：（1）重点关注国内事务，优先处理美国自身问题（经济复苏、增加就业、边境管控、移民执法、社会保障、税收减免等；（2）减少对国际事务的关注，消极对待多边合作，拒绝承担更多的国际义务，先后退出了《跨太平洋合作伙伴关系协定》（2017 年 1 月 23 日）、《巴黎协定》（2017 年 6 月 2 日）、联合国教科文组织（2017 年 10 月 12 日）、《全球移民协议》（2017 年 12 月 2 日）、伊核协议（2018 年 5 月 8 日）、联合国人权理事会（2018 年 6 月 19 日）、《维也纳外交关系公约》中涉及国际法院管辖的相关议定书（2018 年 10 月 3 日）、万国邮政联盟（2018 年 10 月 17 日）和《中导条约》（2018 年 10 月 20 日宣布）；（3）实施战略收缩，着手从叙利亚、阿富汗撤军；（4）大幅增加军费开支，加强国防力量，寻求“以实力求和平”；（5）要求盟友承担更多自身的防务负担，以减少美国的军事义务；（6）将中俄两国视为战略竞争对手和头号威胁；（7）不顾及世界经济全球化的趋势，走贸易保护主义的路线，发动对整个世界的贸易大战等。简言之，就是为了美国的繁荣而抛弃多边主义、国际主义，大搞单边主义，孤立主义色彩浓厚。特朗普的“美国优先”政策加大了美国与盟友间的裂痕；加剧了大国间的摩擦和地区的矛盾冲突；引发大国间的军备竞赛，加深了战

① “孤立主义”词条，百度百科，https：//baike. baidu. com/item/% E5% AD% A4% E7% AB% 8B% E4% B8% BB% E4% B9% 89/2364936？fromModule = search – result_lemma。

② 王晓德：《美国文化与外交》，世界知识出版社 2000 年版，第 75 页。

略互疑；破坏了国际合作，引发国际经济秩序重塑。[①]

五、扩张意识与美国外交

（一）扩张意识的文化与历史根源

美国的扩张意识与基督教的文化传统密切相关。据“百度百科”查询“基督教文化”一词，中世纪时的基督教认为基督教是唯一能体现神的意旨的宗教，“基督教是灵的灵，神的神”。这种“唯一性”自然也就产生了“排他性”“上帝选民说”“天赋使命观”，又催生了“救世主”心态，形成了向外传播基督教文化，拯救世界的思维方式，进而形成了扩张意识和好战传统。基督教文化鼓励人们探险，通过不断探索认识未知世界，培育出了大批的探险家。这种文化传统，一方面促进了科学的发展和人类对世界的了解，但另一方面无疑也是其殖民扩张的文化根源。

（二）美国在北美、拉美的扩张

扩张意识在对外关系上的直接体现就是领土扩张。北美大陆的发现和北美殖民地的建立本身就是欧洲殖民者扩张的结果。美国建国后，先将印第安人从他们的家园中驱逐甚至消灭；1803 年，美国以极其低廉的价格从法国那里“购得”路易斯安那；1819 年，美国从西班牙手中讹诈到佛罗里达；1846 年，波尔克总统以武力威胁，从英国人手中抢走了俄勒冈；1845 年，美国策动叛乱兼并了德克萨斯，然后通过美墨战争夺取加利福尼亚，加上“加兹登购买”，美国吞食了墨西哥过半领土。几十年时间，美国的东西疆界就分别到达大西洋和太平洋，领土由 230 万平方公里剧增到 930 万平方公里。[②] 扩张是美国的生存法则，正如美国布坎南总统在 1858 年致国会的咨文中所宣称：“我们国家的生存法则就是扩张，谁也无法违背。”[③]

---

① 袁征：《“美国优先”论及其国际影响》，载于吴白乙、倪峰主编：《美国研究报告（2019）：“美国优先”及其内外影响》，社会科学文献出版社 2019 年版，第 1—43 页。

② 石俊杰：《美国文化价值观对美国外交的影响》，《东北亚论坛》2010 年第 4 期，第 37 页。

③ Patterson, Thomas G., “American Foreign Policy”, *Massachusetts*, 1988, Vol. 1, p. 36.

（三）美国的扩张主义理论

扩张主义还直接体现在美国的许多理论中。如马汉的海权论，让美国成为当今全球海上霸主，最重要的海上通道大多被美国海军所控制；特纳的边疆学说，使得美国的边疆变成了“活动边疆”；斯特朗的社会达尔文主义，让美国的对外关系也遵从“物竞天择，适者生存”的生物进化规律；“新天定命运论”，让美国追求“更加广阔的空间”。美国总统麦金莱的“门户开放”、威尔逊的“十四点计划”、杜鲁门的“间接侵略”干涉理论、里根的“有限推回”战略、克林顿的“参与和扩展”战略以及小布什的新帝国主义等，都是这些扩张主义理论的产物。19 世纪与 20 世纪之交，美国先后强占了菲律宾、关岛、波多黎各、中途岛、夏威夷等太平洋岛屿，并加入八国联军侵华；20 世纪 50—70 年代，美国进行了朝鲜战争和越南战争；20 世纪 80 年代中后期，先后军事入侵格林纳达、利比亚和巴拿马；21 世纪以来，美国带领北约不断东扩，以消除大规模杀伤性武器为由发动伊拉克战争等，都充分证明了美国的扩张主义是其“生存法则”。

（四）经济、文化领域的扩张

扩张意识在经济领域的表现，主要是大搞经济制裁，一旦没有或拒绝满足自己的要求，就通过经济制裁迫使他国妥协接受。当美国国内法和国际法相抵触时，美国就把国内法凌驾于国际法之上，《达马托法》（旨在制裁伊朗和利比亚）和《赫尔姆斯 - 伯顿法》（旨在制裁古巴）就是极好的例子。在多边经济关系中，美国竭力争夺规则制定权、修改权和解释权，以便制定有利于自己的游戏规则，主导国际经济秩序。

美国在文化领域的扩张，首先表现为政治文化的扩张，如 1993 年克林顿提出“把市场制民主国家的大家庭”推广到全世界的“扩展战略”，布什政府时，在伊拉克强行输出美式民主等价值观等。其次表现为美国传媒文化的扩张，如：美国有线电视新闻网、美国广播公司、哥伦比亚广播公司等控制着国际社会的舆论；作为因特网的中心，美国向全世界全方位、全天候推销自己的价值观念。再次表现为美国大众文化的日益全球化。麦当劳、可口可乐、摇滚乐、好莱坞影片、牛仔裤等遍及世界各地，它们拥有巨大的软实力。最后，20 世纪，美国展开了全方位的文化外交，通过资助富布莱特等项目，开展一系列对外文化教育交流活动，进行文化渗透扩张。① 正如美国国务院所言："外国留学生在美国学习时，应以加深对民主制度的认识为目的，这种学习应从属于美国外交政策的总目的。"②

总之，美国的对外政策都有着深刻的文化根源，扩张意识、实用主义、美国例外论、天赋使命观等，对美国的外交政策产生了驱动、影响作用，而这些外交理念、外交文化价值观，都可从基督教及其教义中找到文化渊源，当然这些外交理念、外交政策，也是在美国政府、社会精英与美国国内国际的社会互动中产生，反过来又影响其对外决策。

第三节　日本文化与外交

日本文化对日本的外交同样具有深刻的影响作用，对于影响日本外交的文化因素，中外学者有许多研究成果，归纳起来主要有集团主义、等级制度、"甘え"（amae）、"御上"（okami）、中性文化、耻感文化、町人根性、双重性格、神道教的尚武精神（武士道）、岛国被害意识（或忧患意识）等，这些文化因素使得日本的对外交往、外交政策具有了相应的特色。

一、集团主义与"一边倒外交""合気道外交"

（一）集团主义文化特点

如果用蔡安迪斯的集体主义理论来观察，日本文化属于典型的集体主义文化类型。日本学者加藤周一③、中根千枝对日本集团主义文化特点的

① 石俊杰：《美国文化价值观对美国外交的影响》，《东北亚论坛》2010 年第 4 期，第 38 页。

② 李智：《文化外交：一种传播学的解读》，北京大学出版社 2005 年版，第 15 页。

③ 刘怡详：《日学者加藤周一：要埋葬日本的不良集团主义文化》，中国新闻网，2005 年 4 月 11 日，https：//www. chinanews. com. cn/news/2005/2005 －04 －11/26/561199. shtml。

归纳分析[①]，更加佐证了日本的集团主义文化特征。概括而言，日本集团主义具有：固守团体，追求一致；不欢迎少数意见；集团内部由严格的上下关系构成；竞争的集团主义、封闭的集团主义等文化特征。日本集团主义文化类型可以在日本古代“村共同体”中找到其原型。[②] 综合学者的观点，我们可知日本的集团主义文化具有如下一些特点。

1. 强烈的集体归属感，集体利益高于个人利益

日本人具有强烈的集体归属感，即喜欢将自己置于一定的组织之中，认为个人是组织中的一员，个人离不开组织，个人只有依靠集体才有价值，因而害怕被组织疏离，没有组织就没有安全感，是不折不扣的“组织人”。强烈的集体归属感驱使他们对集团具有高度的向心力，团结与忠诚成为他们的集体价值取向。当集体利益与个人利益发生冲突时，他们认为集体利益高于个人利益，因此，牺牲个人利益换取集体利益也成为日本集团主义文化的重要体现。[③]

2. 追求“和”“一致”“合意”“根回し”

日本的集团主义追求集团内部的“和”，以集团内部的合作与协调作为最高目标，不喜欢少数不同意见，因此特别重视决策前的“合意”（即事前协商，取得一致后，再开会公布决策）、“根回し”（即与各个关系方面协商），为了达到集团一致的目标，往往花费很多时间和精力，这使得集团整体看上去非常一致。[④] 为了集体的一致性，日本人一般尽可能避免与人公开对抗，即使内心波涛汹涌，表面也会静如止水，性格表现平和宽容、温顺；即使内心不愿意，也不直说“不”，从众、随大流心理比较强。[⑤]

---

① 张智慧：《战后日本奇迹的文化动因：集团主义与大势顺应主义》，中国新闻网，2012 年 4 月 16 日，https：//www. chinanews. com. cn/cul/2012/04 - 16/3821423. shtml。

② 张智慧：《战后日本奇迹的文化动因：集团主义与大势顺应主义》，中国新闻网，2012 年 4 月 16 日，https：//www. chinanews. com. cn/cul/2012/04 - 16/3821423. shtml。

③ 张震：《试析文化因素与日本对外政策的相关性》，《解放军外国语学院学报》2003 年第 1 期，第 114 页。

④ 尚会鹏、刘曙琴：《文化与日本外交》，《日本学刊》2003 年第 3 期，第 82 页。

⑤ 张震：《试析文化因素与日本对外政策的相关性》，《解放军外国语学院学报》2003 年第 1 期，第 115 页。

3. 严格的上下等级、“恩”与“义理”的关系

集团内部成员之间通常根据职务的高低、年龄的大小，构成“恩”与“义理”的上下等级关系。所谓“恩”，就是指处于上级、高等地位的人员，要关心、满足下属成员的所有需要；所谓“义理”就是下属成员对上级领导施予的“恩”所做出的回报，即忠于上司，履行自己相应的义务。“恩”与“义理”的观念使得日本人的集团内部形成了一种相互依存、联系紧密的关系，[①] 上对下常表现为绝对的权威，而下对上常表现出绝对的服从与尊敬。

4. 集团的竞争性与封闭性

日本集团主义文化追求集团内部的和谐一致，并非不存在竞争，相反集团内部各成员间，为了各自的利益需求，会出现激烈的竞争，但这种竞争往往以不危及集团整体团结为限度。不同利益目标的集团之间也存在着激烈的竞争，同样也以不损害日本国家整体利益和团结为限度。日本集团主义的封闭性特点，表现在对外交往方面，就是区分内外群体的倾向性比较明显，即内外有别，内则亲、外则疏。日本人在集团内部追求和谐统一，成员间可以进行顺畅的交流，呈现出“愿意合作”“有团队精神”的样子；但在对外交往时，往往表现出强烈的封闭性和排斥性，视集团外的人为“外人”，在日常生活中对“外人”呈现出疏离和排斥甚至歧视的心态，反映在国家层面上，就是强烈的“锁国”心态。[②]

（二）集团主义在外交政策上的体现：“一边倒外交”“合気道外交”

日本的集团主义文化不仅体现在日本社会的人际关系方面，也反映在日本政府的对外交往方面。

1. 对美国的“一边倒外交”政策

在集团主义的归属感、集团内部上下等级的尊卑隶属关系等文化价值

---

① 张震：《试析文化因素与日本对外政策的相关性》，《解放军外国语学院学报》2003 年第 1 期，第 115 页。

② 张震：《试析文化因素与日本对外政策的相关性》，《解放军外国语学院学报》2003 年第 1 期，第 115 页。

观的影响下，日本外交表现出向强者“一边倒”的倾向，即只要国际舞台上谁占鳌头，日本就会跟谁结盟。如，中国唐、明时期，日本曾是强大中华帝国的崇拜者；1902—1922年追随“日不落”的大英帝国；1936—1945年又转向德国；二战后则长期依附于美国。①

依附强国意味着失去自我，但对于日本这个东亚岛国而言，没有强国“恩”照，就深感生存危机；不归属某个强大利益集团，就会成为无依无靠的国际“孤儿”，更不能享受利益分羹。因此，二战后，日本紧紧抱住美国“大腿”，实行“一边倒外交”政策。日本历届政府的外交都以“日美关系为基础”，以“深化日美关系”为首要目标，对美国的各项政策和决定给予坚决支持。如1979年苏联入侵阿富汗，日本站队美国，对苏联实施经济制裁，抵制莫斯科奥运会；驻日美军在日本屡次犯下暴行，当地居民集会抗议要求美军离开日本，但日本政府却依然允许美国继续使用军事基地；日本民众反对安保法案、不希望改变和平的做法，但日本政府依旧修订了《日美安保条约》；美国发动海湾战争、反恐战争时，日本积极表现，出钱、出兵。

日本对美国的“一边倒”外交政策，虽然很没有“自我”，但在强国的“恩威”并重下，履行自己“义理”的日本，也获得了它所需要的利益：既获得了美国的安全保护，又取得了举世瞩目的经济成就。但是当日本实力增强到有可能动摇美国霸主地位的时候，美国开始对日本采取抑制手段，日美同盟内部开始出现各种摩擦，如20世纪70年代的纤维贸易摩擦、20世纪90年代的汽车贸易摩擦等。这些摩擦反映了日本“对美自主”意识在增强，但并没有威胁到日美同盟关系，具有日美同盟内部的一种竞争性质，充分体现了日本人的集团主义精神和“义理”意识。②

2. “合気道外交”

日本集团主义追求“和”的文化特点，在日本外交上也有体现，那就是人们常说的日本“合気道外交”。据“百度百科”查询，所谓“合気

① 王锦花：《文化对日本外交的影响》，《日本问题研究》2005年第3期，第48页。

② 张震：《试析文化因素与日本对外政策的相关性》，《解放军外国语学院学报》2003年第1期，第115页。

道”，是日本一种以柔克刚、借劲使力、以巧致胜、不主动攻击的格斗武术。其中“合気”表示“我与气合一，与天地之气合一，与大自然相契合”。与此相应，“合気道外交”，是指以柔克刚、借劲使力、以巧致胜、求同存异的外交之道。

与美欧国家动辄指责他国相比，日本在国际政治舞台上较少直接明确指责他国，经常表现出一种日式的“和气”“求同存异”的形象，甚至给人留下“在国家目标和外交战略上缺乏鲜明的形象”的印象。[①] 日本神户大学名誉教授、前防卫大学校长五百旗头真的一段话，也让我们看出日本“合気道外交”的精髓所在。他说：“美国战后构建了自由贸易主义的体系，对于没有资源的日本来说，只能靠贸易发展，这也就是日本走过的道路”，“日本经济基本是以美国为基轴而发展的”，“日本巧妙地借助这个超级大国的力量，使自身的经济得到自由发展”，“战后日本的外交以日美同盟为基础，并不断开拓新的经济区”，“不管什么体制和地区，与他们开展符合日本利益的合作，也是日本繁荣的基础所在。因此日本一直坚持日美同盟，扩大新的经济领域”。[②] 即二战后，日本依附于美国这个超级大国，巧借美国之力，发展繁荣自己。

二、等级制度与对外交往中的“恃强凌弱”

等级制度是集体主义文化类型的国家普遍具有的文化特点之一，如前已述，日本的集团内部就是由严格的上下等级、“恩”与“义理”的关系构成，这种等级制度是日本人普遍接受的观念和社会规范，它们影响了日本人的社会生活，也影响了日本人看世界以及与世界各国交往的方式。本尼迪克特等许多学者对日本的等级制度及其在社会生活与对外关系等方面的体现均有过深刻剖析。

① 张震：《试析文化因素与日本对外政策的相关性》，《解放军外国语学院学报》2003 年第 1 期，第 115 页。

② 李警锐：《五百旗头真：日本民众反对安保法拒绝做战争国家》，人民网，2015 年 9 月 2 日，http：//m.haiwainet.cn/middle/3541640/2015/0902/content_29126573_1.html。

（一）日本的等级制度："各安其位"

"各安其位"是日本人的口头禅，也是日本等级制度的最好表达。所谓"各安其位"，就是各自找到各自的最佳方位，并安于这个最佳方位。这是一种对不平等的等级、秩序的认同与接受，正如本尼迪克特在其《菊与刀》一书中所言，"他们对秩序和等级的信赖，与我们对自由平等的信仰如此对立，有如南北两极。我们认为等级制不可能是个合法制度"，"但是多少世纪以来，不平等已成为日本民族的组织原则，它使得生活容易预计，也就广泛地被公众接受。承认等级制对他们来说就像呼吸一样自然"。[①]

等级观念渗透于日本的家庭、社会生活的方方面面，体现在日本人的举手投足之间。他们有着发达的敬语体系和一整套有关点头、鞠躬、跪拜等礼貌行为规范，不同场合、不同身份的人会自觉习惯地根据年龄的大小、辈分的高低、性别的不同、地位的高低、血缘关系的远近等因素，选择不同且恰当的敬语和礼貌行为，来表达不同程度的尊敬之意，进而显示双方社会地位的差别和关系亲疏的程度。这种等级观念使得日本人在各自的社会关系中，都"各安其位，各得其所"，不能"越位"，如果僭越必将受到惩罚。"但日本没有像其他一些生活在强力控制之下的民族一样，变得温顺怯懦"，[②] 因为"日本的等级制具有一种区别于印度种姓制度的弹性。他们有一套明确合法的手段对制度进行微调"，一个人可以有好几种办法（如过继、收养、通婚等）改变自己的等级身份。[③] 当然，日本政府早已宣告封建制度结束，"但根深蒂固的民族风俗不是谁宣布结束就能结束的。他们在几百年里已经习惯了法律和秩序，习惯了维持法律和秩序的铁腕手段。他们在内心深处相信，细致繁琐的等级规则即意味着安全和稳

① ［美］鲁思·本尼迪克特著，唐晓鹏、王南译：《菊与刀》，华文出版社 2005 年版，第 19—20 页。

② ［美］鲁思·本尼迪克特著，唐晓鹏、王南译：《菊与刀》，华文出版社 2005 年版，第 37 页。

③ ［美］鲁思·本尼迪克特著，唐晓鹏、王南译：《菊与刀》，华文出版社 2005 年版，第 38 页。

定，只要他们停留在已知领域之内，认真履行精细分配的义务，那么他们是能够信赖这个世界的”。①

（二）等级制度在外交中的体现：恃强凌弱

1. 用等级制观念看待世界

日本人对等级制度的认同与信念影响了他们对世界的看法。早期曾有学者指出，日本人认为：（1）只有建立严密的等级制度，这个世界才会进入有序状态，才会实现真正的和平。因为只要世界各国拥有绝对主权，那么世界就会永远处于无政府状态，就会发生战争，所以只有在国际上建立等级秩序，才能结束这种无政府状态。（2）世界所有国家都应该在国际等级结构中明确自身的位置，即“各安其位，各司其职”，才能形成统一的世界，才能实现和平的世界。1940 年日本与德意签订的《日德意三国同盟条约》前言中说：“大日本帝国政府、德国政府和意大利政府确信，使世界各国‘各安其位’乃持久和平之前提。”② （3）在这一等级秩序中，只有日本才有资格成为领导者，因为他们自认为日本民族是世上最优秀的民族，只有日本真正建立起了自上而下的等级制度，日本的等级制是世上最优越的社会制度，所以日本应当处在国际等级制的金字塔顶端，是世界的主宰，日本天皇是世界的最高君主。（4）二战时期把邻国朝鲜和中国当作“弟弟”，弟弟必须服从兄长，兄长对弟弟不能娇宠，所以朝鲜、中国应该“服从”日本，而日本不能对朝鲜和中国太好。1943 年春天，日本陆军省发言人就“大东亚共荣圈”发表言论说：“日本是他们的兄长，他们是日本的弟弟，应该让占领区的人民了解这个局面。如果对他们太好，他们心理上会有一种滥用长兄好意的倾向，这对日本的统治会造成不好的影响。”③

---

① ［美］鲁思·本尼迪克特著，唐晓鹏、王南译：《菊与刀》，华文出版社 2005 年版，第 37 页。

② ［美］鲁思·本尼迪克特著，唐晓鹏、王南译：《菊与刀》，华文出版社 2005 年版，第 20 页。

③ ［美］鲁思·本尼迪克特著，吕万和等译：《菊与刀》，商务印书馆 1990 年版，第 3、20、25 页。

2. 恃强凌弱的对外交往方式

等级制的国际秩序观念直接导致了日本恃强凌弱的对外交往方式，即对强者俯首帖耳、唯命是从、低三下四，甚至阿谀奉承，对待弱者则欺凌、霸权、残酷无情。一方面，当自己还不够强大时，依附强国；当自认为自己强大时，就对弱小国家进行欺凌、霸权与征服。（1）明治时期，日本学者提出“八肱一宇”的战略方针，即为“征服世间的四面八方，置诸于一个屋顶之下”。[①] 为此日本发动战争，征服朝鲜，侵略中国，继而征服世界。（2）二战时期，他们美化对朝鲜和中国等国的侵略是“长辈对晚辈、兄长对弟弟的关照和爱护”，是日本先进国家帮助落后邻国的“共荣”之举，将自己的意志强加于人。为在全世界建立等级秩序，在世界范围内“弘扬大义”使万邦“各得其所”，日本还认为“大东亚共荣圈里都是黄种人，日本应当首先将美国，然后英国、俄国，从这一地区清除出去，使圈内各个民族‘各得其所’”。[②] 对战败对手残酷无比，惨无人道。如日本侵略者在南京制造了骇人听闻的南京大屠杀。《程瑞芳日记》记录了日本兵烧杀抢掠等种种惨绝人寰的滔天罪行，日本兵的残暴行为令人发指、惨不忍睹。（3）对日本天皇的绝对崇拜、顺从和愚忠。军国主义盛行时期的日本政府利用日本人对天皇的愚忠，将日本兵训练成了杀人不眨眼的魔鬼。面对失败，他们宁可剖腹自杀，也不投降，以示自己对天皇的绝对忠诚。[③]（4）至今不愿意承认自己的侵略历史，千方百计地遮掩、逃避甚至美化自己的战争行径，也是其等级制度思想的具体表现。

另一方面，面对强国，俯首帖耳、低三下四，顺从地接受失败。二战结束后，面对强大的战胜国美国，战败的日本不但没有进行抵抗，反而对占领日本的美军态度友好，顺从地接受了现实，甚至吹捧麦克阿瑟为“新生日本的生身父母”“恩人元帅”，这令美国、西方大惑不解。许多学者指出日本的这种国民性格，与日本等级制度的文化影响有关，即日本等级观

---

① 慕容齐：《浅析日本人的民族性格》，江山文学网，2013 年 4 月 16 日，http：//www. vs-read. com/index. php/article/showread？ id = 322424。

② ［美］鲁思·本尼迪克特著，吕万和等译：《菊与刀》，商务印书馆 1990 年版，第 3 页。

③ 牛翠萍：《透过日本文化看日本外交》，《边疆经济与文化》2008 年第 6 期，第 76—77 页。

念认为，下对上、小对大、弱对强应尽服从的义务。[①] 所以，当美国在日本投下两颗原子弹后，日本投降并对美国俯首称臣。直到现在，日本依旧将自己依附于美国，在许多国际事务中，对美国几乎唯命是从。

三、“甘え”“御上”与依附强权的对外交往方式

（一）“甘え”与“御上”的含义及社会体系

日本的等级制社会也造就了日本民族的一种独特的文化心理特点，即“甘え”与“御上”文化心理。所谓“甘え”，是日语“撒娇”的意思，主要是指儿童对母亲撒娇的一种特殊的依赖感情或行为，但在日本，这种“甘え”撒娇心理却普遍存在于日本的各种人际关系之中，以至于构成了日本民众的一种文化心理特质。如家庭关系中孩子对母亲的依赖，弟弟、妹妹对兄长、姐姐的依赖；公司工作关系中下级对上级、后辈对前辈的依赖；学校师生关系中学生对老师、低年级学生对高年级学生的依赖等。[②]

所谓“御上”，是指日语“上面”“上方”的意思。前面加上“御”，通常指天皇、朝廷、政府、官厅，即指高于自己并具“掌握着事情决定权的人”“能够放心替自己拿主意的人”“可以委托做最后决策的人”等；又指神明等具有某种超自然或与超自然有关的存在，在古代指神道教“天照大神”、天皇。总之，“御上”是一种高于自己并具有超凡力量、可以保护自己、施惠于自己、可以信赖和依赖的存在。这种“御上”心理至今影响着日本民众对内、对外的行为方式。对内，日本民众对日本政府抱有很高的信任度和期望值，他们相信政府、依赖政府能为民众安排好一切；但一旦政府的行为与人们的期望产生较大差距时，人们又很容易对政府失去信任，产生抱怨行为，转而寄希望于新的政府班子，这正是日本首相更换

---

① 牛翠萍：《透过日本文化看日本外交》，《边疆经济与文化》2008 年第 6 期，第 76—77 页。

② ［日］土居健郎：《“依赖”的结构》，弘文堂 1997 年版。转引自：尚会鹏：《中国人与日本人：社会集团、行为方式和文化心理的比较研究》，北京大学出版社 1998 年版，第 324—338 页。

频繁的原因所在。①

（二）“甘え”与“御上”的对外体现：依附强权

“甘え”与“御上”的文化心理特质反映在外交上，就是依附强国的外交政策、谄媚强国的外交风格。这种外交政策和外交风格在前面所言中均有提到，在此再以“甘え”与“御上”视角进一步分析日本的外交历史，可以说日本在不同历史时期，不停地寻找不同的“御上”强国，依附不同的“御上”强国，来实现自己的战略目标。如，日俄战争时与当时世界上最强大的英国结盟，英国成为其“御上”强国；二战时同德国结盟，德国可谓其“御上”强国；战后，与世界头号强国美国结盟，美国又成了日本的“御上”。为了得到美国的保护，日本对美国依附、顺从、“甘え”。正如米歇尔·布莱克所说：日本外交官在外交上与其说是追求外交成果，不如说优先考虑的是不要使美国产生不满情结以及不在国际上孤立自己，所有的努力都集中到获得美国的“御墨付”（指令、命令）上。②

四、耻感文化与否认侵略历史

（一）日本的耻感文化特点

“耻感文化”是本尼迪克特给日本文化类型下的定义，是在区别于西方“罪感文化”的基础上概括出来的。本尼迪克特提出日本耻感文化后，虽然有人反对，但大多数学者都比较认同这一观点，并且认为东方国家多属于耻感文化，而西方国家多属于罪感文化。简言之，罪感文化依靠自律，耻感文化却是借助他律。

西方的罪感文化起源于基督教的原罪说，认为人一出生便有罪，但只要自己认罪并向上帝真心忏悔、赎罪，他们就可以获得解脱，所以罪感文化的人一般不太在意他人对自己的看法，而是靠内心信仰和绝对的道德指令来指导和约束自己的言行，一旦犯错，即使别人毫无察觉，也会痛苦自

① 尚会鹏、刘曙琴：《日本文化与日本外交》，《日本学刊》2003年第3期，第85—86页。
② ［日］筑紫哲也：《世界的日本人观》，日本自由国民社1985年版，第213—214页。

责。简言之，西方的罪感文化是一种自律的文化。

日本的耻感文化缺乏绝对的道德标准。日本人的言语行为更多地依赖于他人的态度，别人对自己的评价至关重要，别人的看法常常会影响自我评价；以受人赞许为荣，以被人排斥为耻，对耻的敬畏超过了对罪的恐惧。在注重自律的西方罪感文化看来是犯罪的行为，在注重他律的日本耻感文化看来未必是罪恶，只要不良行为没有被他人发现，就不会有负罪感；但一旦被人发现，就会因为怕被人讥笑、排斥而感到羞耻；因此，对犯下的错误，他们没有坦白忏悔的习惯，更没有祈祷赎罪的仪式。没有外在强制力时，往往会选择瞒天过海，因而是一种缺乏自省、自律的文化类型。

耻感文化催生了日本人极端的自尊心，对他人的嘲笑与责难极为敏感，即使是微小善意的批评也会令其有人格受辱的感受。他们认为撒谎的人、发脾气的人，甚至杀害他人的人都可酌情体谅，但嘲笑他人的人则无可原谅。因为杀人犯是杀害他人肉体的人，嘲笑者是杀害他人心灵的人，心灵远比肉体宝贵，所以嘲笑是最恶劣的罪行。①

面对嘲笑，日本人会选择“报仇”“雪耻”。此“报仇”有四种形式：其一，化嘲笑为动力，通过修行以求“圆熟”，来消除羞耻。就像本尼迪克特书中所提到的例子：一位身无分文的乡村少年想去美国学画，却遭到了传教士的“嘲笑”，他倍感名分被玷污，于是他化“嘲笑”为动力，通过努力最终前往美国留学，功成名就，“报仇雪耻”。② 其二，自虐的方式，即在怨恨里自我折磨、自我毁灭，其表现有时是沮丧、消沉、厌倦的情绪，有时就是自杀，武士的剖腹自杀就是最高表现。③ 其三，直接报复嘲笑的人，为自己正名。如日本家喻户晓的《四十七士》中，有很多这样的复仇故事，甚至还有许多关于向自己的主君进行报仇的故事。按照日本的“情义”伦理，家臣必须终生忠于主君，但如果家臣感到受辱，就会背叛

---

① ［美］鲁思·本尼迪克特著，吕万和等译：《菊与刀》，商务印书馆 1990 年版，第 84—86 页。

② ［美］鲁思·本尼迪克特著，吕万和等译：《菊与刀》，商务印书馆 1990 年版，第 86 页。

③ ［美］鲁思·本尼迪克特著，吕万和等译：《菊与刀》，商务印书馆 1990 年版，第 90 页。

主君成为仇敌，并进行对等报仇，否则“总感到心事未了”。[①] 其四，迁怒第三方，通过折磨第三者来发泄心中的怨恨。[②] 与此相反，晚辈向长辈、下级对上级、小对大、弱对强的尽孝、尽忠是向相反方向尽孝的单项循环模式。

（二）耻感文化的对外体现：拒绝承认侵略历史

耻感文化对日本外交的影响可以通过以下三方面得以管窥。

1. “受虐—施虐”与侵华暴行

如上所述，在耻感文化的笼罩下，日本人形成了一种“受虐—施虐”的民族性格，这为穷兵黩武的军国主义提供了土壤。当他们认为自己国家处于强势地位时，就将过去处于弱势地位时所遭受的“羞辱”化作复仇的暴力，转嫁给弱势地位的他国。他们侵略、破坏他国，以此来补偿他们那极易受伤的自尊心，让过去或平日在“施虐—受虐—施虐”模式压力下产生的耻辱感，通过迫害和折磨他人得到洗涤。强烈的自尊心、荣誉感驱使“他们迫切要求在世界上赢得尊敬，他们看到大国是靠军事实力赢得尊敬的”，于是他们也发动了侵略战争；“由于资源缺乏，技术落后，他们采用比残暴的希律王更加毒辣的手段。他们付出了巨大的努力，但还是失败了，这对他们来说，意味着侵略到底不是赢得名誉之路”。[③] 于是从欺凌弱小转道向强者投降。

2. 羞耻感与否认侵略历史

缺少自省、自律的耻感文化，使得一些日本人对二战时期日本的侵略暴行不承认、不道歉。比如，否认南京大屠杀、否认慰安妇、篡改日本教科书（将侵略改为“进入”）、参拜“靖国神社”等，企图抹杀、掩盖和歪曲历史事实，为自己的侵略战争开脱罪责。在他们看来，如果承认了错误，那么日本就成了历史罪人，日本就会遭到世人、包括自己的子孙后代

---

① ［美］鲁思·本尼迪克特著，吕万和等译：《菊与刀》，商务印书馆 1990 年版，第 86—87 页。

② 慕容齐：《浅析日本人的民族性格》，江山文学网，2013 年 4 月 16 日，http：//www.vs-read.com/index.php/article/showread？id＝322424。

③ ［美］鲁思·本尼迪克特著，吕万和等译：《菊与刀》，商务印书馆 1990 年版，第 94 页。

的唾弃，那么日本在世界舞台上将尽失颜面，而且将可能永远不再有立足之地了。所以，他们拒绝承认自己曾经犯下的罪行，以至于日本的年轻一代对于自己的祖先犯下的滔天罪行及其给亚洲国家带来了怎样的灾难和伤害茫然不知，反而对中国、韩国、朝鲜等亚洲国家强烈谴责日本否认侵略历史、否认慰安妇、参拜“靖国神社”等行径感到吃惊。[①]

3. 名誉至上与战后经济复兴

对嘲笑的极端敏感，强烈的羞耻心，滋生了日本人追求、维护名誉的另一极端的文化心理。本尼迪克特说，“日本人持久不变的目标是名誉，这是博得普遍尊敬的必要条件”、“从消沉中站起来”、“把别人从消沉中唤醒”、“全世界的目光正在注视着我们”等，既是二战期间日本广播中常用的词语，也是战后日本报纸连篇累牍的激励话语。企图通过刺激日本人的羞耻心、荣誉感，来唤醒日本人从战败的消沉、低迷、倦怠的情绪中走出来，倾注最大努力，清除轰炸废墟的瓦砾，恢复生产，发展经济，“以便将来能成为一个在联合国组织中占有重要地位的国家”，走上自尊自重的道路。[②] 战后日本经济的复苏和发展，与日本人的这种羞耻心、名誉感、自尊心有着很大关系。

五、中性文化与暧昧外交

（一）日本中性文化的特点

荷兰管理学者琼潘纳斯在其《文化踏浪》一书中，模仿霍夫斯泰德的文化维度理论，提出各个国家与民族的文化差异主要体现在以下七大维度上：普遍主义—特殊主义、个体主义—集体主义、中性—情绪化、关系特定—关系散漫、注重个人成就—注重社会等级、长期—短期导向、人与自然的关系。其中，中性—情绪化维度主要指人际交往中情绪外露、身体接

① 慕容齐：《浅析日本人的民族性格》，江山文学网，2013 年 4 月 16 日，http：//www. vs-read. com/index. php/article/showread？ id = 322424。

② ［美］鲁思·本尼迪克特著，吕万和等译：《菊与刀》，商务印书馆 1990 年版，第 92 页。

触的程度。[1]

琼潘纳斯认为日本是典型的中性文化，其主要表现为：（1）人际交往感觉舒服的空间距离比较远，在1米以上，见面鞠躬致礼，不行拥抱、亲吻等身体接触性礼仪。（2）表情中性，喜怒不形于色，尽可能避免情绪激昂的行为，情绪外露常被看成是不稳重、不成熟、修养不足甚至不可靠的表现。相反，老成持重、含而不露、情绪稳定、不急不躁、胸有城府等才是成熟可靠、值得敬佩的境界。（3）语言婉转含蓄，不愿意直接用“不”字拒绝他人，一个微笑也含义多多，有时是高兴、礼貌、喜欢，有时可能是拒绝、不喜欢、不高兴等。（4）敏感心细，察言观色。因喜怒不形于色，所以对别人的表情变化特别敏感，察言观色的能力比较强。人们用一个表情、一个手势来传递信息，也会因一个表情、一个手势而感到内心不安或高兴。（5）压抑情绪的能力也比较强，许多人表面静如止水，内心却波涛汹涌，一旦发泄出来，就会比较强烈。比如日本人在工作场所很压抑，但在酒吧很疯狂。[2] 日本中性文化的形成，与其集体主义的等级秩序观、“和”“合意”等文化要求密切相关。

（二）中性文化的对外体现：暧昧外交

中性文化反映在日本对外关系方面，就是暧昧外交。与美国、中国、俄罗斯等国家的外交比较，日本的外交比较在意“别国怎样评价日本”，特别在意美国如何评价日本，同时表现出较大的暧昧性。尚会鹏总结日本暧昧外交有故意回避、默不作声、含糊其词、被动、迟疑不决、缺乏明确战略目标六大表现。刘江永曾提到日本外交有“八方美人”之感，其实指的也是日本的暧昧外交特点。综合前人观点，日本暧昧外交主要有如下具体表现。

1. “八方美人”

所谓“八方美人”，是八面玲珑、四方讨好的意思。日本在外交上长

---

① F. Trompenaars，C. Hampden – Turner，*Riding the Waves of Culture*，New York：McGraw – Hill，1998.

② 陈晓萍：《跨文化管理》，清华大学出版社 2005 年版，第 72 页。

期追随美国，但在一些重大国际问题上又多态度不明朗，甚至有意无意地采取回避态度，给人以“八方美人”之感。如 1990 年海湾战争后，日本没有立即派兵参战，而且初期，日本作为美国盟友，一方面与美国保持紧密协调关系，另一方面作为西方大国中唯一没有在中东染指军事的国家，试图与海外各方保持对话，充当斡旋者。① 又如 1999 年的科索沃战争，对于以美国为首的北约军队轰炸科索沃等问题，日本态度也较暧昧。1999 年 6 月 16 日《朝日新闻》的一篇报道，说明了日本在科索沃问题上的暧昧态度与俄罗斯的明显不同。②

2. 沉默、模糊

日本的暧昧外交有时表现为沉默外交，即在外交场合，日本外交官多默不作声，惜字如金；有时表现为模糊外交，即在外交场合必须表态时，多用含糊其词的发言，模糊表达自己的观点。暧昧外交有时是为了避重就轻，不想承担或想减轻责任。如中日复交时，田中角荣不用“罪行”而用“迷惑”一词来表达对战争的反省，就是典型事例。“迷惑”在日语里表示“自己所做事情给对方或周围的人带来了麻烦或令人不快的想法”，将日本侵华说成是给中国“添了麻烦”，显然是为了降低罪责、回避问题实质而采取的一种暧昧外交，因而遭到中国人的质疑。暧昧外交有时是“怕得罪对方，尽量不把话说得太直白，不显得那么咄咄逼人”。如 20 世纪 70 年代初美日发生纺织品贸易摩擦，面对美国总统尼克松的批评，日本首相佐藤荣作回答说要“善处”，这是一个语义模糊的词语，类似汉语的“研究研究”，是委婉拒绝之意，但美方误解为“妥善处理”之意，所以后来发现日本没有兑现承诺时指责日本，而日方否认做过妥善解决问题的承诺。③

3. 迟疑、被动

迟疑、被动也是日本暧昧外交的一个表现。由于日美是同盟关系，日本的许多外交决策常常是在美国的压力下被动做出的让步、妥协；而且做出某项重要决定时，往往需较长时间，给人迟疑不决的印象。如 1990 年伊

---

① 刘江永：《日本在海湾战争中扮演的角色》，《世界知识》1991 年第 4 期，第 4—5 页。
② 尚会鹏、刘曙琴：《日本文化与日本外交》，《日本学刊》2003 年第 3 期，第 83、88 页。
③ 尚会鹏、刘曙琴：《日本文化与日本外交》，《日本学刊》2003 年第 3 期，第 83、88—89 页。

拉克入侵科威特，发生海湾危机。8月中旬，美国向日本提出提供财政和人员援助等四项要求，但日本只对其中两项做出了积极反应。其中，对多国部队的经费援助，最初日方表示提供10亿美元，但美方要求提供至少30亿美元，直到9月中旬日本才答应提供40亿美元。后来又在美国一再要求下，日本追加经费援助，总共100多亿美元。①

总之，日本外交之所以给人暧昧的印象，从文化上寻找根源，与其典型的中性文化有关，而其中性文化又与其集团主义的等级制度、追求“和”“合意”等文化特点密切相关。

六、“町人根性”与实用主义外交

（一）“町人根性”的形成与特点

町人主要指形成于日本德川幕府时代的从事商业活动的阶层，也有人指称掌握商业资本的商人。初期町人地位低下，位列“士农工商”四民中最末，但后来他们利用自己所掌握的经济优势，对幕府当权者施加影响，逐渐提高了自己的政治地位和影响力，以至于出现了“大阪富商一怒，天下诸侯皆惊”的局面②，并在这个过程中形成了与其社会身份相适应的社会心理，即“町人根性”。③ 但是随着西方文明对日本的全面接触以及明治维新后等级制度的废除，日本社会的各阶层发生分化重组，价值观念也随之发生了许多变化，“町人根性”已悄然扩展至全社会范围，成为近代日本国民性的特点之一而被美国等西方社会所诟病、质疑。④

关于“町人根性”的特点，有人归纳为思想灵活、精于算计、重利轻义、为达目的不择手段等；也有人指出，“町人根性”的最大特点就是实

---

① 尚会鹏、刘曙琴：《日本文化与日本外交》，《日本学刊》2003年第3期，第83页。

② ［日］源了圆：《德川思想小史》，日本中央公论新社1981年版，第98页。

③ 张震：《试析文化因素与日本对外政策的相关性》，《解放军外国语学院学报》2003年第1期，第115页。

④ 张小龙：《西方视野中的近代日本国民诚信度问题：以“町人根性”为中心》，搜狐网，2017年11月13日，https://www.sohu.com/a/204027529_501394。

力主义，其外在表现就是无原则性和注重实用性①；还有人指出“町人根性”的突出特征在于契约意识的缺失，缺乏商业诚信精神②。这些不同措辞的描述并不相互矛盾，而是从不同侧面向我们揭示了日本“町人根性”的本质特点：（1）从目的角度来看，重利轻义，注重实用、实利；（2）从方法角度来看，灵活多变、精于算计、缺乏诚信和契约精神；（3）从价值判断上来看，“町人根性”因内心缺乏绝对的道德标准，因而具有无原则性，从众心理强，只要大家同意的就是对的，大家不同意的就是不对的。这些“町人根性”在日本的对外交往中均有鲜明的体现，也曾深刻影响了日本的国家形象和外交关系。

（二）“町人根性”的对外体现

1. 契约精神的缺失：遭到美国等西方国家的诟病

英国外交官阿礼国于1862年在其《大君之都》一书中写道：“东方人中最不诚实、最奸诈者无过于日本商人”，往往一包丝绢只有外面几束质量出色，里面就掺杂着粗糙的料子，一桶油下面一半是水……，“以最狡猾的方式和良品混在一起”。纽约商人兼美国首任驻日总领事汤森德·哈里斯多次谴责日本商人说：“日本人集体如此热衷于说谎，而无人抱怨谎言带来的不便，可见日本人一定能从说谎中找到乐趣。”③

2. 绝对道德的缺失：变幻莫测的外交政策

“町人根性”的无原则性，导致日本人的多元价值观念呈现多元不一的特点，即他们认为不存在唯一正确的思想体系，世上也不存在绝对的正义，对错的判断标准，就是看大家的意见，只要大家都同意，只要符合大家利益，就是正确的，就可以顺大意、随大流，没必要为对错或抽象的理论而争得面红耳赤，有伤“和为贵”的理念。正如日本中根

① 张震：《试析文化因素与日本对外政策的相关性》，《解放军外国语学院学报》2003年第1期，第115页。

② 张震：《试析文化因素与日本对外政策的相关性》，《解放军外国语学院学报》2003年第1期，第115页。

③ 王子铭：《奸诈、狡猾、不诚信：日本商人曾被世界蔑视》，2017年12月22日，https：//baijiahao. baidu. com/s? id = 1587456935020011000&wfr = spider&for = pc。

千枝所言，“日本文化不存在完全独立的框子、形体和骨架……日本像是一个软体动物”。[①]

这种“町人根性”的无原则性，反映在对外关系方面，就是日本不断反转多变的对外政策，令美国等西方国家捉摸不定，如，“德川时代，拥护幕府体制被视为‘正确’，而后来‘尊王攘夷’却取而代之；二战时期，日本大力宣扬‘世界一同’，但战败后，和平民主立刻成为日本至高无上的奋斗目标；日本战败后，日本人对美国占领军给以积极配合，日本天皇专程拜访麦克阿瑟元帅，这种 180 度大转弯令美军大吃一惊，手足无措”。[②]

3. 实用主义：经济外交的利与弊

“町人根性”反映在对外交往方面就是大搞经济外交。所谓经济外交“就是指以实现各种经济利益为目的，借助经济手段而进行的外交活动”。[③]二战以后，“经济外交不仅被日本政府当作追求经济利益的手段，而且被用来弥补其政治、军事外交手段之欠缺，即被用以追求政治、安全上的目的，以致于使整个战后日本外交带上了经济外交的特征”。[④] 日本大力开展经济外交，固然与其所处历史条件和战败国的地位等因素有关，但从文化根源上分析，与其“町人根性”的实用主义文化心理不无关系。

20 世纪 50 年代日本开始致力于经济外交，通过战争赔偿、对外援助、贸易和投资等方式，为其开拓海外市场、发展外向型经济，为其国内经济发展，为其“经济安保”、“综合安保”、消除战前日本国际形象、重返国际社会和争当政治大国发挥了重要作用。[⑤] 随着 20 世纪六七十年代日本经济的高速发展，日本人被称为“经济动物”；大规模的对外经济援助，使许多发展中国家认为日本是“富有爱心”的发达国家[⑥]；日本的政治影响

① 上海社会科学院东亚文化研究中心：《东亚文化论谭》，上海文艺出版社 1998 年版，第 86 页。

② 张震：《试析文化因素与日本对外政策的相关性》，《解放军外国语学院学报》2003 年第 1 期，第 115—116 页。

③ 金熙德：《战后日本经济外交的作用及其演变》，《日本学刊》1995 年第 4 期，第 89 页。

④ ［日］渡边昭夫编：《战后日本的对外政策》，日本有斐阁 1991 年版，第 219 页。

⑤ 金熙德：《战后日本经济外交的作用及其演变》，《日本学刊》1995 年第 4 期，第 89 页。

⑥ 刘国华、李阵：《战后日本经济外交及其新动向》，《东北大学学报（社会科学版）》2007 年第 5 期，第 430 页。

力得到了大大提高。可以说，日本的经济外交取得了巨大成就，而“町人根性”的实用主义在其间起到了巨大的心理推动作用，但不可否认，“町人根性”也是日本经济外交的掣肘因素。① 比如，“町人根性”的实用主义、精于算计等特点，伤害了受援国的经济利益和民族感情，使日本经济外交打了折扣。② 20 世纪 50—70 年代，“日本向亚洲各国支付了一定的战争赔偿及准赔偿。但这不是用金钱直接支付，而是先由政府将这笔款项支付给日本企业，再由企业向对象国提供产品和劳务”③。日本的这一操作，一举多得，既处理了战争遗留问题，又节约了外汇，还扩大了出口，推动了日本产业结构升级。④

七、日本的双重性格与其外交的两面性

（一）日本人的双重性格及其对外体现

日本人具有双重矛盾的性格特征，最先对日本人性格做出如此概括的是美国人类学家本尼迪克特。她用“菊花”（日本皇室家徽）与“刀”（武家文化象征）的象征手法，概括日本人的双重矛盾性格，亦即日本文化的双重性。许多学者都认同这一概括：日本人彬彬有礼而又蛮横高傲；顽梗不化而又能善变革新；柔弱温顺而又不轻易受人摆布（服从上级控制）；忠诚宽厚而又心存叛逆和怨恨；真诚良善而又虚荣好面子；军人深受严格训练而又不服管教、敢于犯上作乱；倾慕西方文化而又保持着良好的文化传统；性格温和而又生性好斗；黩武而又爱美；勇敢而又胆怯。⑤日本人的这种双重性格在外交政策上也有明显体现，如依附强权与侵略弱国并存、身份认知困惑、“暧昧外交”与“歇斯底里”式外交反应并存等。

---

① 刘国华、李阵：《战后日本经济外交及其新动向》，《东北大学学报（社会科学版）》2007 年第 5 期，第 431 页。

② 刘国华、李阵：《战后日本经济外交及其新动向》，《东北大学学报（社会科学版）》2007 年第 5 期，第 431 页。

③ ［日］樋口贞夫：《政府开发援助》，日本劲草书房 1986 年版，第 11 页。

④ 金熙德：《战后日本经济外交的作用及其演变》，《日本学刊》1995 年第 4 期，第 94 页。

⑤ ［美］鲁思·本尼迪克特著，唐晓鹏、王南译：《菊与刀》，华文出版社 2005 年版，第 2 页。

（二）依附强权与侵略弱国并存

如前已述，日本外交有恃强凌弱的特点，即依附强权与欺凌弱小同时并存。究其原因，第一，其依附强国，见风使舵，以求自保和发展的外交特点，与日本的岛国特性有关。日本自然资源稀少、长期离群索居、不安定的环境因素、现代世界的晚生后辈，这就决定其在世界格局中的地位只能是一个被动、不断应变、自我调整的国家。日本明治维新就是面对西方入侵、为自保而依据西方模式对自己的传统进行的改造；二战战败后，对美国不是怀恨在心，而是给予积极的配合，从而使自己的经济腾飞。第二，与日本的文化弱体性有关。近代以前的日本处于儒家文明的边缘而非中心，因而其文化具有较大兼容性，容易吸收外来文明而改变自己。所以面对强权国家文化的入侵，能很快与之协调，并不会造成国内的巨大震荡或抵抗。第三，对强权强国隐忍趋附，甚至卑躬屈膝，但对弱势弱国则欺凌霸权、大肆发动侵略战争，这与日本的武士道精神内核刚好呼应。“武士道一方面崇尚武力，崇拜偶像，对强者恭顺、忠诚；另一方面对弱者凶狠、野蛮。因为对强者的恭顺势必导致内心的压抑，为寻求平衡、发泄压抑，转而欺凌弱小。”① 日本外交的这种两面性，从心理学角度分析，就是补偿心理作怪，即在强权中丧失的，要在弱势中找到补偿，以此求得心理平衡。这显然是一种消极、不良的心理补偿作用，给亚洲国家造成了巨大灾难和伤害。

（三）身份认知困惑

日本外交的两面性，还表现在对自己身份认知的困惑上：是脱亚入欧，还是回归亚洲？是“亚洲的西方”，还是“西方的亚洲”？日本徘徊不定。一方面，早在1885年福泽谕吉发表《脱亚论》一文，日本便开始了脱离亚洲转向西方化的道路，并通过甲午战争实现了“脱亚”，通过日俄战争成功“入欧”。20世纪三四十年代又打着“大东亚共荣圈”旗号，称雄亚洲，结果以1945年战败告终，但给亚洲各国带来深重灾难。二战后，

---

① 王锦花：《文化对日本外交的影响》，《日本问题研究》2005年第3期，第49页。

唯美国马首是瞻，以“西方一员”或“自由民主主义国家的一员”大搞“价值观外交”，试图融入西方世界，被亚洲国家嘲讽为“外黄里白”的“香蕉人”。另一方面，日本终究是一个亚洲国家，人文地理无不与亚洲各国密切相关，且亚洲各国经济发展速度很快、市场巨大，日本的未来发展不可能脱离亚洲，脱离亚洲不仅会给其国家利益造成损失，“入欧”后的日本也只能屈居西方一员小将，忍受文化上的疏离感和自卑感。[①] 日本外交一直在脱亚入欧与回归亚洲之间摇摆、徘徊，陷入自我身份认同困境而不能自拔。

（四）“暧昧外交”与“歇斯底里”式外交反应并存

日本外交的两面性还表现在日本外交的暧昧性与歇斯底里并存。如前所述，日本外交经常会体现出暧昧外交的特色，但同时也常常会出现“歇斯底里”式的外交特征。

集团主义文化或中性文化的人，具有很强的隐忍性，同时特别在意别人的看法，也特别会察言观色，对于别人的看法、说法、表情特别敏感，对于别人的嘲讽、羞辱更是难以容忍，当隐忍、压抑或嘲讽超过一定限度时，就会像火山爆发一样情绪爆发，此时给外人的感觉就是“歇斯底里”式的过激反应。日本学者和迁哲郎曾用“静穆的激情”“战斗的恬淡”来形容和概括日本民族的这一双重性格特征。

这种极度隐忍与猛烈爆发的双重性格特征，反映在外交领域就是：人们除了可以感受到日本的沉默外交、模糊外交、暧昧外交，时常也会看到日本的情绪外交，即不以理性判断为基础而是受某种情绪支配，做出一些非理性、非常规、难理解的外交行为。正如日本平间洋一所言：“日本人平时国家观念、民族意识比较淡薄，但非难和侮辱一旦超过一定限度，或者一旦切身感到生存威胁的时候，便会无视合理性计算和力量的对比，出现一种强烈的国家意识，爆发一种具有母性国家特征的集团性歇斯底里，

① 王锦花：《文化对日本外交的影响》，《日本问题研究》2005 年第 3 期，第 50 页。

会表现出超越限度的猛烈抵抗，释放出巨大的能量。”① 二战中为德军的闪电战所迷惑而仓促参加三国同盟的经过；二战中日本利用武士道精神组织“神风特攻队”，实施“一亿玉碎”（全民皆战死）、“十死零生”（不是九死一生，而是宁死不活）的自杀式袭击的做法，都带有日本式“集团歇斯底里症”的特征。②

八、武士道精神与日本军国主义外交

（一）武士道的思想渊源

日本的武士道，是指日本封建时代武士阶层在其职业和日常生活中所必须遵守的道德规范和价值理念，简言之，是指武士的训条、因武士身份而来的义务。作为封建制度的产物，“武士道，如同它的象征樱花一样，是日本土地上固有的花朵，它并不是保存在我国历史的植物标本集里面的干枯了的古代美德标本。它现在仍然是我们中间的力量与美的活生生的对象”。③

新渡户稻造在其《武士道》一书中指出，武士道的思想内容与中国的孔孟之道、日本的神道教以及佛教等相关思想观念具有渊源关系。其中，佛教思想带给武士道的影响主要是“平静地听凭命运的意识，对不可避免的事情恬静地服从，面临危险和灾祸像禁欲主义者那样沉着，卑生而亲死的心境”；神道教为武士道提供了忠君、爱国的思想和敬祖、孝敬父母的伦理观念；孔孟儒学思想为武士道提供了最为丰富的思想源泉。④

（二）武士道的基本规范

根据新渡户稻造的《武士道》，我们可以知晓，日本武士道的基本规范主要包括义、勇、仁、礼、诚、名誉、忠义、克己、切腹等内容。

① ［日］平間洋一：《日本の外交政策に及ぼす民族性の影響》，外交政策决定要因研究会编：《日本の外交政策決定要因》所收，1999 年，第 248—250、255 页。

② 尚会鹏、刘曙琴：《日本文化与日本外交》，《日本学刊》2003 年第 3 期，第 78—79 页。

③ ［日］新渡户稻造著，张俊彦译：《武士道》，商务印书馆 1993 年版，第 13 页。

④ ［日］新渡户稻造著，张俊彦译：《武士道》，商务印书馆 1993 年版，第 18 页。

为实现个人于集体或团体的价值，每位武士要履行武士之道即上述美德，竭尽全力发挥自己的能力和价值，并以“毫不留念的死，毫不顾忌的死，毫不犹豫的死”来实现最高的荣誉。

义，“是武士道准则中最严格的教诲”；是“勇的对手，是决断的心”，“毫不犹豫的意志”；是“应该死的场合就死，应该攻讨的场合就攻讨”；是“率真而正值”的“节义”；是义务的派生词，也是“对父母、长上、晚辈，对一般社会等所负的义理”，是社会舆论期待你去履行的一种义务感，是“正义的道理要求和命令我们去做的”“绝对命令”。①

勇，即“敢作敢为、坚忍不拔的精神”，“就是去做正义的事情”的勇气，同时要有高强的武艺。“见义不为，无勇也。”“匹夫之勇”不是勇，“只有该活时活，该死时死，才能说是勇”。②

仁，即恻隐之心，为使武士不至成为黩武主义的武夫，而要求武士具有宽容、爱心、同情、怜悯的美德。但是武士的仁爱，“并非盲目的冲动，而是适当地考虑到了正义的仁爱，而且并不仅仅是某种心理状态，而是在其背后拥有生杀予夺之权的仁爱”。可知，武士的仁爱是一种为完成政治使命的有目的仁爱。③

礼，就是要求武士要有礼貌，而真正的礼貌不仅仅是举止的风度，更是对他人情感给予关怀、同情的外在表现。④

诚，就是要求武士保持诚实可信，杜绝撒谎、失信；同时要摆脱来自诸如商人阶层之类的诱惑。⑤

名誉，过去用“名”“体面”“名声”等词语表示名誉的意思，指“包含着人格的尊严及对价值明确的自觉”，它与成功、羞耻感等紧密关联，是为赢得社会普遍尊敬和好评而持久追求的价值目标。对于武士而言，名誉即使只是“虚荣或世俗的赞赏，也被珍视为人生的至善”，为了

---

① ［日］新渡户稻造著，张俊彦译：《武士道》，商务印书馆 1993 年版，第 23—24 页。

② ［日］新渡户稻造著，张俊彦译：《武士道》，商务印书馆 1993 年版，第 26—27 页。

③ 牛翠萍：《透过日本文化看日本外交》，《边疆经济与文化》2008 年第 6 期，第 76—77 页。

④ ［日］新渡户稻造著，张俊彦译：《武士道》，商务印书馆 1993 年版，第 36 页。

⑤ ［日］新渡户稻造著，张俊彦译：《武士道》，商务印书馆 1993 年版，第 42—46 页。

功成名就或免于受辱，甘愿吃苦受罪，经受严酷考验，甚至舍弃生命，但要具有分清是非、保持忍耐和坚忍的品行。[①]

忠义，即“对长上的服从和忠诚”，它是“存在于各种境遇中的人们之间道德的纽带”，是武士必须恪守的信条，具有至高无上的重要性。当忠孝发生冲突时，选择“忠”而放弃“孝”，因为效忠天皇、服从天皇，是最高的道德、自豪的荣誉。“国家先于个人而存在，个人是作为国家的一部分及其中的一部分而诞生出来的，因而个人应该为国家，或者为它的合法的掌权者，去生去死”。[②]

克己，即要求武士要克制自己的私欲，不能被欲望左右信念；要学会忍受痛苦和压抑感情，这样才能侍奉君主，保护领国领民。[③]

切腹与报仇。当丧失名誉、遭受耻辱时，富有功名心的武士就会选择切腹自杀。切腹的逻辑就是：剖心即打开灵魂的宝库，给你看看它的清白和忠诚。“对于真正的武士来说，急于赴死或以死求媚同样是卑怯的”，自杀“是法律上和礼法上的制度，作为中世纪的发明，它是武士用以抵罪、悔过、免耻、赎友，或者证明自己忠实的方法”。[④] 至于武士道的报仇制度，新渡户稻造指出：“在没有刑事法庭的时代，杀人并不算犯罪，而只有被害人亲属的蓄意复仇，维持了社会的秩序。”为主君报仇、为长上或恩人报仇，才算是正当的，“对施加自己本身或者妻子的损害，则应忍受而且宽恕”。[⑤]

（三）武士道精神在军国主义外交政策中的负面作用

据“百度百科”查询，日本武士道发端于日本中世纪的内战中，消亡于二战的正义之烈焰下。有人说武士道精神形成了日本军国主义外交，也有人说武士道本身并没有正邪之分，它有积极的一面，也有消极的一面，但在日本走向法西斯的过程中，它却起到了很大负面作用，它为近代日本

---

① ［日］新渡户稻造著，张俊彦译：《武士道》，商务印书馆 1993 年版，第 47—50 页。
② ［日］新渡户稻造著，张俊彦译：《武士道》，商务印书馆 1993 年版，第 51、52、54 页。
③ ［日］新渡户稻造著，张俊彦译：《武士道》，商务印书馆 1993 年版，第 62—65 页。
④ ［日］新渡户稻造著，张俊彦译：《武士道》，商务印书馆 1993 年版，第 67、72 页。
⑤ ［日］新渡户稻造著，张俊彦译：《武士道》，商务印书馆 1993 年版，第 67、72、74 页。

军国主义推行侵略扩张的反动政策，提供了有效工具和重要精神支柱作用。

首先，我们从近代日本军国主义外交政策的一系列话语中可以看到武士道的忠、义、勇、名誉、切腹等思想、训令的负面体现。如：日本军国主义者称自己的侵略军队为“发扬国威，保护国家而设置”；他们推行侵略政策，却打着保卫“国家利益”“民族利益”的幌子；以“全民总动员”“尽忠报国”“效忠天皇”“真正的仁爱”等武士道话语，鼓动日本国民参加侵略战争，并心甘情愿地献出生命、财产以及名誉，为大和民族服务。①

其次，据“百度百科”查询，武士道虽然训导武士要信守各种德目，但实际上，武士道的历史充满了血淋淋的杀戮（中世纪平安时代的原氏家族亲兄弟骨肉相残，战国时代的杀父、杀主君、杀兄长、杀亲子等事例比比皆是），特别是在侵略中国、朝鲜等亚洲国家时，日本兵的行为便极其残忍血腥。

最后，二战中一些日本军人的集体自杀或自杀式的攻击，并非因为输不起或因失败感到羞耻，而是因为他们有樱花情节。在日本，樱花是武士的象征②：单个樱花虽然漂亮，但敌不过成片开放的樱花，这象征了武士的集团精神；刹那盛开、转瞬凋零的樱花，象征了武士的生命观。樱花花期不长，只有一周左右，漫山遍野的樱花，如云霞般绚烂夺目，但它会在一夜之间全部凋谢，没有一朵留恋枝头。这像极了日本武士所崇尚的精神境界，即在片刻耀眼的美丽中达到自己人生的顶峰，然后毫无留恋地结束自己的生命。③

总之，日本的集团主义、等级制度、“甘え”、“御上”、中性文化、耻感文化、“町人根性”、双重性格、武士道等文化因素，对日本的外交政策、对外交往等都产生了深刻的影响。当然，影响日本外交政策的文化因素不止上述所论，尚有许多其他因素，也对日本的外交政策、对外交往起到了影响作用，我们了解分析日本文化与日本外交的关系，有助于我们准

① 牛翠萍：《透过日本文化看日本外交》，《边疆经济与文化》2008 年第 6 期，第 77 页。

② ［日］新渡户稻造著，张俊彦译：《武士道》，商务印书馆 1993 年版，第 13 页。

③ 金文学：《东亚三国志：中、日、韩文化比较体验记》，中信出版社 2006 年版，第 152 页。

确解读并预测日本的外交政策，进而实现我们睦邻友好、维护世界和平、促进共同发展的外交政策。

第四节 国际交往中存在的问题

一、文化差异突显，矛盾冲突增多

由于通信技术的发展，国际交往日益增多，加速了全球化的发展，这给人类发展带来了积极作用，同时也带来了消极作用。从积极方面来说，全球化推动了生产力的提高，促进全球经济更快发展，各国之间能够资源互补、优势互补等；从消极方面来说，全球化也导致了矛盾、冲突增多。随着国际交往范围的扩大和日益复杂，文化的差异更加明显，不同国家地区和民族因其文化制度、文化习俗、文化观念不同，对全球化做出不同的反应、不同的认可、不同的选择，从而发生文化的冲突。加上不同民族、国家或地区的政治、经济、文化、军事、科技的力量对比悬殊，使得像美国这样的发达国家可以借助其强势的力量推行文化霸权，进而与极力维护自己文化建设和发展的民族文化发生冲突。

（一）英语与母语的冲突

全球化造成了弱势民族的语言濒危现象。据统计，在全世界现存的6000多种语言中，超过1000种语言处于极度濒危和严重濒危状态。与此相反，英语在不断国际化，也因此获得了“语言入侵”“文化入侵”“精神污染”的恶名。为了抵御英语的霸权主义，弘扬本国文化和表现本土生活方式，菲律宾改变几十年推广英语的做法，于1993年8月8日推出了双语政策，规定学校使用两种语言教学。品质教育、社会学、艺术等使用他加禄语，英语用于自然科学教学和国际交流。①

① 姜亚军：《英语姓什么》，《读书》1998年第11期，第141页。

（二）美国流行文化独霸全球市场，文化多样性受到威胁

美国流行文化几乎独霸全球市场，文化多样性受到威胁。据“百度百科”查询“文化全球化”一词，美国《华盛顿邮报》的一篇文章《美国流行文化渗透到世界各地》指出，美国最大的出口产品不再是地里的农作物和工厂制造的产品，而是批量生产的流行文化：电影、电视、音乐、书籍和电脑软件。法国作家克洛德·卡雷尔说，欧美之间“正进行着一场真正的影视大战”，因为双方的“文化体制截然不同”。美国文化“追求商业性”，甚至“不择手段”地追求“征服世界的目标”。西班牙巴塞罗那历史学教授罗曼·古贝尔恩也尖锐地指出，美国文化产业的逻辑是，“以更多的银幕、更多的频道、更多的播放时间”来“增加”全球文化市场“对好莱坞的依赖程度”。美国的这种霸权主义传播手段，不仅导致了欧美文化交流领域内的严重失衡，对发展中国家来说也是一种强夺。阿根廷著名电影导演费尔南多·索拉纳斯说，美国影视文化“狂轰乱炸”导致第三世界国家“无法展示自己的形象”，文化多样性正在世界范围内受到威胁。

（三）网络文化的冲突

1. 网上语言“文化战”

据统计，网络语言信息英文占97%，法文占2%，中文只占千分之几。网络语言的这种不平衡，导致英语与非英语国家之间在网上展开捍卫本国语言文化的“文化战”。如法国政府明确提出要在互联网上捍卫法语文化；1998 年中国也启动了数字图书馆工程。

2. 网络传播技术的控制与应用，对民族文化形成挑战

网络传播技术是现代工业和信息技术发展的产物。如何应用网络传播技术，如何控制网络传播渠道和传播内容，不仅是技术问题，也是价值取向问题，因而对民族文化构成挑战。因为美国具有世界上最强的传播技术和媒体控制能力，所以它可以按照自己的战略意图，有目的地选择价值内容，从而影响世界其他国家人们的价值取向。

3. 网络信息的价值取向和传播，对民族文化造成冲击

网络传播带有美国色彩的全球化模式，即强调资本主义市场经济的一

体化，强调由此而形成的所谓民主、自由、平等、法治的政治制度和文化价值观念。美国利用好莱坞电影等娱乐业生产的文化产品，在网络上传播美国的世俗生活方式和价值理念，使他国网民在娱乐中“无意识”地认同和接受西方价值观，进而怀疑和否定自己民族的生活方式和行为准则，从而造成人们的价值混乱和精神困惑。

（四）“丛林里的自由法则”对弱国的掠夺

随着全球化的发展，新自由主义成了新的世界主流思潮，追求“平等和公正”不再是国际政治生活的主流，一切让位于全球化，让位于各国间的自由竞争。正如黄树东在《选择与崛起：国家博弈下的中国危局》一书中所言，这种自由竞争，其实就是一个建立在丛林原则上的自由竞争，是强者对弱者的“自由竞争”，资本对劳动的“自由竞争”，强国对弱国的“自由竞争”，是“自由”面纱下强者对弱者的统治和掠夺。在这种竞争中，发展中国家多处于不利地位，发达国家成为全球最大受益者，导致各国贫富差距进一步扩大。全球化的资本亦毫无人性可言，它带来激烈的社会变迁，刺激形形色色意识形态的兴起，也必然伴随社会集团、民族国家之间意识形态的激烈对立和矛盾冲突。[①] 美国是新自由主义的主要推手，对内是强化资本效率和解放资本盈利冲动，对外是在世界范围内实现国家利益、维护霸权。[②]

（五）霸权主义危害全球和平稳定

从国家层面来看，美国从来没有也永远不会从自身利益以外的范围去寻找外交决策的依据和理由，但是美国经常打着“民主、自由、人权”，“反对独裁”“解放被压迫民族”等旗号，去干涉他国内政，围堵、孤立、打压、抹黑他国，动辄经济制裁，封锁、断供、“脱钩”，甚至不惜发动军

---

① 黄树东：《选择和崛起：国家博弈下的中国危局》，中国人民大学出版社 2009 年版。转引自：“全球化”词条，百度百科，https：//baike. baidu. com/item/% E5% 85% A8% E7% 90% 83% E5%8C%96/489841？fr = aladdin。

② 黄树东：《选择和崛起：国家博弈下的中国危局》，中国人民大学出版社 2009 年版。转引自：“选择和崛起”词条，百度百科，https：//baike. baidu. com/item/% E9% 80% 89% E6% 8B% A9% E5% 92% 8C% E5% B4% 9B% E8% B5% B7/1573434？fr = aladdin。

事战争推翻他国政权以实现自己的战略目标，给他国造成人道主义灾难，给世界和平造成危害。[①]

根据美国莫妮卡·达菲·托夫特和西迪塔·库希撰写的《军事干预项目：1776—2019年美国军事干预的新数据集》的研究报告，自美国建国以来（1776—2019年），美国在全球进行了近400次军事干预，仅二战后美国就进行了200多次军事干预。西迪塔·库希表示："数据确实令人惊讶，我们没有料到美国军事干预的数量和严重程度会那样大"，关键是"美国的军事干预并没有实现其传播'民主'的目的"，而且"美国大多数军事干预或多或少都以相同的方式灾难性地结束了"，"美国的军事干预在维护和平方面也是失败的"，"战争的爆发往往伴随着美国官员的到来"。[②] 可见，美国已经习惯于用武力解决其面临的国际问题，美国的军事霸权给世界和平造成了灾难性后果，但是他们却通过文化霸权、话语霸权，丑化"敌人"，美化自己的侵略行为，从而掩盖自己损人利己的真实目的。

二、跨国跨文化交流应该注意的问题

（一）坚持文化创新、文化自信原则，反对文化霸权

"全球化"一词最早出现在20世纪80年代的西方报纸上，1992年联合国日致词时，联合国秘书长加利宣布"世界进入了全球化时代"。

国际交往加速了全球化进程，全球化首先是经济全球化，经济全球化的发展促进了文化的动态分享过程，文化全球化是经济全球化的必然结果。但文化全球化，不应该是文化的"同质化""一元化"或"一体化"，更不是"文化殖民化"和"文化霸权"，而应该是各种文化平等交流，融合互补，百花齐放。

面对文化全球化进程中的"文化霸权主义"或"文化殖民主义"，保护民族文化、维护文化主权，反对"文化霸权"尤为重要。据"百度百

① 《美国外交风格》，全球视野网，http：//www. 360golbal. com/b2b61905/。

② 尹茗聪：《美国军事霸权主义危害全球和平稳定（深度观察）》，广西新闻网，2022年10月10日，http：//www. gxnews. com. cn/staticpages/20221010/newgx63439112－20917777. shtml。

科”查询，文化主权是指现代民族国家将本民族文化的习惯、信仰和价值观念上升为国家意志。文化主权所认同的文化，来自于对民族文化优秀传统的继承，来自于对外来文明之精华的吸收，更来自于有利于民族生存发展的文化创新和整合。这是我们反对文化霸权，坚持文化自信，敢于斗争，勇于斗争，消除发展不平等、不公正性的基础。

文化全球化是一个历史进程，任何民族只有积极融入文化全球化，在文化全球化中创造自己民族文化的新特色，向世界奉献民族文化新特色，才能共同构建全球文化新体系。

（二）坚持文化相对主义原则

不同民族的文化都是其为适应生存环境，为实现其生存和发展的目标，而形成的社会有机体，它们是人类智慧的结晶，人类社会的宝贵财富，因此它们有同等的生存权利，都值得保护和理解，而不应该对其抱有偏见和歧视，更不能打压、抹黑，甚至武力消灭或改变，那样做是对人类文明的摧残和破坏。

（三）坚持文化多样性原则

文化差异是文化多样性的体现，文化多样性对于人类而言，就像生物多样性对维持生物平衡那样必不可少，而且文化多样性是交流、革新和创作的源泉，正如澳大利亚商学院市场营销系教授塔妮娅·布契奇所说：“文化的交流与互动具有很多积极意义。多元文化视角可以激发创造力，推动创新。比如，在国际化的团队中，人们可以从不同的视角看待问题，提供不同的解决思路。企业采用多元化人员构成方式还能加速其产品打入国际市场的过程”，因为只有了解目的国的法规和习俗，才能制定更容易获得目的国民众青睐的营销策略。此外，企业的文化多样性有助于建立更具竞争力的人才库。对于员工个人来说，尊重和理解文化多样性，有助于构建国际化视野，建立更为广阔和谐的人际网络，助推职业发展。① 从国

① 赵琪：《全球化促进文化交流与互鉴》，2021 年 9 月 17 日，https：//baijiahao. baidu. com/s？ id = 1711134997549365285&wfr = spider&for = pc。

家层次来说更是如此，中国之所以能在短时期内取得举世瞩目的巨大成就，归功于我们对中西文化的积极主动的弘扬、吸纳和创新。从国际交往层面来说，很多全球性问题需要各国通力合作、贡献多元文化。所以文化多样性是人类的共同遗产，是人类应对当前和未来各种挑战的宝贵经验财富，我们应该在相互信任和理解氛围下，尊重文化多样性，宽容、对话及合作才是人类进步、国际和平与安全的最佳保障之一。

（四）坚持文化反思原则

每个民族的文化都有其弱点或糟粕，文化间的相互理解，需要各自有反思意识。一味地甩锅、指责、围堵、孤立、打压、歪曲、挑拨、离间别人，而不反省自己，只会破坏国际社会的公平正义，造成国际社会的混乱，进而引发政治冲突。自我反思可以帮助和促进文化间的谅解和合作，只有通过理性的思考和认真的相互审视，通过对话、交流、合作等，国际社会才能和平共处，有序发展。

（五）坚持主体间性原则

主体间性是哈贝马斯在其《现代哲学的话语方式》一书中提出的哲学概念。所谓“间性”就是交互性、相关性、统一性，也可理解为“你中有我，我中有你”的关系；而主体间性，是指主体与主体之间相互平等、尊重、理解、沟通的“主体—主体”的交互关系，而非“主体—客体”的控制征服关系，即某一主体把交往对象或另一主体当作对立、控制、征服的对象的非平等、民主、对话的关系。主体间性理论被运用到国际交往、国际关系的研究上，就是“国家主体间性”的研究，也即研究国际交往应该以“跨界”（跨国、跨文化、跨民族、跨学科、跨语言、跨性别年龄之界限）思维来研究问题，应该意识到现在的世界已经是“你中有我，我中有你”的多元文化格局，应该提倡“国家主体间性”原则，通过“互为主体”的平等关系，“互为主观”的民主对话，进行现代世界全球性的物质和精神交往。

（六）国际话语权问题

无论是网络文化战、流行文化战，还是经济、军事、文化的霸权主义，都与国际话语权的不平衡有关系。国际话语权也是国家文化软实力的重要组成部分，它的强弱与国家的政治、经济、文化、军事、科技等综合实力的强弱有关，但国际话语权的提升不是随着国家综合实力的提升而自动提升，它作为国家软实力的一部分，需要国家的顶层设计，需要全民意识的提高和规范支持。

总之，在跨国跨文化交流中，文化差异普遍存在，文化差异导致的偏见、隔阂、矛盾、冲突也随着全球化的进程而日益增多。如何看待文化差异，如何应对文化全球化的各种文化问题？2014 年习近平主席出席纪念孔子诞辰 2565 周年国际学术研讨会时发表重要讲话，他指出，正确对待不同国家和民族的文明，正确对待传统文化和现实文化，是我们必须把握好的一个重大课题。我们应该注重坚持以下原则：一是要维护世界文明多样性。我们应该维护各国各民族文明多样性，加强相互交流、相互学习、相互借鉴，而不应该相互隔膜、相互排斥、相互取代，这样世界文明之园才能生机盎然。历史反复证明，任何想用强制手段来解决文明差异的做法都不会成功，反而会给世界文明带来灾难。二是要尊重各国各民族文明。本国本民族要珍惜和维护自己的思想文化，也要承认和尊重别国别民族的思想文化。每个国家、每个民族不分强弱、不分大小，其思想文化都应该得到承认和尊重。三是要正确进行文明学习借鉴。对人类社会创造的各种文明，都应该采取学习借鉴的态度，都应该积极吸纳其中的有益成分，使人类创造的一切文明中的优秀文化基因与当代文化相适应、与现代社会相协调，把跨越时空、超越国度、富有永恒魅力、具有当代价值的优秀文化精神弘扬起来。四是要科学对待文化传统。要坚持古为今用、以古鉴今，善于把弘扬优秀传统文化和发展现实文化有机统一起来、紧密结合起来，在继承中发展，在发展中继承，坚持有鉴别的对待、有扬弃的继承，努力实现传统文化的创造性转化、创新性发展。①

---

① 侯润芳：《习近平：要维护世界文明多样性》，人民网，2014 年 9 月 25 日，http：//culture. people. com. cn/n/2014/0925/c22219 –25729911. html。

第四章　国际交往中的话语权竞争[①]

纵观冷战以来的国际形势，随着全球化的发展，世界各国都被卷入到一个统一的全球化体系中来。在国际社会相互依赖日益深化、全球一体化水平不断提高的同时，世界多样性、多极化也在呈现不可阻挡的强化趋势。受此影响，国际政治权力斗争不仅围绕军事实力、经济实力等传统硬实力资源展开，还围绕着价值观、社会制度、社会文化、新科技革命等软实力资源展开。无论是硬实力竞争，还是软实力竞争，在世界多样性和碎片化的过程中，有关各方把角逐国际话语权和合法性摆到日益重要的地位，围绕话语权展开的竞争越来越成为当今国际政治中的一个重要现象。诸如恐怖主义的概念界定、国际人权准则和人道主义干预、气候变化和国际温室气体减排标准、汇率争端和国际金融改革方案以及在利用核能与反扩散等问题上的争斗，几乎无不首先表现为国际话语权之争。无论是美国、欧盟、俄罗斯等处于国际政治舞台中心的大国和国际组织，还是原先不属于国际政治游戏场中的跨国公司、非政府组织、媒体，无不把谋求左右国际舆论导向的话语权作为角逐的主要目标，并积极谋求将自己的特定话语权巩固为国际社会普遍接受的游戏规则。从某种程度上说，国际政治已经变成了“话语权政治”。[②]

---

① 本章内容主要摘自朴钟锦：《外交语言概论》，中国财政经济出版社 2021 年版，第 48—113 页。

② 赵可金：《软战时代的中美公共外交》，时事出版社 2011 年版，第 19—20 页。

第一节　国际话语权与话语权外交

一、国际话语权的概念

关于国际话语权的定义，学术界有三种不同观点。

（一）国际话语权：国际话语的权力

许多学者认为话语权是指说话的权力，该权力能以非暴力、非强制的方式改变他人的思想和行为。

张志洲认为：话语权的本质不是“权利”，而是“权力”。换言之，话语权不是指是否有说话的权利，而是指通过语言来运用和体现权力。有“话语权”，便会有“国际话语权”。“国际话语权虽然体现在政治、外交、经济、文化、传媒等各个领域，但它在本质上反映的是一种国际政治权力关系，它的主体则是各种国际行为体，尤其是民族主权国家。如果从国际关系现实主义的视角来看，既然是作为国际政治权力关系的一种反映，国际话语权的背后必然是国际行为体间的利益关系，国际话语权之争归根到底就是国家利益的博弈。”①

韩方明认为：“话语权指的是一种权力，而非如一些中文媒体望文生义地认为的那样，是一种‘权利’。换言之，话语权不是指有没有说话的权利，而是指话语背后体现着权力关系。福柯的这些‘后现代性’阐述，突破了人们关于权力的传统概念，奠定了话语权的理论基础。不过，话语权问题之所以在今天特别凸显，在于它走出了福柯那些晦涩的后现代学说，而在实际的社会关系和国际政治中被人们深切地感受到，特别是成为了国际政治和外交关系中国家之间‘斗争的手段和目的’。”②

① 张志洲：《中国国际话语权的困局与出路》，《绿叶》2009 年第 5 期，第 76—77 页。

② 韩方明：《公共外交概论》，北京大学出版社 2011 年版，第 95 页。

王啸认为“国际话语权”是指“主权国家通过正式外交、媒体传播、民间交流等渠道，将蕴含一定文化理念、价值观念和意识形态等因素的话语渗透到国际社会中，使其他国家自愿接受并认同的能力”。[①]

吴贤军认为国际话语权是指国际关系中掌握了一定资源、知识和规则的国际行为体，通过各种话语文本表达形式而对外产生的、足以改变其他行为体认识和行动的能力。拥有国际话语权意味着能按照自己的利益来设置议题，制定标准和规则，评判是非曲直，引导舆论走向，占据道义制高点，从而塑造良好国家形象，在国际竞争中占据优势地位，更好地维护国家利益。[②]

（二）国际话语权：国际话语的权利

另一些学者则认为，话语权是人们为了表达思想、进行言语交际而获得和拥有说话机会的权利。梁凯音认为：“国际话语权是指以国家利益为核心、就国家事务和相关国际事务发表意见的权利。它体现了知情权、表达权和参与权的综合运用。它包括对国际事务、国际事件的定义权和对国际标准、国际规则的制定权，以及对国际事件、国际活动的评议权、裁判权。掌握国际话语权的国家，可以按照自己的利益和逻辑，在国际社会的大家庭中尽可能自由地表达和传播自己的立场、主张，为本国谋取国际关系的优势地位，为本国争取国际活动的主动权。”[③]

张国祚认为:“话语权就是说话权、发言权，亦即说话和发言的资格和权力。这样的话语权往往同人们争取经济、政治、文化、社会地位和权益的话语表达密切相关……主要是指关系国家生死存亡的意识形态主导权。”[④]

白祖偕的相关定义也反映了这种观点。他认为：“国际话语权”使之

---

① 王啸：《国际话语权与中国国际形象的塑造》，《国际关系学院学报》2010 年第 6 期，第 58 页。

② 张志军：《增强中国国际话语权的思考》，《理论视野》2012 年第 4 期，第 56 页；吴贤军：《基于两种逻辑向度的中国国际话语权构建问题审视》，《东南学术》2015 年第 5 期，第 26 页。

③ 梁凯音：《中国拓展国际话语权的思考》，《中共中央党校学报》2009 年第 3 期，第 109 页。

④ 陈正良、周婕、李包庚：《国际话语权本质析论：兼论中国在提升国际话语权上的应有作为》，《浙江社会科学》2014 年第 7 期。

能够系统地利用“自己”的语言，获得因“语言”所带来的权利，进而形成对自己有利的舆论环境。它不仅是一个主体软实力的重要表现形式，在国际范围内，谁能拥有国际话语权，谁就能有效把握和引导国际范围内的舆论走向。以华文媒体而言，能够抢夺国际话语权，即意味着能在第一时间引导海外有关中国的舆论影响，为中国发展营造出良好的国际舆论氛围。①

（三）国际话语权：既包含话语权利，也包括话语权力

更多的学者认为，话语权具有双重内涵，既包含话语权利，也包含话语权力。

郑杭生对学术话语权的界定体现了话语权双重内涵的观点。他认为，学术话语权就是指在学术领域中说话权利和说话权力的统一，话语资格和话语权威的统一，也就是“权”的主体方面与客体方面的统一。权利着重指行动者作为主体所具有的话语自由；权力则着重指主体作为权威话语者对客体的多方面影响。②

还有一些研究认为，“话语权既是一种说话的‘权利’，也是一种说话的‘权力’。‘权利’意义上的话语权，是一种普惠的说话的资格和能力，即人人有说话的权利，也有不说话的权利。但这种普惠的话语权，对他人的影响力和强制性常常也是软性的，人们可以根据自己的利益好恶选择接受或者拒绝、听从或者不听从。显然，这种话语权，其广泛性与强制力基本上是成反比的。但‘权力’意义上的话语权，很少是一种普惠的权力，更多的是一种强力，是一种专权，并非人人都有这样的话语权，而这种话语权对他人的影响力和强制性常常是硬性的，人们很难根据自己的利益好恶选择接受或者拒绝、听从或者不听从。显然，这种话语权，其专有性与强制力基本上是成正比的”，“从根本上讲，今天人们要争夺和提升的国际话语权，不仅是一种权利，更是一种权力。话语权不是天然的禀赋，而是

① 白祖偕：《华文媒体抢夺国际话语权策略分析》，《新闻研究导刊》2015 年第 19 期，第 69 页。

② 郑杭生：《学术话语权与中国社会学发展》，《中国社会科学》2011 年第 2 期，第 27 页。

争取甚至斗争的产物”。①

檀有志也持这种观点，他认为：“话语权具有话语权利和话语权力的双重内涵，话语的权利表达的是对话语运用的‘资格’和‘好处’，话语的权力则表达的是对话语支配的‘能力’和‘程度’。较之话语权利，话语权力无疑才是话语权的关键内核。”“话语权并不是指一国的语言被作为外语的普及程度，而是指通过话语所包含的概念、逻辑、价值观、意识形态等因素所产生的影响力。”② 话语权利主要强调的是话语的传播进程，而话语权力则着眼于话语的传播效果。话语权还包括说什么、怎么说、对谁说、谁来说、在哪说。③

张剑荆认为：“话语权的提升虽然也包含着一种语言地位的提升，但是更为主要的，是指将本位价值推广为世界价值。话语权的提升，在意识形态方面表现为对平等的诉求，对国际关系民主化的诉求。就这方面来说，话语权是一种权利。但是，作为一种权力，话语权的提升，实质上是国家利益的伸张。在这一过程中，一个容易出现的问题是民族利己主义的泛滥。伴随着这一过程的，往往是用美好言词包装起来的极端民族主义。历史一再上演这样的悲剧。例如英国，1851 年的大英博览会之后，出现的是帕默斯顿时期的帝国主义。”④

陈正良、周婕、李包庚认为：“国际话语权不仅是一个国家在世界上‘说话’的权利，更是指‘说话’的有效性和威力（影响力）。它内含了一国对国际议程的设置能力、政治操作能力、对国际舆论的主导控制能力与理念贡献能力，对国际事务或国际事件的定义、各种国际标准和游戏规则的影响能力，以及对国际事务的主导权、市场定价权与利益分配权等，其所涉及的内容包括政治、经济、军事、文化、外交、传媒等多个方面，本质上体现的是一国在国际社会权力结构中的地位影响力，是一国‘软实

① 中共中央党校省部班课题组：《发出中国的声音：如何进一步提升中国国际话语权》，《中国党政干部论坛》2011 年第 11 期，第 19—20 页。

② 檀有志：《国际话语权竞争：中国公共外交的顶层设计》，《教学与研究》2013 年第 4 期，第 63 页。

③ 檀有志：《国际话语权与公共外交路径》，《对外传播》2013 年第 4 期，第 37 页。

④ 张剑荆：《中国外交进入话语权意识高涨时代》，《南风窗》2008 年第 6 期，第 27 页。

力’的重要组成部分。”①

赵庆寺认为：“话语权不是指一国的语言的魅力，而是指通过话语所包含的概念内涵、论证逻辑、价值理念、意识形态等因素所产生的影响力。国际话语权既是国家主体不可剥夺的‘话语权利’，也是因为存在差异而产生的‘话语权力’，是主体在国际交往中维护、行使、拓展国际话语权利和话语权力的过程。国际话语权作为国家软实力，并不是国家所自然享有或先天赋予的，而是通过主动塑造和国际竞争而获得，其决定着对国际舆论的影响力，决定着一国主导国际事务的权力。因此，国际话语权不仅成为国际竞争的重要组成部分，而且已经成为主导国际关系的战略制高点。”②

二、话语权外交的定义

所谓话语权外交，简言之，是指一国为争取国际话语权而展开的外交活动。其中，外交是广义的外交，是指“主权国家（以及国家联合体）为实现其对外政策目标，以国际法和有关惯例为基础，通过正式代表本国的最高领导人和以专职外交部门为核心的中央政府部门，以及在他们的领导下通过其他半官方和非官方的机构、社会团体以及个人，以通信、访问、会谈、谈判、签订协议等和平方式处理国际关系和国际事务的行动和过程”。③ 其中的“话语权”，本书采用上述所列第三种观点，即话语权包含话语权利。

（一）作为话语权利

在综合上述学者观点基础上，本书认为，国际话语权利主要指：

1. 说话的资格和可能性

这是指一国家根据需要，以国家利益为核心，就国家事务和国际事务发表意见的资格和可能性。如对国家事务和国际事务的知情权、表达权、

① 陈正良、周婕、李包庚：《国际话语权本质析论：兼论中国在提升国际话语权上的应有作为》，《浙江社会科学》2014 年第 7 期，第 78 页。

② 赵庆寺：《创新中国学术话语提升国际话语权》，《中国教育报》2016 年 6 月 29 日第 5 版。

③ 陈志敏、肖佳灵等：《当代外交学》，北京大学出版社 2008 年版，第 5—6 页。

解释权、定义权、定价权、评议权、裁判权、议程设置权等。

2. 对话语应用所能获得的利益

这是指系统地利用“自己”的语言，获得因语言所带来的好处。掌握国际话语权利，意味着可以按照自己的利益和逻辑，在国际社会的大家庭中尽可能自由地表达和传播自己的立场、主张，形成对自己有利的舆论环境，为本国谋取国际关系的优势地位，争取国际活动的主动权。说话的资格和权利象征了对国际关系的平等、民主化诉求的体现。

3. 人人有说话的自由，也有不说话的自由

但这种普惠的话语权利，对他人的影响力和强制性常常是软性的，人们可以根据自己的利益好恶选择接受或者拒绝、听从或者不听从，因此，其广泛性与强制力基本上是成反比的。

4. 国际话语权利必须拥有正当性

这是指必须符合一定的价值标准，如国际法、国家法、外交原则、外交惯例等。

（二）作为话语权力

综合学者的观点表述，我们认为国际话语权作为话语权力，主要是指一国的国际话语能力与国际话语有效性。

1. 国际话语的能力

从国际话语能力来看，国际话语权力主要是指：

（1）话语创新能力。据“360 百科”查询，创新是指以现有的思维模式提出有别于常规或常人思路的见解，利用现有的知识和物质，在特定的环境中，为满足社会需求和理想化需要而改进或创造新的事物（包括产品、方法、元素、路径、环境），并因此能带来一定有益效果的行为。创新能力也可以理解为解决问题的能力。根据创新涉及的行为体，创新能力可分为国际创新能力、国家创新能力、区域创新能力、企业创新能力；根据创新要解决问题的对象，创新能力可分为科技创新能力、理论创新能力、学术创新能力等。国际创新能力可以理解为对国际公共产品的贡献能力、对全球治理和国际社会的理论思想、建议方案的贡献能力、解决国际问题的能力、概念创新能力、议题创新能力等。

（2）话语体系的建构能力。话语体系是话语表达和话语解读的认知语境系统，而认知语境是一个无所不包的文化知识系统，因此话语体系也可以说是一国的文化与文明的载体，而话语体系的建构能力就是指一国文化载体的建构能力。

（3）话语表达能力。其指能准确表达自己的思想、观点、理论、诉求、愿望、情感等的语言组织能力、修辞能力、表述能力、说明能力，包括把自己的创新思想、观点、改革的方案、建议等用恰当的语言表述出来的能力；逻辑性和科学性上的说服能力；自我形象的话语建构能力和辩护能力；国际事务的准确判断和定义能力等。

（4）国际组织、国际规则、国际事务的制度性话语参与能力。其指国际制度、国际规则、国际标准的话语和文本建构能力或把握、控制和主导能力。

（5）话语沟通能力。这是指通过话语沟通和交流，达到观点共识或接近共识的能力，也即求同存异的话语沟通能力，特别是面对舆论攻击、有意或无意的误解和歪曲时的纠错能力，化险为夷、改变他人错误看法的说服能力，还有就国际争端进行调节、调停、斡旋的能力等。

（6）话语的传播能力。主要指通过印刷媒体、数字媒体、电子媒体等的规模和实力，通过媒体传播的内容、途径、方法等软实力，以及由此构成的信息发布、传播能力，国际舆论的建构、引导能力等。

2. 国际话语的有效性

从国际话语的有效性来看，国际话语权力是指发话者的话语被听话者接受的程度和广度，发话者的交际目的是否达到了预期规划等。具体而言：

（1）话语的接受程度，可分为完全认同、基本认同但有分歧、完全不认同即坚决反对、既不认同也不反对、基本不认同但有部分共识。

（2）话语接受的广度，一是话语影响力的全球覆盖面，即有多少国家赞同和基本赞同；二是话语影响力在某一国家内部的各阶层、人口的覆盖面。话语的有效性可以通过对象国官方和媒体等话语反馈情况，即通过倡议、建议、方案的响应度和参与度来了解。

（3）话语影响力的持久性，即在时间维度上保持国际话语影响力的持续性、恒定性或稳定性。

（4）话语的获益性，即因话语的表达而使本国及其他相关国家的国家利益得到伸张的程度，对本国及其他相关国家的增益程度、对人类共同体的增益程度等。

（5）国际舆论的主导权、国际活动的主动权、国际关系的优势地位、领先技术和国际标准的先发优势等；价值观和意识形态的国际社会渗透效果或被认同度等。

（6）对国际事务、国际关系、国际秩序、国际问题等的影响作用，如促进、推动、引导、引领、制止、阻止、牵制、调节、缓和、解决、斡旋、调停等作用和效果。

（三）话语权外交的定义

综上所述，话语权外交就是指，主权国家为实现其外交政策目标，以国际法和有关惯例为基础，通过官方和非官方机构、社会团体及个人，以访问、会谈、谈判、签订协议、沟通、对话、会议、媒体等各种话语交流方式，参与、处理国际关系和国际事务，并为维护、行使、拓展国际话语权利和话语权力（如国际事务、国际问题、国际制度的知情权、表达权、解释权、定义权、评议权、裁判权、定价权、制定权、议程设置权等）而展开的外交活动。

三、国际话语权也应包括语言的使用和传播推广权

有些学者认为话语权并不是指一国的语言被作为外语的普及程度，[①]而笔者认为国际话语权应该包括一个国家的语言选择、使用权和语言的国际传播推广权，这是话语的基本权利和权力。

① 檀有志：《国际话语权竞争：中国公共外交的顶层设计》，《教学与研究》2013 年第 4 期，第 63 页。

（一）语言的兴衰与国家的强弱息息相关

语言是人类最重要的交流工具，也是文化的载体；语言是民族的重要特征之一，人们借助语言保存和传递、传播人类文明成果，因此，语言的强弱是国家软实力的体现。历史证明，语言的兴衰与国家的强弱有关。国家实力强，其语言的国际地位就高；一国语言一旦成为强势语言，又可反过来壮大国家，甚至在国家的实力衰弱之后的相当时期内，强势语言依旧可以在相当程度上延长该国硬实力的影响周期，甚至成为国家实力的主导性因素。如古罗马的强盛造就了拉丁语在古代欧洲的超强语言地位；法兰西的崛起使法语成为了17世纪欧洲的外交用语；英美两国的相继强盛，使英语几乎成了当今的世界通用语。反过来，具有国际地位的语言不仅是国家硬实力最为长久、根本的标记，也是国家发展的有力支撑。如，英美强国造就了英语强势地位，英语强势地位又强化了英美强国。据统计，到20世纪末，英国文化协会在全球设有230个分支机构、138家教学中心，其中“雅思”国际标准化考试已成为最热门的英语水平考试之一。每年约有56万名外国人在英国的语言学校学习，语言教学和语言服务创收达每年130亿欧元。[①] 语言推广的经济效益，无疑为国家硬实力的增强增添了分量，也说明了强势国家与其强势语言具有共生互动的特点，其硬实力所到之处，总是伴随着语言的扩张，而语言的扩张，不仅会传播语言所蕴含的文化价值观，也会带来实实在在的经济效益。[②]

（二）国家主体语言的国际影响力也是国家软实力的重要体现

语言是一个民族和国家不可分割的一部分，它是民族和国家的象征，是一个民族文明的承传载体，因此语言的强弱，不仅关系到一国的经济利益，更关系到一国的文明传承、文化传播，关系到一个国家一个民族的文化吸引力和感召力、政治操控力和科技主导力，关系到一个国家的话语影

① 赵世举主编：《语言与国家》，商务印书馆2015年版，第12—13页。

② 中国人民大学汉语国际推广研究所：《汉语国家推广战略研究报告》，http://www.hantui.org。

响力。所以，国家主体语言的国际拓展，不仅是国家实力的象征，也是国家文化软实力的拓展。英语的国际拓展为英语文化的传播和英语国家文化软实力的提升无疑起到了积极作用。英语的国际拓展表现在如下数据上：900 多年前，说英语的人口仅有 150 万左右，到了 21 世纪初，全球以英语为母语的人近 4 亿，以英语为第二语言的人约 2.5 亿，学英语的人在 10 亿以上，预计到 2050 年，世界一半人口会说英语。① 英语的国际拓展对英语文化的传播及对英语国家的软实力提升作用，表现为如下数据：全球 75% 的电视节目用英语播出，英语媒体主宰全球新闻。美国的美联社为美国 1320 家报社、3400 家广播电台、1000 家私人用户服务；美国的合众国际社为美国本土之外的 1079 家报纸、2246 家其他客户、36 家国家新闻机构提供资讯；英国的路透社为 147 个国家、6500 家报纸服务。全世界主要刊物中 95% 的论文是英语撰写；“托福”“雅思”等考试被称为英美等国家收割世界人才的“收割机”；有人研究，1991—2004 年，英语国家经济增长快于非英语国家，至 2007 年，结果亦同；随着信息技术、计算机技术及网络技术的发展和应用，英语成为网络经济的主要交流工具。② 这些数据和事实都说明，英语的全球化加深了英语国家与外部的联系，为促进美英等国家的经济发展，提升美英等国家的文化软实力，增强其国家话语的国际影响力，无疑起到了有目共睹的显著作用。

（三）西方发达国家的语言外交活动

由于语言的经济功能、文化软实力的作用，许多西方国家为谋求自己的政治、经济、文化等国家利益，千方百计地开展旨在提升本国主要语言国际影响力的各种语言外交活动。

1. 成立语言推广机构，有计划、有步骤、大规模、系统化地开展形式多样的语言文化的海外传播工作③

据“百度百科”查询，法国的法语联盟（1883 年创建，现有 1100 多

---

① 赵世举主编：《语言与国家》，商务印书馆 2015 年版，第 12 页。

② 赵世举主编：《语言与国家》，商务印书馆 2015 年版，第 13—14、25 页。

③ 赵世举主编：《语言与国家》，商务印书馆 2015 年版，第 26 页。

个机构分布于130个国家和地区）、意大利的但丁学院（1889年成立）、英国的文化协会（1934年成立，在全球设有230个分支机构138家教学中心）、德国的歌德学院（1951年成立，遍布78个国家和地区，分支机构144个）、日本的国际交流基金会（1972年成立，21个国家和地区设有22个海外事务所）、西班牙的塞万提斯学院（1991年成立，海外设有30多个机构）等机构在各自国家语言文化的海外传播和文化软实力提升方面都发挥了重要作用。

2. 借语言区概念，建立合作机制，谋求更大发展

为了在竞争激烈的国际环境中谋求发展之道，一些国家将语言和外交巧妙结合起来，借助语言之力，创设国际组织，既维护了相关语言的国际地位，又增强了相同语言国家间的政治、经济、文化、科教、学术等各领域的广泛合作。如法语国家组织（56国）、西班牙语国家高峰会议（20国）、荷语会谈（9国）、突厥语国家高峰会议（6国）、葡语联盟（7国）等。① 其中，据“百度百科”查询，法语国家组织是20世纪60年代在法国总统戴高乐建立“法语共同体”的倡议下建立的。二战后，法语地位下落，影响日益式微。为维护法语的国际地位，1970年21个法语国家在尼日尔签署成立文化技术合作局宪章，标志法语国家组织成立。1986年首届法语国家首脑会议召开，此后每两年举行一次。至今该组织已有56个正式成员国和19个观察员国。该组织已经从一个松散的国际组织发展成为一个功能多元的国际组织，目标锁定也从初期的维护法语国际地位扩展到政治、经济、文化、科技等多领域，为维护法语的国际影响力、提升法语文化软实力、维护国家利益等起到了积极作用。

3. 通过语言的国际教育，培养“亲X派”

如日本的语言推广具有很明显的政治和外交色彩。日语推广工作由日本外务省主导而不是由主管教育的文部省负责。2006年日本外务省曾召开探讨推广日语审议会，强调只有加强推广日语才可能培养“亲日派”的主张。②

---

① 赵世举主编：《语言与国家》，商务印书馆2015年版，第15页。

② 赵世举主编：《语言与国家》，商务印书馆2015年版，第17页。

（四）汉语传播对中国国际话语权提升的重要作用

1. 传播汉语有助于促进世界了解中国，避免误读中国

语言差异是国际交流的巨大障碍、跨文化理解的巨大“认知鸿沟”；语言相通则是不同民族、不同国家之间增进感情、加深理解的友好桥梁。通过汉语的海外传播，让中国走向世界、让世界了解中国，这是避免他国误读中国、促进民族间的相互理解和心灵沟通的最有效途径。“战舰能让别国人民暂时臣服，而让他们理解你的语言却能使大家成为朋友。”①

2. 有助于扩大汉语的经济价值，提升汉语文化的软实力

国家实力增强，对其语言的需求就会增强。中国经济的飞速发展、综合国力的增强，也带来了世界各国的“汉语热”，汉语的国际教育，汉语的文化价值、经济价值也日益突显起来。一方面，我们有义务积极为各国的汉语教育等需求提供汉语服务，以便推广汉语，传播中华优秀文化，提升汉语及中华文化的国际影响力；另一方面，这也有利于推动相关国家与中国的文化、经济交流与合作，促进中国和相关国家的经济发展，为世界经济发展做贡献。②

3. 有助于促进世界语言和文化生态的多样性

联合国教科文组织的《世界文化多样性宣言》提到，文化多样性是交流、革新和创作的源泉，对人类来讲就像生物多样性对维持生物平衡那样必不可少。汉语是世界上最为古老和使用人数最多的语言。它的美妙、它的悠久历史和丰富的文化内涵，使它成为了世界地位最高的国际组织——联合国的官方语言之一。汉语及其所承载的文化构成了世界文化的重要组成部分，维护和发展汉语及其承载的中华文化，有助于丰富和发展世界文化；推广汉语及其承载的中华文化，有利于促进中华文化与其他民族文化的交流、融合与互补，有助于维护世界语言多元化、文化多样性。

---

① 胡沛：《汉语推广热全球》，《华尔街日报》2006 年 9 月 1 日。转引自：赵世举主编：《语言与国家》，商务印书馆 2015 年版，第 32 页。

② 赵世举主编：《语言与国家》，商务印书馆 2015 年版，第 32 页。

4. 满足海外华侨、华人的母语学习需求

有资料显示，目前华侨、华人遍布世界170多个国家和地区，人数达6000多万。加强汉语的海外传播，特别是加强针对海外华人的语言教育，不仅可以培养一大批既懂当地语言和文化，又精通中国母语文化的双语人才，为中国未来的发展打下基础，同时还可以增强海外华人对祖国的向心力、凝聚力，为增强中华文化认同和民族认同提供条件。[①]

5. 提高汉语传播水平和效果

21世纪以来，我国汉语国际推广事业有了很大发展。自2004年在韩国首尔正式成立首家孔子学院，到2020年7月，中国已在五大洲162个国家和地区建立了541所孔子学院和1170个孔子课堂。[②] 这对于扩大汉语的国际影响力和中国文化的软实力、增进世界对中国的了解都发挥了巨大作用。但与中国的经济增长速度、与英语的国际影响力、与世界对汉语的需求相比，汉语的传播速度、规模、模式、效果等还存在很大的发展和提高空间，这是我们提高国际话语权的基本条件。[③]

总之，中国要提升国际话语权，不仅要考虑提升国际话语权力，同时要考虑提升国际话语权利，也要考虑汉语的国际传播问题。

第二节　国际话语权的分类及话语权外交的构成要素和成功模式

一、国际话语权的分类

关于国际话语权的分类或构成要素，不同学者有不同划分，归纳起来，有“二分法”“三分法”“四分法”“五分法”“六分法”等不同分类。

---

① 赵世举主编：《语言与国家》，商务印书馆2015年版，第33页。

② 《关于孔子学院/课堂》，孔子学院/国家汉办官网，2020年7月9日，http：//www.hanban.org/confuciousinstitutes/node_10961.htm。

③ 赵世举主编：《语言与国家》，商务印书馆2015年版，第33页。

（一）“三分法”

张志洲的“三分法”将美国和西方主导的国际话语权分为如下三种类型：一是国际政治话语，以自由、民主、人权等价值观和意识形态为底色，包括“历史终结论”“文明冲突论”“霸权稳定论”“民主和平论”“社会主义失败论”“民主化第三波”“邪恶轴心论”“失败国家论”，以及直接针对中国的“中国崩溃论”“中国威胁论”等等；二是具体国际议题或国际问题上的国际话语，包括气候暖化议题和气候责任、反恐怖主义、反核扩散，以及美国的“重返亚太论”等；三是一系列有关国际政治的新的概念、范畴和表述，如软实力、权力转移等。

王秋彬、崔庭赫的“三分法”则认为国际话语权主要包括以下三个方面内容：一是外交话语表达，即提出核心概念，主导议程设置，指主权国家在国际舞台上提出能够超越本国国家利益、带有全局性的核心概念，并为更多国家接受，成为优势话语，进而引领国际议程设置。二是对外传播能力，即媒体平台、智库、学术机构等非官方传播平台通过输出话语，引领国际舆论。三是国家在国际组织中的参与权与决定权，能够主导或者参与国际规则的制定。①

（二）“五分法”

张胜军根据国际话语权的来源和基础把话语权划分为以下五大类：

第一，基于权力和规则的话语权，指那些来自权力和规则的话语权，包括定义能力和话语规则。如人权、民主、反恐等政治话语权以及主要的经济规则话语权、主要的大宗商品定价话语权、主要的知识产权话语权、主要的证券市场话语权、主要的期货市场话语权、主要的金融机构话语权、主要的货币话语权、主要的信誉评级机构话语权等，基本都被以美国为首的西方国家所掌控。

第二，基于实力和发展的话语权，指因经济发展和综合实力的增强而

① 王秋彬、崔庭赫：《关于加强“一带一路”国际话语权构建的思考》，《公共外交季刊》2015 年第 4 期，第 61—62 页。

带来的经济发展领域话语权。中国经济实力的增长提高了中国在世界经济领域和地区经济事务中的话语权。这是中国具有优势的领域，而且中国在该领域的话语权还有进一步扩大的空间。

第三，基于参与和知识创新的话语权，指因积极参与广泛国际事务，并善于处理各种错综复杂情况，善于创新，善于提出解决问题的方法、方案并做出积极贡献而获得的国际话语权。这些国际事务包括地区和全球事务，也包括对国际组织、跨国非政府组织、国际学术性会议的参与情况以及专业团体、智库和学术共同体的能力和知识贡献情况。

第四，基于外交和联盟的话语权，指以明智的外交和强大的联盟为重要来源和基础的国际话语权。一方面，通过明智的外交活动，宣传国家的外交政策，表达国家的利益诉求，展示国家的地位和实力，进而谋求的国际话语权。外交方式上的务实、灵活、创新，可以成为增强国际话语权的直接手段。另一方面，通过外交建立联盟，在共同的意识形态、价值标准和共同的利益认知基础上，形成联盟成员间的道义或物质上的支持，进而塑造共同的话语权。

第五，基于传播和塑造的话语权，指通过传播和舆论塑造等途径，实现从话语到话语权的转变。一些不为大众普遍接受的话语也会经过密集传播而被“塑造”为具有国际话语权，因此传播话语和塑造话语也会成为话语权的来源。①

梁凯音根据国际话语权涉及的主要问题，将国际话语权分为五个要素：

第一，话语施行者（或传播者），可以是主权国家的官方机构，也可以是非官方组织或群体。其所用符号可以是语言的，也可以是非语言的。

第二，话语内容，即“说什么”的问题，指反映与主权国家利益、承担的国际责任和义务等相关的立场和观点，往往涉及政治、军事、经济、文化及社会生活等方方面面。话语内容常由一个主权国家的实力及其在处理国际事务中的能力、作用和影响力所决定。

① 张胜军：《提高中国国际话语权需要“草船借箭”》，《公共外交季刊》2014 年第 5 期，第 27 页。

第三，话语对象，可以是外国政府和国际官方组织（如联合国及其所属机构），还可以是国际非官方组织（如国际非政府组织）、外国民间组织（如所在国的非政府组织）和民意力量（如议员或议会）等。如何选择话语对象问题关系到话语效果问题，而这又与话题所处的国际环境和听众所在国的政治生态环境有着密切的关系。

第四，话语平台，指话语施行者的话语及话语权利得以表达、实现的载体或渠道。国际话语平台主要有：公众媒介，包括传播媒体、互联网和出版物，如电视、报纸、杂志、书籍和网络等；国际会议，包括政府间的国际组织和非政府组织的活动；主权国家的对外交流、合作和援助计划，包括政府和民间项目；国际间的正式和非正式官方互访活动；民意机构，如相关国家的议会，可通过电话、传真、传统邮件和电子信箱等与其议员进行沟通，或面对面探讨共同关心的问题并表达自己的观点和立场；民间特别活动，如为维护国家主权、利益而引发的公众集会或游行等活动。

第五，话语反馈是指话语所表达的立场、主张和观点等获得的某种结果。这种反馈可以表现为：一是未得到任何反应，毫无效果，意味着没有话语权；二是在某种程度上被关注或得到相应互动，反映了话语权的强度。“说话权”体现的是寻找发出声音的权利，而“话语权”追求的是所表达的话语能被确认。国际话语权不能靠恩赐得来，而是要靠竞争、努力才能获得。[①]

张焕萍根据荷兰符号学家托伊恩·A. 梵·迪克和英国社会语言学家诺曼·法尔克劳对话语和权力的架构分析方法，将国际话语权分为国际制度话语权、媒介话语权、学术话语权、文化话语权和民间话语权五个范畴。

第一，国际制度话语权。国际制度是指在国际关系特定领域里行为体意愿汇集而成的一整套明示或默认的原则、规范、规则以及决策程序，[②]是规定行为的职责、限制行动以及影响行为者期望的持久的、互为联系的一系列正式的或非正式的规则。它包含三个方面的内容：其一为正式的政

---

① 梁凯音：《论中国拓展国际话语权的新思路》，《国际论坛》2009 年第 3 期，第 44 页。

② Stephen D. Krasner, “Structural Causes and Regime Consequences: Regimes As Intervening Variables”, *International Organization*, 1982, Vol. 36, p. 186.

府间组织或跨国非政府组织；其二为国际机制，它是各国政府为管理国际关系中的特定问题而制定的明确的规则；其三为协约或惯例。[①] 国际制度话语权就是利用国际规范、国际制度和机制来使自身话语合法化、权威化，从而限制他人、维护自身利益的一种力量。[②]

第二，媒介话语权。媒介话语权指的是什么，作者没有给出直接的回答，即没有给以媒介话语权明确清晰的概念界定，只是对媒介的重要性及其作用做了阐述。[③]

第三，学术话语权。张焕萍引用郑杭生的相关定义认为，学术话语权“就是在学术领域中‘说话权利’和‘说话权力’的统一，以及话语资格和话语权威的统一”。作为权利的学术话语，主要有创造、更新的权利，意义赋予权及学术自主权。作为权力的学术话语权主要分为：引导向权，即运用学术话语对思想和行动予以制约和规定的权力；鉴定评判权，即运用学术话语形成价值判断，并将判断结果予以发布的权利；行动支配权，即通过学术话语对生活进行渗透性影响，从而达到对生活行动过程支配和控制的效果。[④]

第四，文化话语权。所谓“文化话语权是国家话语权在文化领域的体现，它在本质上是一个国家的文化主导权”。引用葛兰西的观点：文化发挥的是一种意识形态的功能，所谓“文化霸权”，也就是意识形态领导权，是统治阶级的统治能否心悦诚服地被接受、认同等合法性问题。[⑤]

第五，民间话语权。这是指与官方话语相对应的概念。相对而言，官方话语往往通过文件公告、法律法规、新闻发布会、大众媒介等载体传播；而民间话语，包括各种民间组织（国际民间组织和国内民间组织）、个人的话语，虽然也能在大众媒体上有所体现，但它还是有其独立的话语空间。当民间话语突破国家界限，它就上升为国家话语一部分。自媒体时

---

① Robert O. Keohane, *International Institutions and State Power*: *Essays in International Relations Theory*, Boulder: West View Press, 1989, pp. 3 – 4.

② 张焕萍:《论国际话语权的架构》,《对外传播》2015 年第 5 期，第 50 页。

③ 张焕萍:《论国际话语权的架构》,《对外传播》2015 年第 5 期，第 50—52 页。

④ 郑杭生:《学术话语权与中国社会学发展》,《中国社会科学》2011 年第 2 期，第 27—34 页。

⑤ 张焕萍:《论国际话语权的架构》,《对外传播》2015 年第 5 期，第 50—52 页。

代的到来，为民间话语力量的崛起提供了良好条件，民间话语对国家国际话语权的作用日益突显。①

（三）“六分法”

陈正良等人根据话语权建构中的影响要素，将国际话语权分为：话语者、话语内容、话语对象、话语方式、话语平台和话语效果这样一些基本方面。其中：（1）话语者，指主权国家的官方组织机构及其代言者，或非官方组织或群体；（2）话语内容，反映一个主权国家所关注的与自身利益相关或与承担的国际责任、义务相关的观点和立场，往往是由一个主权国家的实力及其在处理国际事务中的地位和拥有的影响所决定的；（3）话语对象，指话语者希图要说服和影响的相关对象；（4）话语方式，即运用语言符号和非语言符号的表意方式；（5）话语平台，指话语表达所运用的各种载体途径；（6）话语效果，指话语表达最终所起到的作用效果。②

韩庆祥根据话语权建构的影响要素，将国际话语权划分为六大要素：

（1）“坚实的话语基础”，有底气。有实力就有地位，有地位就具有无声的话语权。这是拥有话语权的坚实的实践基础。今天，我国已经成为世界第二大经济体，表明我们已经拥有话语权的坚实基础。

（2）“科学的话语体系”，有思想。主要指基于中国道路、中国成功而形成的能破解“中国问题”的中国特色社会主义理论体系及其他学术思想。这是科学的思想体系，是对话语权的实践基础和对解决“中国问题”的思想理论表达，是拥有中国话语权的理论上的基础。

（3）“坚定的话语自信”，有自信。这是指要对我们的政党、国家、民族、人民，对自己国家的历史、文化、传统，对中国道路、中国理论、中国制度等，充满自信。尤其在国际舞台上阐释和表达中国话语的时候，要充满自信心。这是建设中国话语体系、拥有中国话语权不可或缺的一个重要因素。没有话语自信，即使拥有坚实的话语基础和科学的话语体系，也

---

① 张焕萍：《论国际话语权的架构》，《对外传播》2015 年第 5 期，第 50—52 页。

② 陈正良、周婕、李包庚：《国际话语权本质析论：兼论中国在提升国际话语权上的应有作为》，《浙江社会科学》2014 年第 7 期，第 79 页。

会影响我们拥有话语权。

（4）“有效的话语（言说）方式”，有感染力。主要在阐释中国、传播中国话语、与世界对话时，要具有行之有效的表达或言说方式，不仅能“讲”，而且要“讲”得受听，既坚持自我，也要学习西方的言说方式，摒弃权力傲慢式的话语言说方式，坚持政治、学理和大众有机统一的言说方式，注重具体实证、可感知以及人性化的话语言说方式等，否则也会影响拥有话语权。

（5）“较强的国际传播能力”，有影响力。中国道路、中国理论、中国文化、中国故事、中国话语等的海外传播及广泛被认同，都离不开传播渠道。是否具有快速广泛有效的传播能力，直接影响着是否能拥有话语权。

（6）“被认同的国际话语权”，有主导权。这种主导权既包括合理确定标准和定义对象的解释力、与其他话语体系平等对话的对话权，也包括被世界认同的影响力。建设中国哲学社会科学话语体系，不是为了支配、压制其他话语体系，而是“有权力能平等言说且被倾听、有影响”。通俗来说，就是既有发言权，又有说服力、影响力。这是赢得话语权的最高衡量标准。

以上所讲的有底气、有思想、有自信、有感染力、有影响力和有主导权六大要素，是紧密相关、层层递进、相互制约、相辅相成的。缺少哪一个要素，都会影响中国话语权。①

（四）本书的划分法

上述各种划分法各有其根据和道理，对我们研究国际话语权或话语权外交无疑具有重要参考价值。综合前人的研究成果，本书采纳如下一些划分方法。

根据话语权涉及的领域。根据国际话语权所涉及领域的不同，将国际话语权划分为：政治话语权、经济话语权、军事话语权、文化话语权、艺术话语权、学术话语权、传媒话语权、能源话语权、生态话语权、农

---

① 韩庆祥：《全球化背景下“中国话语体系”建设与“中国话语权”》，《中共中央党校学报》2014 年第 5 期，第 47—50 页。

业话语权、工业话语权、制度话语权、金融话语权、价值观话语权、意识形态话语权、民间话语权、教育话语权、体语话语权、医学话语权等许多类别。

根据话语权的表现形式。根据国际话语权的表现形式，将国际话语权分为国际事务、国际制度、国际问题的知情权、表达权、解释权、参与权、定义权、制定权、评议权、裁判权等。

根据话语的交流过程。如果将国际话语权看作是一个话语交流和传播的系统的动态过程，那么根据影响其运作过程的构成要素，可以将国际话语权分为：话语主体（即发话者和听话者）、话语表达、话语解读、话语内容、话语体系或认知语境、话语反馈、话语共识、话语平台八大要素。

二、话语权外交的构成要素及成功模式

（一）话语权外交的构成要素

根据国际话语的交流和传播过程，话语权外交可分为八大构成要素：(1) 话语主体（话语主体 A 即发话者、话语主体 B 即听话者）；(2) 话语建构和表达；(3) 话语意义解读；(4) 话语内容，即话语的字面意义和交际意图；(5) 认知语境或话语体系；(6) 话语反馈；(7) 话语共识；(8) 话语传播和接收平台。

（二）话语权外交的成功模式

话语权外交的成功意味着一国的话语获得了他国或国际社会的认同，所以，话语权外交的成功模式就是国际话语权的认同模式。话语权外交即国际话语权的建构其实是一种跨国界、跨文化的话语交流活动。根据认知关联理论，话语交流是一种明示—推理的认知活动，也是发话者与听话者对所处认知环境进行再认识和互明的过程。[①] 在这个过程中，上述八大要素是不可忽视的关键要素，它们的相互作用构成了国际话语权建构及话语权外交的成功模式。

---

① 赵艳芳：《认知语言学概论》，上海外语教育出版社 2001 年版，第 175 页。

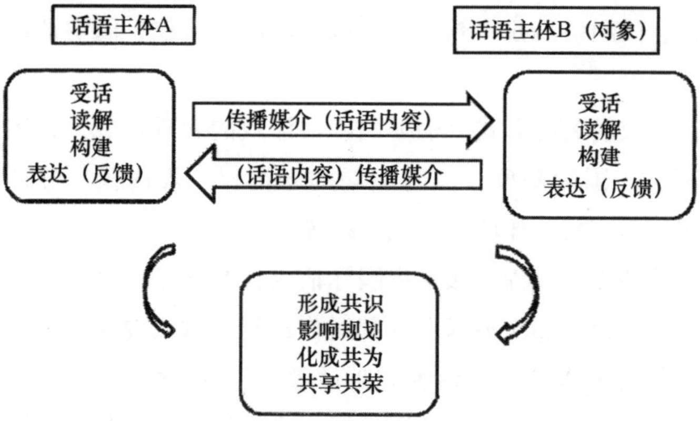

图4－1　话语权外交的成功模式

1. 话语主体

发话者和听话者都是话语主体，可以是主权国家的官方组织机构及其代言者，或非官方组织或群体及个人；对话、沟通、交流等是主体与主体之间的交流，而非主体与客体间的交流。

2. 话语表达

表达是发话者的一种话语明示活动，成功的话语表达，一定是建立在视听、读解基础之上的，只有在接受信息、解读信息即知彼知己的基础上构建话语，才容易获得交际成功。然后借用符号系统、媒介系统，将话语信息传播给对方。

3. 话语解读

话语读解是听话者的推理过程，即从发话者用明示手段提供的信息中推断出发话者的交际意图。而这个话语解读、推理是一种语境化的过程，是话语信息与在此基础上建构的相关语境相互作用的过程和结果。在这里，语境不是预先给定的，而是在整个认知语境中选定的，而且随着对信息的处理在动态变化着的。①

① 赵艳芳：《认知语言学概论》，上海外语教育出版社2001年版，第176—177页。

4. 话语内容

话语内容一般有两种意义，一是字面意义或叫信息意图，二是话语意义或叫交际意图，即发话者想通过明示的字面的信息意图所要传达的真正的含意。创新性的话语内容，如新的理念、思想、倡议、建议、方案、计划、设计等，更容易吸引听话者。但能否被听话者接受、认同，关键还在于发话者的话语本身的含义及其隐含的交际意图、价值观等认知语境，是否与听话者的交际意图、价值观等认知语境趋同。

5. 认知语境或话语体系

从听话者角度来讲，交际的成功取决于话语解读过程中，听话者是否“在发话者最佳相关的语言基础上，寻求一种最佳相关的理解，以取得最佳的语境效果”。[①] 所以，交际成功的关键在于发话者与听话者在构建话语和解读话语的互动过程中，对双方语境共识的最佳选择程度。认知语境越趋同，交际越容易成功。所谓语境即语言使用的环境，所谓认知语境，“是指语用者系统化了的语用知识”，“是人对语言使用的有关知识，是与语言使用有关的、已经概念化或图式化了的知识结构状态”。“语言使用时，交际者根据交际场合的需要，可以自觉或不自觉地激活有关的认知语境内容”[②]，使之投入使用，即为语言使用者进行话语推理提供信息资源，从这个意义上说，认知语境也即话语体系，是为话语表达和话语解读的语境化过程提供最佳相关性选择和建构的话语资源，即认知语境系统。

6. 话语反馈

话语反馈是听话者在接受和理解发话者的话语信息之后的回应表态，话语解读的结果可能是同意或不同意、赞成或反对、犹豫或中立、沉默或疾呼、质疑或理解、误解或错解（曲解）等等。

7. 话语共识

话语是一个动态的过程，话语交流的成功，既可能是一拍即合式的成功，也可能是需要多次的、一系列的话语沟通、互动才能取得共识。话语交流的成功没有绝对的，一般情况下，话语交流是一个不断推测、验证、

① 赵艳芳：《认知语言学概论》，上海外语教育出版社 2001 年版，第 176—177 页。
② 熊学亮：《认知语用学概论》，上海外语教育出版社 1999 年版，第 115 页。

调整、适应的过程，因此，话语权不是天然的禀赋，是需要不断沟通、对话、调整、质疑、解释，甚至斗争的产物。

8. 话语平台

无论是表达还是反馈，都需要话语主体建构话语，然后借用符号系统、媒介系统，将话语信息传播给对方。没有话语平台，没有媒介的传播能力，话语权建构就没有了基本条件。

第三节　国际话语权的基础、本质、重要性及战略认知

一、国际话语权的基础

国际话语权是软实力的重要组成部分，它的强大与根本提升必须以强大的国家硬实力作为基础和后盾，西方国家拥有强大的软实力和国际话语权，与它们拥有强大的经济、科技、军事等硬实力密不可分。正如亨廷顿所言，“是什么使文化和意识形态有吸引力呢？当它们被看作是植根于物质上的胜利与影响时，它们就是有吸引力的。软权力只有建立在硬权力的基础上才能成为权力。硬的经济和军事权力的增长会提高自信心、自负感，以及更加相信与其他民族相比，自己的文化或软权力更优越，并大大增强该文化和意识形态对其他民族的吸引力”。[①] 也就是说，强大的经济实力、军事实力可以提升人们的自信心、自豪感，甚至是自负心、优越感、吸引力，在此基础上建设软实力，才更有可能获得更多的国际话语权。

但是国际话语权往往不能与经济、军事力量的增强同步提升，因为一国的国际话语权不是一种天然禀赋，而是在错综复杂的国际舆论环境中，通过不断的明示与推理、表达与理解、沟通与交流、对话与论辩、质疑与

① ［美］塞缪尔·亨廷顿：《文明的冲突与世界秩序的重建》，新华出版社 2002 年版，第 88—89 页。

阐释、推测与验证、调整与适应的话语博弈过程中努力争取来的。它不仅涉及说话的资格，还涉及话语内容、话语方式、话语体系、语境要素的最佳选择，只有做好话语权构建的系列工程的每一步，才能使本国的话语产生对他国的影响力，才能使他国自愿接受并认同本国的话语及其传递的文化理念、价值观念等内容，从而提升本国话语权。

而加强硬实力建设，关键是发展生产力。“生产力在社会经济发展中起着决定性的作用，它的发展水平影响着硬权力建设，并最终决定着一个国家国际话语权的大小。因此，中国必须把发展生产力作为建设‘硬权力’的基本途径。”[①] 事实上，美国等西方国家话语权处于优势与强势地位，根本原因在于它们有强大的硬实力作为支撑，通过一系列安排与布局，经由各类方式、多种渠道，将强大的硬实力转化为强大的国际话语影响力。[②] 同样道理，改革开放后，中国大力发展社会生产力，始终秉持“发展才是硬道理”，使综合国力获得极大提高，最终“物质的成功带来对文化的伸张，硬权力衍生出软权力。软权力的增加，使中国的国际话语权增多，对世界经济和国际事务的影响越来越大”。[③] 中国经济总量已跃居世界第二，这为中国提升国际话语权、增强软实力奠定了坚实基础。[④] 所以，提升国际话语权，不能忽略硬实力而抽象谈论软实力，只有坚持不懈地解放生产力，发展生产力，不断增强综合国力，才可能从根本上保障国际话语权的增强，提升国家的软实力，维护国家利益，推动世界的繁荣和稳定，实现人类的共同发展。

---

① 徐大超：《论中国的国际话语权及其硬权力基础》，《当代世界》2010 年第 6 期，第 58 页。

② 江涌：《中国要说话，世界在倾听：关于提升中国国际话语权的思考》，《红旗文稿》2010 年第 5 期，第 8 页。

③ 徐大超：《论中国的国际话语权及其硬权力基础》，《当代世界》2010 年第 6 期，第 58 页。

④ 江涌：《中国要说话，世界在倾听：关于提升中国国际话语权的思考》，《红旗文稿》2010 年第 5 期，第 8 页。

二、国际话语权的本质

福柯说："话语即权力。"但这个话语权力本质上属于软实力。价值的吸引力、制度的感召力、政策的合法性或认同感，无一不是凭借话语的再现、表征、建构，话语的阐释、解读、推理、说服，话语的学术创新、交流，话语的媒体传播等来实现。话语权外交的成功，靠的是话语能力、话语质量、话语自信、话语内涵、话语资源、话语方式、话语交际的认知语境、话语的传播能力、话语主体间的互动情况等多重因素的积极影响作用。其中，话语能力，包括表达能力、解读能力、沟通能力、概念创新能力、议题设置能力、对事实的说明能力、对规则的制定和把握能力、逻辑性和科学性上的说服能力、价值观的渗透能力、舆论的引导能力。话语方式指话语的风格、阐释的时机与场合、措辞用语的分寸、是官方话语还是民间话语、是学术话语还是政治宣传话语、是传统媒体话语还是新媒体话语等等。话语自信是指话语建构和传播中的"道路自信、理论自信、制度自信、文化自信"，即对自己国家的发展道路、理论制度、文化传统等的正确性、科学性、正当性、优秀性的一种自我肯定和积极评价，自信能促进成功。话语内涵是指语言符号信息所承载的表层和深层含义。在国际关系领域，使用什么样的话语更具有意义，选择什么样的词语来"还原"现实世界、准确表达本国意愿、赋予国际事件以何种意义等等，都会产生不同的国际政治效果。对于当今中国而言，有意义的国际话语内涵，在于它能正确、准确反映本国国家利益的正当性，科学、理性阐释好本国的发展道路、制度模式、治理方案措施，为全球治理、国际合作贡献本国智慧和本国方案，为"民心相通"提供情感共鸣、意义共识。据"360 百科"查询，话语资源是指能够为话语表达和话语解读提供语境化选择的知识储备，文化资源即话语体系，它的丰富与完善、发达与繁荣，是话语权提升的力量源泉。话语的传播能力指话语传播的理念、方式、内容、渠道、效果评估等是否到位；话语质量好坏是指话语内容、话语方式、话语能力、话语自信、话语资源、话语的传播能力等是否满足了明示的（如明确规定的）、隐含的（如组织的惯例、一般习惯）或必须履行的（如法律法规、行业规则）的需要和期望。只有全面满足这些要求，才能评定为好的话语质量或优秀的话语质量。而所有这些因素的相互影响作用，即使有话语竞争和博弈，也非传统意义的武力、暴力、胁迫、强制性的权力实施，而是通过明示与推理、表达与理解、反馈与回应、沟通与对话、说服与认同等一系列的语言交际活动来实现的，因而是无形的、潜移默化的软力量的发挥与作用。

三、国际话语权的重要性

国际话语权的重要性决定了话语权外交的重要性。那么国际话语权对于国家的发展具有哪些重要作用?

（一）有助于创造国际舆论环境

国家的发展离不开宽松的国际环境和良好的国际关系，而良好的国际环境和国际关系的建构，需要一国的话语权外交能力。没有话语权外交，就难以获得强大的国际话语权，没有足够强大的国际话语权，国家的经济、军事、文化等软硬实力的发展就缺乏正面的舆论支持，国家的内政外交政策就缺乏合理的阐释，在重大国际事务中，就有可能集体失声或无人倾听，其结果就可能是国家政策被质疑，外交政策被误读，国家话语被碾压，国家制度被诋毁，发展道路被攻击，国家的文化价值、意识形态被渗透，国家形象被歪曲，最终使国家利益遭受损失。近些年伴随中国的发展，国际上喧嚣不断的各种“中国威胁论”警示我们，国际话语权非常重要，它不仅是表达自我的一种权利，也是与国际社会上的各种恶意的攻击进行斗争的有力武器。它可以为国家的发展提供正面舆论支持，为国家内外政策的实施提供合理阐述，为国家利益提供辩护，为塑造良好国家形象，为国家间增信释疑、沟通交流，提供话语渠道。

（二）有助于引导国际舆论

掌握国际话语权意味着对国际议题的选择、确定、展开讨论等具有控制能力。而国际议题的不同选择和讨论，是受经济利益、政治理念、意识形态等诸多因素影响，在给人们带来不同的社会兴奋点、不同的热门话题的同时，会对话语权外交对象形成一种无形的社会舆论压力，进而实现自己的话语权外交意图。如美国等西方国家经常会忽视本国的内乱和人道主义灾难，却总是在国际社会制造各种版本的“中国威胁论”；2003 年 3 月，美国之所以能够迅速获得民意支持进而发动伊拉克战争，美国政府引导下的媒体“倒萨”宣传即话语引导工作发挥了重要作用。可见，国际话语权的舆论引导作用，通常表现在学术话语，特别是媒体话语的议题设置和拆解能力方面，正如美国传播学家马尔科姆·麦库姆斯和唐纳德·肖所言，“媒体不能决定人们想什么，但可以通过提供信息和安排相关议题来有效地左右人们怎么想”①。

（三）有利于塑造国家形象

国家形象是“国内外公众就一国的物质、精神、行为等多个层面综合评价所形成的舆论，也就是说公众对一国的‘软’‘硬’件的认可程度的总和”。② 良好的国家形象意味着更高的国际社会理解和认同，意味着更高的可信度，有助于一国在国际事务中发挥影响作用，实现该国国际战略。而国家形象的塑造、提升或修复，离不开一国国际话语权的提升，因为只有国际话语权得到提升，才能使国家的价值理念得到有效传播，民族的优秀文化得到世界认同，国家的发展模式得到国际理解，国家的形象才能获得提升和修复。国际话语权对国家形象的塑造功能主要体现在媒体的国际传播能力上。

而媒体对国家形象的塑造主要通过发布信息、设置议题、宣传政策、呈现公众意见、制造新闻事件等方式，制造话语环境，通过有目的地框定其他国家形象、向公众反复传播和输送特定议题和价值观，左右公众对国家形象的认知和评价，进而影响国家形象的建构。积极的影响作用有助于建构良好的国家形象，负面的影响作用却会破坏、解构国家形象。在传统

---

① 任海、徐庆超：《媒体外交初探》，《中国人民大学学报》2011 年第 5 期，第 86 页。

② 赵楠、宋燕：《媒体外交与国家形象构建——传播手段视角下的新媒体外交》，《兰州大学学报（社会科学版）》2012 年第 6 期，第 27 页。

媒体时代，国际信息的传播内容方式一般是从传播强国向传播弱国单向流动，国家形象的话语权也总是掌握在媒体强国手中。它们往往凭借强大的信息传播能力和话语霸权塑造自我形象，歪曲解构他国形象。[①] 在自媒体时代，信息流动的双向性，信息输入的简便性，话语主体的草根性，话语内容的碎片化和可选择性，信息传递的即时性、直接性、原始性、主动性，网络空间的虚拟性、无边界性、独立性、去抑制性、开放性等特点，使得以宽带互联网、手机移动网等为代表的新媒体和社交网络成为了意见表达场所，使得网络的话语力量日益成为国家形象建构与解构中不可忽视的重要因素。

（四）有利于维护国家利益和国家安全

随着国际社会的发展，国家利益的内涵日益拓展，国家安全涉及的领域不断扩大，这使得国际话语权的竞争领域也随之不断扩大。首先，国家利益日益拓展。据“360 百科”查询，现实主义理论代表摩根索认为，国家利益包括领土完整、国家主权和文化完整三个方面，其中，最本质的问题就是国家生存问题，其余方面都是次要问题。结构现实主义学派代表人物华尔兹认为，生存是国家唯一的利益。新自由主义学派代表人物基欧汉主张，国家利益包括生存、独立、经济财富三种。建构主义学派代表人物温特主张，国家利益包括生存、独立、经济财富、集体自尊。[②] 亨廷顿则认为国家利益源于国家认同，而认同包括文化和信仰两个组成部分；对于美国人民来说，国家利益包括安全及物质利益和道义及伦理利益两个方面。约瑟夫·奈认为，战略利益、地缘政治利益、经济利益、人道主义利益、民主利益等都是国家利益的重要组成部分。[③] 由此可知，随着和平与发展成为时代的主题，国家利益由原来的主要抵御侵略、维护国家独立转变为在国际社会获取政治、经济、文化等诸多方面的利益。

其次，国家安全内涵不断扩大。随着国际局势的变化和中国的发展，

---

① 袁琳：《浅析媒体外交与国家形象塑造》，复旦大学硕士论文，2014 年，第 15 页。

② 邢悦：《文化如何影响对外政策：以美国为个案的研究》，北京大学出版社 2011 年版，第 86—88 页。

③ 倪世雄等：《当代西方国际关系理论》，复旦大学出版社 2005 年版，第 260 页。

我国国家安全内涵和外延比历史上任何时候都要丰富，时空领域比历史上任何时候都要宽广，内外因素比历史上任何时候都要复杂，必须坚持总体国家安全观，即：必须既重视外部安全，又重视内部安全，对内求发展、求变革、求稳定、建设平安中国，对外求和平、求合作、求共赢、建设和谐世界；既重视国土安全，又重视国民安全，坚持以民为本、以人为本，坚持国家安全一切为了人民、一切依靠人民，真正夯实国家安全的群众基础；既重视传统安全，又重视非传统安全，构建集政治安全、国土安全、军事安全、经济安全、文化安全、社会安全、科技安全、信息安全、生态安全、资源安全、核安全等于一体的国家安全体系；既重视发展问题，又重视安全问题，发展是安全的基础，安全是发展的条件，富国才能强兵，强兵才能卫国；既重视自身安全，又重视共同安全，打造命运共同体，推动各方朝着互利互惠、共同安全的目标相向而行。①

对于中国而言，这些不断拓展的国家利益和安全领域，要求国家必须有更多的国际话语权，只有提升各重要领域的国际话语权，才能切实维护国家安全，发展国家利益。②

总之，话语权是国家软实力的重要体现，它以国家硬实力为根本基础，但能起到放大、促进硬实力，并能创造和引导良好国际舆论，塑造国家形象，维护国家利益和国家安全，实现国家战略目标的作用。③

四、国际话语权的战略认知

（一）从国家战略高度加强国际话语权建构

为什么要将国际话语权提升到国家战略高度来加以认知和推进？国际话语权已成为主导国际关系的战略制高点。国际话语权既是国家主体不可

① 《中央国家安全委员会第一次会议召开 习近平发表重要讲话》，中国政府网，2014 年 4 月 15 日，http：//www. gov. cn/xinwen/2014 - 04/15/content_2659641. htm。

② 徐大超：《论中国的国际话语权及其“硬权力”基础》，《当代世界》2010 年第 6 期，第 57—58 页。

③ 胡宗山：《中国国际话语权刍议：现实挑战与能力提升》，《社会主义研究》2014 年第 5 期，第 128 页。

剥夺的话语权利，也是因为存在差异而产生的话语权力，是通过话语所包含的概念内涵、论证逻辑、价值理念、意识形态等因素所产生的影响力；它的获得来自于不同国家行为体间相互交流、相互碰撞的话语互动，是通过主动塑造和国际竞争而获得；不仅可以实现国内价值的整合、导向、激励和认同功能，还可以决定对国际舆论的影响力，决定一国主导国际事务的权力；通过其在国际社会中的感召力、影响力、凝聚力，助力对外政策目标的实现。因此，它日益成为各国维护其国家利益的重要手段，国家软实力的重要表征和依托支持，成为衡量国家综合实力的一个重要参数，国际竞争的重要组成部分和主导国际关系的战略制高点。①

在西方话语霸权下，增强国际话语权是一项长期而复杂的庞大系统工程，它的涉及面广泛，需要运用综合国力、整合多方面资源来规划设计并稳步推进，所以需要通过将其上升为国家战略工程，纳入国家的经济社会发展规划。②

（二）明确话语权外交战略的指导思想

指导思想要回答的是争取国际话语权为谁服务的问题以及构建什么样的话语体系问题。话语权外交的战略，就是为国家利益服务，为国家的外交大战略服务。“话语权竞争的基本动力仍然是国家利益，这是由以民族主权国家为基础的国际政治决定的，中国的国际话语权外交战略就是要为中国的国家利益服务，为中国的外交大战略服务。”③“党的十八大以来，面对国际形势的深刻变化和世界各国同舟共济的客观要求，以习近平同志为总书记的党中央，统筹国内国际两个大局、统筹发展安全两件大事，坚持独立自主的和平外交方针，坚定不移走和平发展道路，坚定不移维护世界和平、促进共同发展，推动构建以合作共赢为核心的新型国际关系，打造人类命运共同体。”习近平总书记指出：“我们要坚持走和平发展道路，但决不能放弃我们的正当权益，决不能牺牲国家核心利益。任何外国不要

---

① 赵庆寺：《创新中国学术话语，提升国际话语权》，《中国教育报》2016 年 6 月 9 日第 5 版。

② 张忠军：《增强中国国际话语权的思考》，《理论思考》2012 年第 4 期，第 58 页。

③ 张志洲：《和平崛起与中国的国际话语权战略》，《当代世界》2012 年第 7 期，第 16 页。

指望我们会拿自己的核心利益做交易，不要指望我们会吞下损害我国主权、安全、发展利益的苦果。”[①] 由此可知，中国外交的神圣使命在于坚决维护国家的核心利益，这是中国走和平发展道路、倡导合作共赢的底线，因此，中国话语权外交战略就是维护国家的核心利益。

第四节　国际话语权的目标：话语权力的权利性

由于我国长期缺乏国际话语权力，所以很多人在讨论提升国际话语权时，常常强调国际话语权力，“话语权利”成为一带而过的概念，很少有人对话语权利的作用、话语权利与话语权力的关系问题给以明晰的阐释。这可能会给国际话语权问题的研究、国际话语权建构即话语权外交的实践活动带来困惑和误导。

事实上，话语权力与话语权利之间存有二律背反，一方面，要实现话语权利，就需要以话语权力作为保障；另一方面，为了真正实现权利，又需要对权力进行制约，否则权力会对权利造成损害。[②] 所以，单方面强调话语权力的作用，有可能造成权利的弱势，损害权利，不利于提升国际话语权，这是由话语的权力和权利的特点及其相互关系决定的。

一、国际话语权力的概念和基本特征

（一）权力的概念

马克斯·韦伯从社会学角度认为，“权力是把一个人的意志强加在其他人的行为之上的能力”，拥有权力意味着“一个人或一些人在社会行动中甚至不顾他人反对也能贯彻自己意志的任何机会”，而“不管这种机会

① 《习近平总书记系列重要讲话读本：关于国际关系和我国外交战略》，新华网，2016 年 5 月 11 日，http：//news. xinhuanet. com/world/2016 －05/11/c_128974581. htm。

② 冯宇：《权利与权力的互动与制约》，《党史文苑》2006 年第 4 期，第 62 页。

是建立在什么基础之上”。[①] 摩根索从国际政治的现实主义角度指出：“权力意指人们对他人的思想和行为施于影响和控制的能力”，在国际关系领域，权力即指一国在国际舞台上控制他国、影响国际事件的综合能力。[②] 尼古拉斯·斯巴克曼认为，权力是一切文明生活最终赖以生存的基础，是说服、收买、交换和胁迫等手段。在国际政治中就是一个国家对其他国家的控制。戴维·鲍德温认为，“权力是改变人们行为结果分配的能力的表现”，是“对资源、对行为者、对事件及其结果的控制能力”。[③] 卡尔·多伊奇认为“权力是知识、技术和武器的集合体”。[④]

通过上述定义可知，权力是一种“控制”“支配”和“影响”他人思想和行为的能力或力量。其中“控制”“支配”能力更多的是通过命令、威胁、权威等带有强制性的方法指使他人做他们不愿意做的事情的能力；而“影响”能力是指通过许诺、利诱、吸引、释放魅力等方法，让人心甘情愿地做想让其做的事情的能力。国际话语权力同样具有这样两种力量，一是通过命令式、威胁式、权威性话语，指使他人或他国做他们原本不愿意做的事情的能力；二是通过许诺式、利诱式、魅力性话语，让人自觉自愿地做想让其做的事情的能力。这两种力量使话语权力主体对话语对象的意志产生制约性作用。

（二）话语权力具有扩张性、竞争性、攻击性

作为一种力量，话语权力本身或许是中性的，但它的作用却既有积极一面，也有消极一面。从积极方面来看，话语权力作为话语主体通过话语的有效运用达到一定目的的能力，即自我发展的行为权，在一定范围内是正当和正常的；话语权力作为话语权力主体束缚和制约话语权力对象的控

---

① ［德］马克斯·韦伯著，林荣远译：《经济与社会（上卷）》，商务印书馆 1997 年版，第 81 页。

② ［美］汉斯·J. 摩根索著，徐昕等译：《国家间政治：寻求权力与和平的斗争》，中国人民公安大学出版社 1990 年版，第 63 页。

③ David Baldwin, “Power Analysis and World Polities – New Trends vs Old Tendencies”, *World Politics*, January 1979.

④ 倪世雄：《当代西方国际关系理论》，复旦大学出版社 2005 年版，第 264 页。

制权，有助于促进组织内部及国与国之间合作的积极作用。①

但是，话语权力也是一种富于竞争性、攻击性、扩张性的力量。它既可以帮助话语权力主体谋求权利与自由，同时也可以促使话语权力主体不顾他国的权利与自由，专断地限制和损害他国的正当利益需求，甚至不合法地扩张自己的权力控制范围，导致人与人、国与国的对立、冲突，② 甚至可能会给人类的自由与权利造成最大威胁。③ 所以，权力需要规范和制约。国际话语权力也需要规范和制约，否则就容易滑向话语霸权。反对国际话语霸权也是话语权外交的重要任务和目标。

这里的话语霸权，与英文 hegemony 或 hegemonism（指非均衡的政治支配状态，即特定政治布局中某一国因其政治和经济实力之优势而具有主导运作的局面）有所不同。国际话语霸权是指在国际关系上，大国、强国凭借军事、经济和文化上的软硬实力，按照自己的意愿和意志，超越国际法、国际政治格局现状，通过控制国际议程的设置权、国际事务和国际舆论的主导权、国际规则的制定权、国际市场的定价权和利益分配权、国际事件的定义权和解释权等，向后进国家和地区扩张自己的势力。不顾及其他国家的正当利益诉求，一味地追求自己国家利益的最大化；不顾及当代世界文化多样化的客观实际，企图把自己的社会制度、发展模式和价值观念强加于人，剥夺各国人民按照自己国情选择社会制度、发展道路和思想道德的自由和权利；动辄以孤立、制裁相威胁，干涉他国内政，甚至进行武装侵略和占领；凭借不公正、不合理的国际经济秩序，把自己的发展建立在他国贫困落后的基础上；企图包揽世界事务，主宰别国人民的命运，把自己的安全建立在损害他国安全利益的基础之上，谋求称霸世界、主宰世界的强权政治和强权政策。④ 历史和当下的实践已经充分证实了话语霸

① 王莉君：《论权力与权利的一般关系》，《法学家》2003 年第 5 期，第 109 页。

② 王莉君：《论权力与权利的一般关系》，《法学家》2003 年第 5 期，第 109 页。

③ 胡杰：《论权力的权利性》，《法制与社会发展》2013 年第 2 期，第 83 页。

④ 王正平、徐铁光：《西方武力霸权主义与发展中国家的网络权利》，《思想战线》2011 年第 2 期，第 20 页；李景治：《从北非西亚变局看霸权主义新表现》，《新视野》2011 年第 5 期，第 27 页；“霸权主义”词条，互动百科，http：//www. baike. com/wiki/% E9% 9C% B8% E6% 9D% 83% E4% B8% BB% E4% B9% 89。

权的可能性和现实性。[①] 美国等西方国家制造的各种国际舆论，体现了它们对发展中国家的话语霸权。[②]

（三）话语权力的合法性、伦理性、道德性

国际话语权力受合法性、伦理性、道德性制约。据“360百科”查询，所谓合法性，是指一国的话语权力被国际社会普遍认可，及认同的程度，常常与承诺、同意、赞成、默许等概念相关。合法性的基础既包括法律程序，也包括规则、标准、原则、典范、价值观、逻辑等。正如韦伯所言，合法秩序是由道德、宗教、习惯、惯例和法律等构成的。

权力的获得、行使、疆域和界限等，都应当受到合法性与正当性的评判，应当具备成文法上可识别的规范依据。[③] 同样，国际话语权力也受到规范、名誉和道德的限制。正如摩根索指出：“行使能够赢得道德或法律认可的权力比等量的非法权力可能更为有效。也就是说，合法权力比等量的非法权力更能影响权力对象的意志。通过自卫或以联合国的名义，就比通过‘侵略’或违反国际法，能够更为成功地行使权力。我们将看到，政治意识形态是为这样一个目标服务的，即为外交政策披上合法的外衣。”[④] 一个国家领袖人物的国际形象与地位对其国家的权力大小会产生影响作用。因为，国家在道德上的失败，会导致国际和国内舆论的强大压力，国家的权力很难发挥作用。[⑤] 所以，提升国际话语权，不能只是单方面强调或过分强调国际话语权力，而应当既强调话语权力，也强调话语权利，否则就容易被人误解为争取话语霸权。

（四）话语权力的社会性

权力具有社会性。正如英国社会学家安东尼·吉登斯所指出的，权力

① 胡杰：《论权力的权利性》，《法制与社会发展》2013年第2期，第83页。

② 江泽民：《与阿尔及利亚总统泽鲁阿勒会谈时的谈话》，求是理论网，2010年3月21日，http：//www. qstheory. cn/zl/llzz/jzmlyzgts/201003/t20100321_24775. htm。

③ 胡杰：《论权力的权利性》，《法制与社会发展》2013年第2期，第84页。

④ ［美］汉斯·J. 摩根索著，徐昕等译：《国家间政治：寻求权力与和平的斗争》，中国人民公安大学出版社1980年版，第39页。

⑤ 倪世雄：《当代西方国际关系理论》，复旦大学出版社2005年版，第268页。

主体所具有的控制能力及其强弱程度取决于权力所在的“场所”，其深深扎根于社会关系或社会结构之中。虽然权力的运用和体验是通过个人有意识的活动进行的，但是人们的意向确定受制于社会关系。①因此，话语权力关系也是国际政治权力关系的反映，是国际行为体间的利益关系的反映，国际话语权之争归根到底就是国家利益的博弈。②

（五）话语权力的用益性

权力具有用益性，即通过权力可以谋取好处，因此权力具有极大的诱惑力。国际社会对话语权力的角逐或迷恋，本质上是对利益的迷恋和追求，权力能够带来利益，这个利益包括物质利益和精神利益。当话语权力被正当运用时，会取得正面效果；但在利益的诱惑下，话语权力无限扩张时，就会导致话语霸权——某国利用话语权力优势，将自己的意志强加于他国，不顾及他国合法权益，不惜损人利己，一味追求自己国家利益最大化，国际社会的公平、民主就会受到损害。因此，以话语权利制约话语权力，是反对国际话语霸权、维护自身利益的重要途径。③

二、国际话语权利的概念和基本特征

（一）权利的概念

关于“权利”的界定，有各种不同观点，如“天赋权利说”“权利自由说”“权利利益说”“权利力量说”“权利平等说”“权利资格说”等。每一种观点都从不同角度为我们理解权利的概念提供了有益的途径。④本书认为，权利既可以理解为“有自由意志支配的以某种利益为目的的一定的行为自由”，也可以理解为“人们为满足一定的需要，追求一定的利益而采取的一定行为的资格和可能性”。⑤其基本要素包括利益、自由和

① 王莉君：《论权力与权利的一般关系》，《法学家》2003 年第 5 期，第 108 页。
② 张志洲：《中国国际话语权的困局与出路》，《绿叶》2009 年第 5 期，第 76—77 页。
③ 刘琼、王晓璐：《浅论权利与权力》，《法制博览》2015 年第 27 期，第 150 页。
④ 徐勇志：《权利与权力关系的辩证思考》，《钦州学院学报》2014 年第 7 期，第 1 页。
⑤ 冯宇：《权利与权力的互动与制约》，《党史文苑》2006 年第 8 期，第 62 页。

意志。

其一，利益是权利的基础、内容和目标指向。它主要指物质利益和精神利益（道义或道德上的要求），往往以“应有权利”，继而以“现有权利”“法定权利”的形式存在和出现。物质利益决定精神利益，利益在权利结构中具有决定性地位。①

其二，行为自由是权利的存在形式和载体。行为自由包括作为和不作为两种，指一定社会中所允许的人们行为自由的方式、程度、范围、界限、标准。行为自由不是绝对的自由，而是要受到社会规范的限定，即不得影响、危害他人和社会公众的行为自由和利益，这是必须履行的义务。这个义务就是一种特殊的权利，权利就是尽相关义务的能力。②

其三，权利的意志性要素是指，利益必须符合一定的价值标准，必须具有正当性，必须得到来自社会成员对它的普遍尊重与认同，而这种尊重与认同，不仅反映在某种价值观念之中，也表现在以这种价值观念为基础的社会规范系统之中。因此，并不是任何利益要求或道义要求都能成为权利，权利是个人利益要求与社会规范性要求的统一。③

由权利的概念可以推知国际话语权的权利诉求，决不是依赖于他人的恩赐或博爱、友情或怜悯而求得的东西，而是发端于一定的道德法则由权利主体应当拥有的东西。

（二）国际话语权利的概念

由权利的概念，可以将国际话语权利理解为，一国具有自由意志支配的说话资格和因说话可能获得的好处。

从资格、自由要素而言，一国具有国际话语权利，意味着拥有知情权、解释权、定义权、评议权、裁判权、定价权、议程设置权、规则标准制定权，语言选择使用和传播权等；意味着拥有说话或不说话、赞同或反对、认同或批评、听从或拒绝的权利；也意味着拥有参与某国际组织机制

---

① 冯宇:《权利与权力的互动与制约》,《党史文苑》2006 年第 8 期，第 62 页。
② 冯宇:《权利与权力的互动与制约》,《党史文苑》2006 年第 8 期，第 62 页。
③ 冯宇:《权利与权力的互动与制约》,《党史文苑》2006 年第 8 期，第 63 页。

和退出某国际组织机制的话语权利。

从利益要素而言，国际话语权利的目的指向性在于话语应用所能获得的好处，即系统地利用自己的语言，获得因说话、发言所带来的物质利益和精神利益。掌握国际话语权利，意味着可以根据本国的正当利益需求，在国际社会中自由地表达和传播自己的立场、主张，形成对自己有利的舆论环境，为本国谋取国际关系的优势地位，为本国争取国际活动的主动权。换言之，国际话语权利就是指“以国家利益为核心，就国家事务和相关国际事务发表意见的权利”。它体现的是对国家间民主与平等关系的诉求，有没有普惠的国际话语资格，反映的是国际关系的民主化程度。

从意志性要素来看，一国具有话语权利，并不是说它的任何利益或道义需求都能成为权利，它的利益需求必须得到来自国际社会成员对它正当性的普遍尊重与认同，而这种尊重与认同，不仅反映在某种共同价值观念之中，也表现在以这种价值观念为基础的国际社会规范系统之中。换言之，一国具有话语权利，意味着它可以根据本国的利益需求，按照国际法、国际惯例，按照国际社会普遍认同、接受的价值判断标准和规范系统，选择如何使用话语权利。

（三）话语权利的基本特点

话语权利的正当性。权利是为道德、法律或习俗所认定的正当的利益、主张、资格、力量或自由。权利是在社会中产生，并以一定社会承认作为前提的，有其享有者自主享有的全能和利益。

话语权利是说话的资格和机会。权利是一种权能，指能够得以实现的可能性，并非指有了说话权利，就一定能给发话者带来现实利益和权益，有说话的机会不一定代表真实的权力获得，要想获得现实利益，还需要通过实实在在的努力去争取。话语权利只是一种虚拟权利，只表明权利具有实现的可能性。①

话语权利的有效性。这是指权利的现实可为性，也指“义务的强制力

① 唐金凤：《从权利到权力：网络话语权定义的重构》，《新闻研究导刊》2011 年第 2 期，第 36—37 页。

量使权利得以生效”。[①] 话语权利的有效性，也可以理解为话语权能的现实化，现实化的结果即为利益，利益与权能构成话语权利的两个方面。据“360百科”查询，权能是一种可能性，利益具有现实性，是被实现了的权能。权利具有应然权利和实然权利之分。实然权利体现的就是权利的有效性。

三、话语权利与话语权力的关系

（一）话语权利与话语权力的一致性

话语权利和话语权力都是话语主体对话语对象的影响力，都是实现利益的工具或手段。[②] 在库利看来，权力与权利都发生在作为有机整体的社会生活场景之中。[③] 根据马克思主义理论，权利和权力都属于社会上层建筑，它们归根到底都源于社会经济关系及其矛盾运动。[④] 话语权利与话语权力都旨在追求一定的利益，都有相应的规定和限制要求。

（二）话语权利与话语权力的区别

话语权利与话语权力是有很大区别的。（1）当人们为了实现利益而采取权利话语途径时，往往诉诸于利益实现的应然状态，如“公平”“正义”等。[⑤] 话语权利强调“理”，偏重价值标准和正义观念的规范和约束。当人们为了实现某种利益而采取权力话语途径时，往往诉诸于单纯的“力”，有时某种权力可能并不符合某种价值判断标准，但它依旧将自己的意志贯彻到底，将自己的影响力施加于话语权力对象，使话语权力更具强制力特征。[⑥]（2）话语权利的正当性来自于社会成员对它的普遍尊重与认同，而对权利正当性的尊重与认同，不仅反映在某种价值观念之中，而且也表现

① ［美］杰克·唐纳利著，王浦劬等译：《普遍人权的理论与实践》，中国社会科学出版社2001年版，第4页。

② 徐勇志：《权利与权力关系的辩证思考》，《钦州学院学报》2014年第7期，第2页。

③ 胡杰：《论权力的权利性》，《法制与社会发展》2013年第2期，第85页。

④ 冯宇：《权利与权力的互动与制约》，《党史文苑（学术版）》2006年第4期，第63页。

⑤ 徐勇志：《权利与权力关系的辩证思考》，《钦州学院学报》2014年第7期，第2页。

⑥ 徐勇志：《权利与权力关系的辩证思考》，《钦州学院学报》2014年第7期，第2页。

在以这种价值观念为基础的社会规范系统之中。话语权力则不同，既可以表现为符合规范的正当性力量，也可以表现为一种单纯的强制力，它的产生不一定以符合某种规范和价值判断为必要条件，因而我们就看到了权力的无限扩张。正如阿克顿所言，“只要条件允许，每个人都希望得到更多的权力”①。(3) 话语权利关系是平等、对称性关系；话语权力关系则是不平等、非对称性关系，因为权力以对方的服从为条件。②

（三）话语权利与话语权力的相互渗透、相互转化

话语权利与话语权力的相互渗透，是指话语权利中有话语权力，话语权力中有话语权利，广义的权利包括权力在内，权力也是一种权利。③ 如：(1) 法律规定权利人有权要求他人做出一定行为或抑止一定行为，这种权利，实际上也是一种“权力”（对他人产生了影响）。如《维也纳外交关系公约》第 29 条规定：“外交代表人身不得侵犯。外交代表不受任何方式之逮捕或拘禁。接受国对外交代表应特示尊重，并应采取一切适当步骤防止其人身、自由或尊严受任何侵犯。”据此，外交代表的派驻国有权要求、接受国也有义务对外交代表给予应有的尊重和保护，以防止其人身、自由或尊严受到任何侵犯，对那些侵犯外交代表人身安全的肇事者给予依法惩处，并向受害者及其使馆表示歉意。④ “外交代表人身不受侵犯”，这既是权利也是权力。(2) 权力也是一种权利。如联合国的五大常任理事国有安理会否决权，对安理会的职权来说，这是它的一种权力，对常任理事国来说，又是一种权利。所以权力的权威性和对他人的支配能力，可视为一种权利，即在特定地位上的权利。⑤ (3) 同一行为体可以同时拥有权利和权力。如国家作为主权者，对内有统治权（权力），对外有独立权、平等权、贸易权、自卫权等不容外国侵犯的权利。(4) 权利与权力可以相互转化。权利可以转化为权力，如王位继承权是一种权利，继承王位后，就转化为

---

① ［英］阿克顿著，侯健等译：《自由与权力》，商务印书馆 2001 年版，第 343 页。
② 郭道晖：《试论权利与权力的对立统一》，《法学研究》1990 年第 4 期，第 20 页。
③ 郭道晖：《试论权利与权力的对立统一》，《法学研究》1990 年第 4 期，第 2 页。
④ 赵可金：《外交学原理》，上海教育出版社 2011 年版，第 99 页。
⑤ 冯宇：《权利与权力的互动与制约》，《党史文苑》2006 年第 8 期，第 63 页。

一种统治权力。权力也可转化为权利，即通过权力来确认、保护权利，使权利得以实现和不受侵犯。[①]

（四）话语权利与话语权力的相互依存

话语权利与话语权力又是相互依存的关系，因为权利关系的产生依赖于权力关系，同时又引导权力关系发生变化。

话语权力来源于话语权利，话语权利是话语权力的本源。权力的形成伴随权利的实现与满足，权力的出现依赖于权利的强力推动。正如库利断言，“权利先于权力并产生权力，一个事物获得权力是由于它对我们的良知具有吸引力”[②]。权利是权力的本源，无权利便无权力。权力的规范性，从形式上讲是国际社会多数成员国意志的民主决策结果，从实质上讲它反映了相关行为体的权利要求。[③] 要获得话语权力，就得先获得话语权利；要想通过话语权力来推动现实变革，就必须先获得在国际社会各种场合说话的权利。[④]

话语权力服务于话语权利。[⑤] 权力的目的在于实现利益，利益是权利的核心要素。“人都具有某些相对持久的欲求，这些欲求必须被挑选出来，赋予优先地位，并在法律上使其神圣不可侵犯。当这些利益被法律承认并受到保障时，它们就成为所谓的权利。”[⑥] 相对于权利，权力就是手段和工具，而不是目的。只有保证话语权利的实现，才能获得更多的话语权力。[⑦]

权利是权力合法性与正当性的前提与基础。权利是一个价值观念，并

---

① 郭道晖：《试论权利与权力的对立统一》，《法学研究》1990 年第 4 期，第 2 页。

② ［美］查尔斯·霍顿·库利著，洪小良等译：《社会过程》，华夏出版社 1999 年版，第 88—89 页。

③ 汪习根：《论法治社会权力与权利关系的理性定位》，《政治与法律》2003 年第 1 期，第 18 页。

④ 胡杰：《论权力的权利性》，《法制与社会发展》2013 年第 2 期，第 87 页。

⑤ 汪习根：《论法治社会权力与权利关系的理性定位》，《政治与法律》2003 年第 1 期，第 18 页。

⑥ ［美］加尔布雷斯著，陶远华译：《权力的分析》，河北人民出版社 1988 年版，第 7—8 页。

⑦ 唐金凤：《从权利到权力：网络话语权定义的重构》，《新闻研究导刊》2011 年第 2 期，第 37 页。

具有规范效力，而权力正当性的获得需要权利规范性的论证，权利构成了权力合法性与正当性的前提与基础。如果一个国家的权力话语同权利话语根本对立起来，那么其话语权力的合法性就会遭到质疑,[①] 所以，权力的合法性源于权利，话语权力发展于话语权利，话语权利性是话语权力正当性的价值源泉。[②]

话语权力关系塑造话语权利关系。（1）话语权力是话语权利实现的保障。话语权利作为利益实现的工具，必须以话语权力的保障为必要条件，否则，话语权利就只是利益实现的潜质或资格。[③]（2）话语权力正当性的判断标准，往往会受到现实国际权力关系的影响与制约，同时也会成为维护现存国际权力关系的工具。[④] 通常，在政治、军事、经济、科技等处于优势地位的话语权力主体，有动力寻求或者建构权力的价值支持，而且往往也有能力获得这种支持。（3）话语权利往往是权力话语交锋和博弈的产物。[⑤] 正如马克思所批驳的，“天赋人权”是虚幻的观念。也就是说，话语权利不是自动生成的，而是国际权力关系背景下的话语竞争产物。[⑥] 从这个意义上说，“强力产生权利”。

话语权力的维持需要将话语权力转化成话语权利。然而，权力有其局限性，紧靠强力无法维持权力，尤其在现代全球化飞速发展的国际社会中。只有经过社会语境化处理，达成社会共识，将一定权力关系转化为权利关系，权力才能得以维持和发展。[⑦] 正如卢梭所言，“即使是最强者也决不会强的足以永远做主人，除非他把自己的强力转化为权利，把服从转化为义务”。从这个意义上说，“强力并不构成权利，而人们只是对合法的权力才有服从的义务”。[⑧]

---

① 童之伟：《公民权利国家权力对立统一关系论纲》，《中国法学》1995 年第 6 期，第 14—22 页。

② 胡杰：《论权力的权利性》，《法制与社会发展》2013 年第 2 期，第 86 页。

③ 徐勇志：《权利与权力关系的辩证思考》，《钦州学院学报》2014 年第 7 期，第 2 页。

④ 王莉君：《论权力与权利的一般关系》，《法学家》2003 年第 5 期，第 111 页。

⑤ 王莉君：《论权力与权利的一般关系》，《法学家》2003 年第 5 期，第 110 页。

⑥ 王莉君：《论权力与权利的一般关系》，《法学家》2003 年第 5 期，第 111 页。

⑦ 王莉君：《论权力与权利的一般关系》，《法学家》2003 年第 5 期，第 111 页。

⑧ ［法］卢梭著，何兆武译：《社会契约论》，商务印书馆 1997 年版，第 12—14 页。

也就是说，国际话语的权力关系只有向国际话语的权利关系转化，才能克服自身的局限性从而获得持久的维持和发展。在共同价值和共同规范的调整之下，话语权力可以逐渐摆脱个别的、偶然的强制状态，而向着规范的、普遍的、持久的强制状态转化，这种具有正当性和规范性权利形态的权力，比那些没有规范性，偶然、间断的强制性权力或诱导性权力，更具有权威性和正统性，更具经济有效性。[①] 权力关系转化为权利关系，就是规范化过程，由于规范、标准、制度、程序因素的介入，权力得以强化，同时又得到了限制。[②]

话语权利制约话语权力。现实的权力话语关系引导权利话语活动发生变化，反过来，权利话语活动也会改变权力话语的面貌。经过交流、对话、谈判、磋商，甚至攻击与反驳，一些权力话语可能会得到权利的认可，进而转化为一种具有正当性权力的国际制度话语权利。这种权力话语向权利话语的转化会带来两项后果：其一，权力话语主体通过制度话语的力量获得预期的利益；其二，制度性权利话语中的权力因素虽然没有消失，但是它却受到了一定控制。所以，国际制度性话语可以起到缓和权力话语主体间紧张关系，并把权力话语冲突保持在“秩序”范围内的作用。[③] 从这个意义上，话语权利对话语权力具有制约性。

总之，话语权利是话语权力的本源，没有话语权利就没有话语权力。但话语权利需要话语权力作为保障，没有话语权力支撑的话语权利是空洞概念，话语权力塑造话语权利。但强力并不能产生权利，只有合法性、正当性的话语权力才能形成话语权利，而且，话语权力只有转化成权利，才能获得合法性，但这种转化并非自然而然的过程，而是需要话语权力的交锋、博弈。因此，权力是正在形成中的权利，话语权力服务于话语权利，话语权利是话语权力的目的，话语权力塑造话语权利，话语权利制约话语权力。话语权力与话语权利的诸多关联性要求我们在争取国际话语权的外交活动中，应该把权力的权利性作为话语权外交的目标。

---

① ［美］丹尼斯·朗著，陆震纶、郑明哲译：《权力论》，中国社会科学出版社 2001 年版，第 59 页。

② 王莉君：《论权力与权利的一般关系》，《法学家》2003 年第 5 期，第 112 页。

③ 王莉君：《论权力与权利的一般关系》，《法学家》2003 年第 5 期，第 112 页。

强调国际话语权力的权利性，有助于限制国际话语中一些不合理的权力话语行为，促进权力话语的规范运行。当今国际社会确实存在着话语霸权现象。它们作为话语强势国家，利用或滥用话语权力，抹煞、压制、阻挠、侵犯其他国家的话语权利。如美国等西方国家利用自己的话语强势地位，对发展中国家进行意识形态渗透活动等，都是对主权国家自由选择适合自己国情的社会制度、发展道路这一基本权利的损害。强调话语权力的权利性有助于对话语霸权行为进行规制与制约，使国际话语面貌向着公平、合理、理性的方向发展，促进权力话语与权利话语之间的良性互动。① 另外，从话语权力的理性和应然层面看，话语权力主体之间是“主—主”关系，而不是“主—客”关系，即国际话语权的竞争应该具有主体间性。这意味着话语权力关系应当建立在对话语权利的尊重和保障的基础上，这样才能否定并避免有些国家的话语权力异化为话语暴力、话语攻击，所以权力主体间性的应然价值要求，也决定了我们应该重视话语权力的权利性。②

第五节　国际话语权的战略重点：话语体系建构

一、话语体系的概念：语境系统说

（一）表达系统说及其分类

什么是话语体系？不同学者给出了不同的界定。不同定义的语言叙述不同，但大多数的观点都属于“表达说”，即把话语体系当作是“表达形

① 胡杰：《论权力的权利性》，《法制与社会发展》2013年第2期，第88页。
② 胡杰：《论权力的权利性》，《法制与社会发展》2013年第2期，第87页。

式”或“表达系统”。如王永贵、刘泰来，[①] 及张国祥[②]、忻平[③]、陈汝东等都持这种观点。

其中，陈汝东认为，国家话语体系是一个国家政治、经济、文化、教育、科技、学术、外交、贸易等实力的媒介表达形态，是一个国家作为话语主体在国内外乃至全球行使国家主权进行国际传播的行为系统。它也是国家意识、国家意志、国家价值观、国家追求、国家梦想在全球舞台上的综合展现形式，是一个国家的文化与文明的载体和重要表达方式系统，是一个国家的文化和文明在话语学层面上的再阐释。国家话语体系，既包括国内话语体系，也包括国际话语体系；既包括古代的话语体系，也包括现代和当代的话语体系。微观上，它由国家话语主体、语境、媒体、信息、方式、方法以及风格等因素构成。一切可以作为信息的媒介符号，都是国家话语体系的载体。宏观上，则包括我国的政治、经济、军事、文化乃至文明等诸多方面，是我国政党、政府、媒体和国民构成的综合实力的集中表达系统。[④]

韩庆祥认为中国特色社会主义话语体系是由一系列具有内在逻辑关系的要素构成的系统，它包括八个层次：第一层次是话语基础，包括中国的经济、政治、文化、社会等方面的实力，即硬实力和软实力，也包括中国道路；第二层次是话语核心，指核心理念，与政府力量、市场力量、社会或民众力量、社会发展动力机制、平衡机制和治理机制有关；第三层次是话语内容，即“讲什么”；第四层次是话语方式，即“怎么讲”，包括对内话语方式和对外话语方式两种，两种话语方式内外有别；第五层次是话语自信，即道路自信、理论自信、制度自信等；第六层次是话语传播；第七层次是话语权，是话语体系的最高目标，包括定义权、解释权、主导权、

---

① 王永贵、刘泰来：《打造中国特色的对外话语体系：学习习近平关于构建中国特色对外话语体系的重要论述》，《马克思主义研究》2015 年第 11 期，第 6 页。

② 张国祥：《中国话语体系应如何打造》，《人民日报》2012 年 7 月 11 日。

③ 忻平：《加强哲学社会科学话语体系改革创新学术理论研究与传播》，《毛泽东邓小平理论研究》2017 年第 1 期，第 84 页。

④ 陈汝东：《论国家话语体系的建构》，《江淮论坛》2015 年第 2 期，第 6—7 页。

控制权等；第八层次是话语创新。①

上述话语体系的界定及其分类，为我们了解话语体系提供了参考。

（二）认知语境系统说及其构成要素

笔者认为，表达系统说的定义不够全面。如果从认知关联理论角度来理解话语体系，它应该不是话语表达系统，而是为话语表达和话语解读的语境化过程提供最佳相关性选择和建构的话语资源，即认知语境系统。

因为话语是人们说出来或写出来的语言，是在人与人互动过程中呈现出来的，如法国思想家福柯提出“话语即权力”的观点，认为话语是与社会权力关系相互缠绕的具体言语方式，是一定的说话人与受话人之间在特定社会语境中通过文本、言语而展开的沟通互动的活动。

其中，语境是话语表达和话语理解的关键要素。这里的语境不仅指交际场合中那些种种可见的具体因素，而且是指认知语用学所强调的内容更为广大和深化的认知语境，即包容了语言使用者大脑里所有关于世界的假设以及认知处理能力的语言使用环境。换言之，认知语境包括交际双方在某时、某地，关于某事、某人事实的了解，而且还包括三种信息：词语信息、关于世界的百科信息（关于世界的一切概念和信念的知识）、逻辑信息（运用一定的逻辑关系推理的能力及关于语言交际规律的认识）。

话语理解是将话语信息语境化的过程，是在选择和建构语境的基础上实现的。也就是说，人对话语的理解，不是被动地接受信息，而是在已有的知识的基础上，根据话语的字面信息，通过最佳关联原则，选择和建构相关语境要素，将其和话语信息相互作用而实现的。对于说话人来说，要想取得听话人对话语的内容的认同，也要根据自己的交际意图、对听话者认知语境的假设和对当前情景的了解，选择最为适当的方式进行交谈，才能取得预期效果。由此可见，语境是一个重要概念。话语表达和话语解读离不开认知语境，认知语境其实是一个无所不包的文化知识系统，涵盖物质、社会、文化、认知的各个方面。它在话语交际过程中是为话语表达和

① 韩庆祥：《中国特色社会主义话语体系的八个层次》，人民论坛网，2014 年 11 月 19 日，http：//theory. rmlt. com. cn/2014/1119/346154. shtml。

话语解读提供话语资源、知识储备的作用。①

同样，国际话语权的竞争和提升，不是一个自言自语的话语表达过程，而是一个话语表达与话语解读的互动过程，是话语明示与话语推理的认知活动过程。在这个过程中，无论是话语解读，还是话语表达，都需要在已有的相关认知语境基础上，来认识新事物、获取新信息，进而改变已有的认知语境，为下一个认知活动做准备。话语体系是以旧信息（交际者对世界的认知，即语境信息）的形态存在于交际者的头脑中，进入话语交际的相关语境是一个人从他全部认知语境中的部分选择。话语的理解是听话者通过寻找与话语信息相关的语境并进行推理而获得的；话语的建构与表达也是根据自己的话语意图，通过提供与对方听话者的认知语境相关的信息，以便使对方明白和理解自己的话语，进而实现话语交际的成功。认知语境在连续的话语表达与解读过程中，不断丰富、更新与发展，构成人类认识世界的共同的认知环境，然后再为话语解读与话语表达的语境化提供话语资源、知识储备。从这个意义上说，话语体系不是话语表达系统，而是为话语表达和话语解读的语境化过程提供话语资源的认知语境系统。②

二、话语体系建构的必要性：认知关联理论视角

（一）政治、社会、文化和学术发展的需要

增强国际话语权为什么要把建构话语体系作为重中之重？许多学者都提出这是由学术研究和我国政治、社会、文化发展的需要所决定的。如，王永贵等认为，打造中国特色对外话语体系，是共建“一带一路”倡议和实现中国梦的必然要求；是提高国家软实力、增强话语权的迫切需要；是传播中国声音、展示大国形象的现实要求。③ 陈汝东认为，国家话语体系研究，有助于提高我国的文化软实力、改善我国的国家形象，有助于强化我国的国家治理能力特别是全球治理能力，因为国家话语能力建设是国家

① 赵艳芳：《认知语言学概论》，上海外语教育出版社 2001 年版，第 173—178 页。

② 赵艳芳：《认知语言学概论》，上海外语教育出版社 2001 年版，第 173—178 页。

③ 王永贵、刘泰来：《打造中国特色的对外话语体系：学习习近平关于构建中国特色对外话语体系的重要论述》，《马克思主义研究》2015 年第 11 期，第 11—13 页。

治理体系在话语层面上的集中表现，是我国全球治理能力的有机组成部分。有助于为中华文明特别是当代文明的全球传播提供一个范畴系统；有助于国家话语主体国家意识、国家话语能力的培养，有助于其国家修辞能力的提高等等。[①] 这些阐述为我们理解话语体系建构对提升国际话语权的重要性，提供了很好的视角。

（二）认知关联理论的视角

为了进一步理解话语体系建构对加强国际话语权的重要性，本书拟从认知关联理论的角度，对话语体系构建的必要性和重要性做一补充阐述。

1. 认知关联理论的主要观点

根据认知语言学的相关性理论，国际学术交流作为一个跨国界、跨文化的交流，可以说是一个发话者与听话者之间明示与推理的认知互动过程，也即一场发话者和听话者之间的表达和解读、再表达和再解读的话语互动过程。

从发话者角度来看，跨国界、跨文化学术交流活动就是一种明示活动，即通过话语引起听话者的注意，诱发他去思考。话语一般有两种意义：一是话语的字面意义；二是话语的隐含意义，即字面意义隐含的真正含义，也是发话者的交际意图。从听话者角度来看，交流是一种推理过程，即听话者根据发话者的明示信息，选择恰当的相关语境要素，通过推理明白对方的交际意图即话语的隐含意义，对话语进行有效的解读，以取得语境效果。

成功的交际就是实现交际意图，而交际的成功，在于发话者和听话者的认知语境趋同的程度。认知语境差异越大的人，对同一话语理解的差异就可能越大，交际双方认知语境趋同程度越高，交际成功的概率就越高，反之就越低。对于发话者而言，成功的交流就是根据自己的交流目的、对听话者认知语境的假设和对当前情景的了解，选择恰当的话语进行交谈以取得预期效果；对于听话者来讲，成功的交际意味着他在发话者最佳相关的语言基础上，寻求一种最佳相关的理解，取得最佳的语境效果。对话语的理解其实就是将其语境化的过程，即根据话语的字面意义，在整个认知

① 陈汝东：《论国家话语体系的建构》，《江淮论坛》2015 年第 2 期，第 7 页。

语境中选用最佳相关的语境要素，通过推理确定话语可能隐含的意义的过程。当然，交际的成功不是绝对的概念，而是一个相对的概念，最佳相关与最佳效果也只是交际的一种目标和期望。交际的成功需要在此基础上，不断地推测、验证、调整、适应，不断地解读、表达、再解读、再表达，进而达到最佳的语境效果。①

认知语境是跨文化交流的关键要素。语境即语言环境，包括语言世界语境和非语言世界语境。语言世界语境分为语言的内容世界和形式世界。非言语世界语境又分为物理世界语境和非物理世界语境。非物理世界语境又分为文化世界语境和心理世界语境，物理世界又分为现实的物理世界和可能的物理世界。文化世界又分为共时的文化世界和历时的文化世界，心理世界又分为常规心理世界和超常心理世界。② 一切语言的应用和言语的交际总是限定在一定的语境范围之内，语境对语言的语义、词语、结构形式以及语言风格等方面都会产生影响和制约作用。一个人的认知语境越丰富，他认识事物的能力就越强，相关语境选择能力就越强，对话语的解读能力和表达能力就越强，交流成功的概率就越高。

2. 国际话语交流的基本模式

根据认知关联理论，我们可以归纳出国际学术交流的四种基本模式。

表 4－1　国际学术交流模式

	A 发话 （明示）	B 解读 （推理）	语境效果	B 回应 （明示）	A 解读 （推理）	语境效果	交际类型
语境化模式 1	C（A＋B）	C（B＋A）	共识	C（B＋A）	C（A＋B）	共识	共识型
语境化模式 2	C（A）	C（B）	冲突	C（B）	C（A）	冲突	冲突型
语境化模式 3	C（A）	C（A）	同化	C（A）	C（A）	同化	同化型
语境化模式 4	C（B）	C（B）	顺应	C（B）	C（B）	顺应	顺应型

① 赵艳芳：《认知语言学概论》，上海外语教育出版社 2001 年版，第 173—178 页。

② 王希杰：《四个世界和语境类型》，《宁夏师范学院学报（社会科学）》2007 年第 1 期，第 63 页。

表中，C表示话语信息；A表示发话者A及其语境体系；B表示听话者B及其语境体系；括号中内容表示语境化；A+B或B+A表示兼顾AB或BA语境体系的相关语境选择。

语境化模式1：C（A+B）表示发话者A根据自己的交际意图，从自己的语境体系A和听话者的语境体系B中，选用最相关的语境信息（A+B），发出他认为适当的话语C（A+B）。听话者B根据话语信息C，从自己的语境体系B和发话者语境体系A中，选用最佳相关的语境信息（B+A），根据推理获取C的话语意义C（B+A）。听话者再以C（B+A）的语境化模式做出回应，发话者A以C（A+B）模式解读。这种交流模式获得的语境效果容易达成共识，是理想的成功型交际类型。

语境化模式2：C（A）表示发话者A的话语C是完全根据自己的认知语境体系的相关语境信息来建构的；C（B）表示听话者B的解读结果是完全按照自己的语境体系的相关语境信息推理获得的话语解读结果。听话者B再以同样模式C（B）构建话语做出回应，而发话者A以同样的C（A）模式解读之，这样的交流模式获得的语境效果往往是对立、冲突型的。

语境化模式3：C（A）表示发话者A的话语C是完全根据自己的认知语境体系的相关语境信息来建构的；C（A）不是听话者的解读，而是完全根据发话者A的语境体系的相关语境信息来推理解读的；听话者B和发话者A再以同样C（A）模式进行回应和解读。这样的语境效果往往是A同化B或B同化于A，这样的交际类型称为同化型。

语境化模式4：C（B）表示发话者的话语是完全根据对方B的认知语境体系的相关语境信息来建构的；听话者B也根据自己的认知语境体系，选择最佳相关语境信息，解读发话者A的话语C（B）意义，然后再以同样的方式回应A，A再以同样的方式解读B的回应话语。这样的交际效果是A顺应B的结果，故称之为顺应型交际。

3. 中外话语交流面临的问题

改革开放以来，中外学术对话主要以冲突型、同化型交流为多。

同化型交流。一方面表现为：美国等西方国家的各领域学术理论、学术概念、学术话语等对中国学术界的大规模传入、渗透甚至淹没；美国等西方国家用它们自己的认知语境即话语体系解读中国、评说中国；它们充当了话语交流的主导者、话语价值的裁判者，话语规则的制定者、话语生产的供给者。另一方面表现为：我们一些人对西方话语输入多、解读多、认同多、接受多；对自己的话语输出少、解读少、认同少、表达少、重视少；许多人更多时候充当了西方话语的接受者、解读者、盲从者、搬运者，甚至有些人提出“全盘西化”。这会造成文化认同、政治认同危机，其后果是极其严重的。

冲突型对话。主要表现为美国等西方国家作为发话者抛出的各种“中国威胁论”与我国作为听话者的被动回应。西方对中国的政治、经济、军事、环境、人权等各种话语攻击，都是以学术研究为基础，以学术话语的形式呈现。西方的话语权利多（发话多），话语权力大（声音大、影响大）；我们的话语权利少（发话少、机会少），话语权力小（声音小、影响小）。

总之，我们的国际话语权利和国际话语权力与我们的国际经济地位的提升不相匹配，我们的话语权与西方的话语权不对称。

4. 问题的原因分析：语境体系建构不丰富

分析原因有三：一是交流双方可供话语表达和解读的语境化关联选择的语境资源（即话语体系）的文化差异大；二是参与话语信息语境化最佳关联选择的认知语境要素的共性少，偏离多（或向同化型偏离、或向顺应型偏离）；三是目前我们的国际话语困境根源于我们的语境体系即话语体系建构不完善，它直接影响了人们的话语解读能力和话语表达能力。

从解读能力来看，我们很多人对西方话语失去免疫力，盲目跟从，缺乏批判精神，缺乏甄别判断能力，表现出自觉不自觉的崇洋媚外。从表达能力来说，不少人喜欢对西方话语生搬硬套，教条主义，人云亦云，不仅用西方语境知识来复述西方话语，还用西方的理论、概念来阐释中国，这样不仅“说不通”，也严重脱离中国；还有些人只按照自己的思维方式和言说习惯来表达自我、说明中国，结果令听话者“听不懂”“听不明白”。

我们话语能力不强的根本原因，在于我们头脑中可供我们进行话语语境化最佳选择的认知语境体系没有建构起来或建构得不完整、不丰富。当我们的认知语境体系中，没有足够的学术成果做资源，没有门类齐全的学科体系做支撑，或者说，当我们的认知语境缺乏自我建构、自我丰富、自我更新、自我发展、自我体系化的时候，面对西方各领域中五花八门的新概念、新理论、新词语、新话语，我们的解读就容易迷失自我，我们的表达就容易缺乏自信，我们的话语就容易缺失说服力、竞争力和吸引力。因此，语境体系建构很重要，而语境体系即话语体系的建构，离不开以学术研究的科学性做基础，以学术话语的创新繁荣做支撑。

三、成功的交流：话语体系的最佳语境化处理

冲突型的交流模式及其效果不利于文化的双向交流、不利于多元文明互鉴，不利于国际社会的公平、正义、民主、自由、和平、安全、稳定、发展，而要避免矛盾、冲突、误解、歪曲等一切消极负面的交流效果发生，最好的办法就是采用共识型的交流模式。

成功的交流，关键在于交流双方的认知语境趋同程度。双方在认知语境上越趋同，交际也就越容易成功。而作为跨国界、跨文化的东西方或中外学术交流，双方的认知语境存在很多、很大差异，但并非没有共性存在，且共性是主要的，否则，人类就根本无法沟通交流。如果只强调差异，忽视共性，交流容易导致对立、冲突；如果只强调自我，无视对方和他者，交流就容易遭到话语霸权的质疑；如果只顺应对方，而失去自我，交流就容易导致自我文化认同危机。最理想的交流模式就是立足自我、兼顾他者的共识型交流方式，即双方在话语建构和话语解读的互动过程中，都能坚持求同存异的原则，都能立足于自己的认知语境体系，兼顾对方或他者的认知语境体系，做出最佳相关的语境化处理，那么双方的话语交流就容易达成共识。

面对美国等西方国家话语霸权的泛滥和中国国际话语权的缺失及其带来的中国国家利益受损，国际社会发展不平衡、不公正的情况，加强中国国际话语权提升，为国际社会的公平正义、人类社会的和平发展，发声表态、贡献智慧，便成为我们的重要课题。近些年我国通过各种国际高峰论坛、首脑对话、国际学术会议、媒体传播等途径，陆续提出了许多学术性强、国际影响力大的新话语、新概念、新理论，比如，高举和平、发展、

合作、共赢的旗帜；构建以合作共赢为核心的新型国际关系，打造人类命运共同体；坚持睦邻、安邻、富邻，突出体现亲、诚、惠、容的理念；遵循和平合作、开放包容、互学互鉴、互利共赢的丝路精神，共建“一带一路”，积极促进“五通”（政策沟通、设施联通、贸易畅通、资金融通、民心相通）；促进和而不同、兼收并蓄的文明交流；走出一条“对话而不对抗、结伴而不结盟”的国与国交往新路等，引发世界关注。特别是人类命运共同体被成功写入联合国社会发展委员会第55届会议通过的决议中；共建“一带一路”倡议提出后仅三年，便得到了大部分国家的支持、赞同、理解和参与，也获得了丰硕的早期成果。这些话语之所以获得国际影响力、取得交流的成功，关键就在于这些话语找到了各自的认知语境共性，找到了话语共识、文化共识和利益共识。

总之，共识型交流才是最理想的交流成功，这种交流是求同存异、合作共赢式的交流，融通中外、包容互利、文明互鉴式的交流。因此，要想突破西方话语霸权，提升中国国际话语权，获得话语交流的成功，最好的办法就是从双方的认知语境中寻找最佳关联语境共性，在此基础上建立的话语交流，才容易达成共识。当然，国际话语交流中，要想实现共识性交流效果，并非易事，它需要在持续的互动中，不断地推测、验证、调整、适应。而这些过程就是话语与语境相互作用的过程，都需要有丰硕的学术成果做支撑的完善的语境体系即话语体系做资源和必要条件，而且这个话语体系建构必须是“继承传统、包容现代、创新未来、符合时代要求与普遍公意的话语体系”。[①]

具体而言，话语体系的建构与完善，应该从以下几方面着手进行：（1）提高国际话语权意识；（2）进一步加强硬实力建设；（3）从国家战略高度加强国际话语权外交；（4）加强价值观话语权外交；（5）加强制度性话语权外交；（6）加强学术话语权外交；（7）加强媒体话语权外交；（8）加强国际话语权的主体间性建构。

---

① 王义桅：《打造国际话语体系的困境与路径》，《对外传播》2014年第2期，第13页。

第六节　国际话语权的建构途径：西方的经验与启示

西方话语称霸世界的情况下，提升国际话语权的主要途径有二：其一，加强话语权外交的基础建设，即国家硬实力建设，包括国家的经济力量、军事力量和科技力量等有形物质力量的建设；其二，加强话语权外交的软实力建设。这是西方话语权的超强影响力带给我们的经验和启示。而国际话语权的建构途径主要有：话语体系建构、价值观话语权建构、国际制度话语权建构、学术话语权建构、媒体国际话语权建构等。

一、价值观话语权建构

（一）西方的价值观外交

“价值观外交指一国政府在对外政策与国际交往实践中以其国民所认可的主流价值诉求为指导而形成的外交方式。在中国语境下，价值观外交通常被用来指代西方国家以人权、民主和自由等传统价值观作为外交政策的基础与原则并在实践中赋予外交行为以强烈的价值观色彩的外交方式。”①

价值观外交其实就是国际话语权之争在价值观领域的具体表现。西方的价值观外交植根于西方社会的人文理念和宗教价值之中，构建于其国内政治生态与国民伦理认同的基础之上，具有两种生成动因，即以价值输出、同化世界和利益攫取为目的，其理论基础是“民主和平论”。

据“百度百科”查询，“民主和平论”的主要观点认为，所有实行民主制度的国家不会或极少与另一个民主国家发生战争，而非民主国家之间的战争则相当常见。这种理论对西方国家的外交政策产生了深刻影响，一

---

① 李建华、张永义：《价值观外交与国际政治伦理冲突》，《河南师范大学学报（哲学社会科学版）》2009 年第 3 期，第 66 页。

方面，强化了它们的价值观外交意识，更加积极向外输出和传播民主、自由、人权等西方“普世价值”，广泛开展全球意识形态渗透活动。如，美国前总统克林顿曾说：“保持我们国家安全并维持长久和平的最好方法便是支持其他地区的民主发展。民主国家之间不会互相争战。”美国发动的阿富汗战争、伊拉克战争、中亚的“颜色革命”、中东“民主化改造”等等，都是其“推进和扩展民主”“输出美国价值观”及进行文化、意识形态渗透的结果。

另一方面，它们以人权、民主、自由为价值标准，判定国际事务及他国内政是非，并据此划分敌友我他关系，凡是有别于西方普世价值观的国家，就是具有潜在威胁的国家，竭力加以排斥和打压。它们试图以西方价值来构建国际伦理道德规范并致力于将其“普世化”，常常先发制人，抢占国际话语权，掌控国际舆论环境，妄图扩大“民主国家”阵营，保障它们的既得利益。如美国的人权外交，自卡特政府开始，是美国历届政府推行其霸权主义的一种手段。①

（二）西方价值观话语权外交的启示

西方国家的价值观外交启示我们，应该加强价值观外交，以此提升国际话语。

2015 年 9 月 28 日，习近平主席在第七十届联合国大会做《携手构建合作共赢新伙伴　同心打造人类命运共同体》的发言时指出：“和平、发展、公平、正义、民主、自由，是全人类的共同价值，也是联合国的崇高目标。目标远未完成，我们仍须努力。当今世界，各国相互依存、休戚与共。我们要继承和弘扬联合国宪章的宗旨和原则，构建以合作共赢为核心的新型国际关系，打造人类命运共同体。”② 2017 年 3 月 17 日，构建人类命运共同体理念首次载入联合国安理会决议，反映了国际社会对这一理念

---

① 王友明：《评析默克尔的“价值观外交”》，《国际问题研究》2008 年第 4 期，第 52—53 页；王士琛：《欧盟的价值观外交及其对中国的启示》，《公共外交季刊》2015 年第 7 期，第 40 页。

② 郭海龙、林伯海：《对习近平共同价值思想的哲学思考》，《社会主义核心价值观研究》2016 年第 2 期，第 54 页。

的重要价值和意义形成了共识。[①] 以命运共同体的新视角，寻求人类共同利益和共同价值的新内涵成为当今世界的价值共识。

人类命运共同体理念和共同价值思想的提出有利于提升中国的国际话语权，增强中国的软实力。新中国成立以来特别是改革开放40多年的发展历程表明，中国是国际社会的重要成员，是推动国际政治经济秩序朝着更加公正合理方向发展并努力做出贡献的国家。中国的发展成就、中国的和平发展模式，是中国各族人民在继承发扬中华五千多年优秀文化传统、借鉴其他民族的长处基础上，以自己的勤劳智慧摸索创造出来的，是对人类文明进步、世界繁荣稳定，做出的巨大贡献。[②] 但以美国为首的西方国家却凭借话语霸权，极力歪曲中国，以“中国威胁论”抹黑中国，严重损害了中国的国际形象。在这种情况下，提升中国国际话语权、增强中国软实力显得尤其重要而迫切。因此，习近平多次强调，要提升国际话语权，“要努力传播当代中国价值观念，并强调要把当代中国价值观念贯穿于国际交流和传播方方面面”。[③]

当代中国价值观念既包括社会主义核心价值观，也包括人类共同价值观。在世界范围内传播中国的社会主义核心价值观，一方面有利于丰富和发展人类共同价值的基本内涵，另一方面又有利于促进中国话语权的提升和文化软实力的增强。[④]

二、国际制度话语权建构

（一）国际制度话语权的定义

所谓国际制度，广义而言是指有关国家在某一问题上进行合作或协调

---

① 班威：《中国方案的世界回响：写在人类命运共同体理念首次载人安理会决议之际》，人民网，2017年3月24日，http：//politics. people. com. cn/n1/2017/0324/c1001－29166069. html。

② 《中国的和平发展白皮书》，中国政府网，2011年9月6日，http：//www. gov. cn/jrzg/2011－09/06/content_1941204. htm。

③ 《习近平在中共中央政治局第十二次集体学习时强调：建设社会主义文化强国，着力提高国家文化软实力》，《人民日报》2014年1月1日。

④ 林伯海、杨伟宾：《习近平的人类共同价值思想初探》，《当代世界与社会主义》2016年第2期，第166、168页。

的机制，包括国际组织、国际协议、国际准则以及国际惯例等；狭义的国际制度，如美国学者克拉斯纳在 1983 年所定义，是指“国际行为体在国际关系的某个特定领域中所遵循的一整套或明示、或暗含的原则、准则、规则和决策程序”。[①]

美国学者约瑟夫·奈指出：“如果一个国家可以塑造国际规则，使之与自己的利益和价值观念相吻合，其行为就更可能在他人看来具有合法性。如果它可以使用和遵循那些能够引导和限制他国自愿行为的制度和规则的话，那么它就没有必要使用代价高昂的胡萝卜与大棒。”[②] 也就是说，如果一个国家可以通过建立和主导国际规范及国际制度，从而左右世界政治的议事日程，那么它就可以影响他人的偏好和对本国国家利益的认识，从而具有软实力，或者具有“制度权力”。[③] 这个“制度权力”就是制度话语权。[④]

（二）国际制度构建能力是国际话语权的主要来源之一

进入 21 世纪以来，全球化发展迅速，经济的相互依赖度日益加深，国际制度在维护世界和平与经济有序发展、国家间协调利益矛盾、解决疑难问题等方面发挥了重要作用，在国际组织运行、国际规则制定、国际道义维护、国际秩序组织方面发挥作用的程度体现了一国国际话语权的大小。一个国家参与和主导国际组织的数量、驾驭国际组织的能力，[⑤] 或者说，一个国家是否能够创造性地参与国际制度建设，是一国国际话语权强弱的重要体现，也是增强国际话语权的重要途径，[⑥] 正如约瑟夫·奈上述关于制度软实力的论述，国际制度的构建和使用能力是国际话语权的重要来源

---

① Stephen D. Krasner, “Structural Causes and Regime Consequences: Regimes as Intervening Variables”, *International Organization*, 1982, Vol. 36, p. 186.

② Joseph S. Nye, *Soft Power: The Means to Success in World Politics*, New York: Public Affairs, 2004, pp. 10 – 11.

③ Joseph S. Nye, *Bound to Lead: The Changing Nature of American Power*, New York: Basic Books, 1990, pp. 33 – 34.

④ 张焕萍：《论国际话语权的架构》，《对外传播》2015 年第 5 期，第 50 页。

⑤ 张焕萍：《论国际话语权的架构》，《对外传播》2015 年第 5 期，第 50 页。

⑥ 杨庆龙：《利用国际机制，增强中国国际话语权》，《理论视野》2016 年第 4 期，第 13 页。

之一。[①]

美国的霸权和话语权在很大程度上就是通过主导国际机制来实现的。西方国家善于把舆论性话语权转变成制度性话语权，[②] 善于根据自己的价值标准、利益得失来设置议题、制定评判标准，通过理念影响、意见表达或舆论攻势，来左右国际政治议题，主导国际规则制定，从而使利益向自己期望的方向倾斜。如：美国在国际货币基金组织和世界银行中的特殊地位，保障了美国的经济利益；冷战时期建立的北约和美日韩政治军事同盟对于美国维护世界霸权仍起着重要作用。[③] 近年来，美国频繁“退群”，并不意味着它放弃了国际制度性话语权，而是不想承担国际责任和相关费用，同时想获得更多“美国优先”的实际利益。为此，其不惜违反世贸组织规则，对他国输美商品征收高关税，挑起贸易争端；利用自身强大实力，以国内法对他国企业进行打压制裁；制造各种新话题、新概念，围攻他国。[④] 美国的话语攻击力、话题制造力、舆论引导力可谓超强。

（三）西方国际制度话语权外交的启示

随着经济全球化、文化全球化的发展，特别是在美国等西方国际制度话语权强势带来的优势地位和实际利益的启示下，各国逐渐意识到国际制度话语权的重要性，不断提高国际制度参与能力、国际议题设定能力、国际传播能力，以期获得他国认同，进而做出符合本国利益的政策决定。[⑤]

与美国等西方国家相比，中国的国际制度建构能力不足。《中共中央关于制定国民经济和社会发展第十三个五年规划的建议》中明确指出，“必须顺应我国经济深度融入世界经济的趋势，奉行互利共赢的开放战

---

① 吴贤军：《国际话语权视域下的“一带一路”战略实现路径研究》，《中共福建省委党校学报》2015 年第 2 期，第 100 页。

② 左凤荣等：《发达国家怎样谋求国际话语权》，《中国社会科学》，2020 年 7 月 15 日，http：//www. cssn. cn/dzyx/dzyx_llsj/202002/t20200224_5092201. shtml。

③ 杨庆龙：《利用国际机制，增强中国国际话语权》，《理论视野》2016 年第 4 期，第 13 页。

④ 左凤荣等：《发达国家怎样谋求国际话语权》，《中国社会科学》，2020 年 7 月 15 日，http：//www. cssn. cn/dzyx/dzyx_llsj/202002/t20200224_5092201. shtml。

⑤ 张焕萍：《论国际话语权的架构》，《对外传播》2015 年第 5 期，第 50 页。

略”，“发展更高层次的开放型经济，积极参与全球经济治理和公共产品供给，提高我国在全球经济治理中的制度性话语权，构建广泛的利益共同体”。[①] 党的十八大以来，中国国际制度话语权有了很大提高，主要体现在：中国提出了构建人类命运共同体、构建新型国际关系、正确的义利观、共商共建共享的原则、捍卫现行国际秩序等新理念，使中国在国际舆论界占有道义优势。中国积极参与全球治理，如在全球经济治理、金融治理、深入参与反恐禁毒、维护网络安全、应对气候变化等方面，发挥安理会常任理事国的重要作用。中国努力推动国际货币基金组织和世界银行的改革，中国在国际货币基金组织中的投票权份额从不足3.8%升至6.19%，从第6位升至第3位，位列美国、日本之后。[②] 国际货币基金组织份额改革正式生效，人民币纳入SDR[③]，增强了在国际金融治理体系中的话语权。积极创设上海合作组织、亚洲基础设施投资银行、丝路基金、金砖国家开发银行等国际组织和机构，创造性参与国际制度建设的能力有了一定提高。[④]

当今世界大变局下，国际话语权的结构也在发生变化。应该清醒认识到，与美国等西方话语霸权国家相比，中国参与国际话语权博弈的经验和竞争力，还相差很远。我们需要在话语交流、沟通、博弈、碰撞中，不断吸取经验教训，借鉴和分析他国成功经验，进而不断提高自身的国际话语权竞争能力，维护国家安全和国家利益，推动世界的和平与进步。

三、媒体国际话语权建构

（一）媒体国际话语权的定义

媒体是指“一种能使传播活动得以发生的中介性的公共机构”，“包括

---

① 《中共中央关于制定国民经济和社会发展第十三个五年规划的建议（全文）》，国际在线网，http：//news. cnr. cn/native/gd/20151103/t20151103_520379989. shtml。

② 《IMF份额改革正式生效 中国话语权升至第三》，凤凰网，2016年1月28日，http：//finance. ifeng. com/a/20160128/14196043_0. shtml。

③ 《央行：人民币正式纳入特别提款权SDR货币篮子》，新浪网，2016年10月1日，http：//finance. sina. com. cn/china/gncj/2016－10－01/doc－ifxwkzyk0780334. shtml。

④ 左凤荣等：《发达国家怎样谋求国际话语权》，中国社会科学网，2020年7月15日，http：//www. cssn. cn/dzyx/dzyx_llsj/202002/t20200224_5092201. shtml。

三大类，即印刷媒体（如报纸、杂志、图书等）、电子媒体（如广播、电影、电视等）和数字媒体（如多媒体、计算机、网络等）。印刷媒体和电子媒体统称传统媒体，而数字媒体则普遍称为新媒体”。[①] 媒体国际话语权是指“媒体通过国际传播活动而产生的影响国际舆论的能力”，[②] 也指媒体在国际社会中的话语传播能力及其影响力，国际事务的主导能力，国际舆论的培植和控制能力，国际议程的设置能力，政治操控能力，理念价值观贡献能力，国家形象塑造能力，媒体的规模、实力等。[③]

（二）媒体国际话语权的功能与作用

西方国家国际话语权的建构经验告诉我们，一个国家的国际话语权的大小与其媒体的国际话语权强弱有密切关系，这是由媒体话语权的特点和功能决定的。

1. 提供话语信息渠道

为发布信息和解读信息提供渠道或平台。乔尔·科恩认为，媒体作为信息来源（尤指新闻媒体），为外交决策者和公众提供信息；媒体作为信息中介，为不同国家外交决策者之间的沟通提供渠道；媒体作为信息渠道，为外交机构向国内和国外公众发表政策、解释政策、获取合法性支持和理解提供信息服务。[④] 媒体作为信息渠道的中介，具体包括：政府记者招待会，各部门的吹风会，新闻发布会，政府官员的各种公开演讲活动、接受记者采访、参加电视脱口秀节目，以及各种公告、协议、白皮书等。其中，新闻发布会是指政府或社会组织向新闻界直接公布有关政府、社会组织重要信息，解释政府、社会组织重大事件而举办的活动。合理和适当使用新闻发布会，可以沟通民意，满足公众知情权需要，有助于协调公共

① 任海、徐庆超：《媒体外交初探》，《中国人民大学学报》2011 年第 5 期，第 84 页。

② 吴世文：《全球传播中我国媒体建构国际话语权的探究》，《新闻传播》2010 年第 2 期，第 14 页。

③ 敖阳利：《关于提升我国媒体国际话语权的思考》，《新闻世界》2016 年第 3 期，第 94—96 页；谢新洲：《互联网传播与国际话语权竞争》，《北京联合大学学报》2010 年第 3 期，第 116 页。

④ Cohen Y.，*Media Diplomacy*：*The Foreign Office in the Mass Communications Age*，London：Frank Cass，1986，pp. 14 – 15；陆佳怡：《媒体外交：理论与实践》，中国传媒大学出版社 2016 年版，第 88 页。

关系；在处置突发事件时，及时有效的新闻发布会，有助于政府、组织把握舆论的主动权，避免谣言肆虐、扰乱民心，对稳定民心、改善政府形象、解释政府政策、获得民众支持等，起到积极作用。

政府新闻发布会始于美国20世纪30年代罗斯福在广播中发表的“炉边谈话”；之后，肯尼迪总统以电视直播方式向观众传达总统主张。此后，白宫新闻发布会成为美国总统任期内的一个重要职责，成为总统阐述政府立场、观点的最直接、最大范围的讲坛。“9·11”事件发生后，美国政府第一时间召集美国主流媒体负责人开会，要求媒体“听从指挥”，配合政府即将发布的打击恐怖主义政策，不发表不利于美国国家安全的报道。[①]这就是美国政府利用媒体渠道为自己的外交政策和行为寻求合法性支持的媒体外交行为，媒体作为信息中介为美国向国内外公众发表政策、解释政策、获取民意支持提供信息渠道作用。

2. 具有设置议题和拆解议题的功能

据“360百科”查询，媒体的设置功能，是指媒体通过新闻报道和信息传递活动，以赋予各种议题不同程度的显著性方式，影响人们对周围世界的大事及重要性的判断的能力和作用。媒体对报道内容的不同选择、报道的倾力程度差异等，都会带来不同的社会兴奋点、不同的社会讨论话题和不同关注程度的热门话题，这会无形中给政府决策造成不同的社会舆论压力。因此，媒体对报道内容的选择很重要，它往往受到媒体的经济利益、政治利益、意识形态等因素影响。[②] 伊拉克战争前期，美军得以迅速拿下巴格达，美国政府引导下的媒体“倒萨”宣传起到了重要作用。可见，媒体具有设置议程和拆解议程的功能。

3. 引导舆论

引导舆论即通过制造舆论场来影响公众意见。如果媒体倾力报道某件事，某件事往往成为民众以及政治领导人讨论的热点话题。由于地理距离的限制、科技的发展，现代社会对媒体的依赖性日益增强，人们对外部世

① 康兴平：《“9·11”后看美国的“新闻自由”》，《新闻记者》2001年第11期，第22—24页。

② 张国庆：《美国媒体如何影响外交决策》，《红旗文稿》2011年第16期，第4页。

界，特别是对国际事务的了解，更多依赖于媒体的信息传播，借助媒体所呈现的影像、声音、文字、符号、图画等来感知外部世界、理解现实社会，并据此做出反应。[①] 海湾战争时期，美国的 CNN 节目几乎成了所有国家民众必看节目。美国前国务卿鲍威尔曾说："鲜活的电视节目虽然不能改变政策，但是的确能够创造一种政策制定的环境。"[②]

4. 影响政策制定和实施

大众媒体可以通过发布信息、设置议题、呈现公众意见、制造新闻事件等方式，制造话语环境，对政府外交政策的制定和实施产生影响作用。美国媒体对美国政策的影响途径，主要有：（1）通过"舆论精英"和"舆论领袖"来影响外交政策，延缓或加速一项政策的出台和实施。（2）通过报道国会议员的观点和立法活动来间接影响外交决策。[③]（3）通过影响公众舆论来对政府施加影响。越南战争的结束是媒体影响民意进而影响美国对外政策的典型例子。（4）互联网在表达民意、影响外交决策方面的重要作用不可小觑。[④]

5. 建构和解构国家形象

所谓国家形象，是指"外部和内部公众对某国的总体判断和社会评价"。[⑤] 媒体对国家形象的塑造主要通过发布信息、设置议题、宣传政策、呈现公众意见、制造新闻事件等方式，制造话语环境，通过有目的地框定其他国家形象、向公众反复传播和输送特定议题和价值观，左右公众对国家形象的认知和评价，进而影响国家形象的建构。积极的影响作用有助于建构良好的国家形象，负面的影响作用会破坏、解构国家形象。[⑥]

6. 提升文化软实力和公共外交能力

文化软实力是指一国的文化价值观、社会体制、意识形态、道德准则等产生的吸引力、感召力和影响力。公共外交是指由政府主导，以外国公

① 李良荣：《西方新闻事业概论》，复旦大学出版社 1997 年版，第 97 页。
② 张国庆：《美国媒体如何影响外交决策》，《红旗文稿》2011 年第 16 期，第 4 页。
③ 张国庆：《美国媒体如何影响外交决策》，《红旗文稿》2011 年第 16 期，第 8—9 页。
④ 张国庆：《美国媒体如何影响外交决策》，《红旗文稿》2011 年第 16 期，第 9 页。
⑤ 汤光鸿：《论国家形象》，《国际问题研究》2004 年第 4 期，第 18—23 页。
⑥ 袁琳：《浅析媒体外交与国家形象塑造》，复旦大学硕士论文，2014 年，第 15 页。

众为主要对象，以传播和交流为主要手段，以加深对本国理解、增强国家软实力，提升国家形象，维护和促进国家利益为根本目标的外交活动。①国际媒体话语权常常可以依靠媒体所承载的文化价值观、意识形态、丰富的知识和信息等来吸引公众，靠声音、图像、字符、动画、视频等多维立体形式来增强话语的吸引力、新颖性、趣味性，靠媒体相对于政府的独立性即与政府关系的间接性、独立的话语力量来传递信息，通过引导舆论，设定议程，影响政策，传播国家文化和形象。它以话语的方式、舆论的压力影响外交政策、外交关系，充分显示了文化的软性力量和公共外交实力。②

总之，随着媒体技术的发展，全球化传播的深入推进，媒体特别是新媒体在国际话语权的争夺中发挥着越来越大的作用，因此，媒体成了争夺国际话语权的主要工具。③

（三）对中国的启示

近年来，随着中国的国际话语权意识的提高，中国主流媒体的传播能力呈现提升趋势。与此同时，我国新媒体在国际话语权的竞争中的作用也在日益提升。但是，与美国等西方国家相比，中国媒体的国际话语权竞争力明显落后于美国。如：（1）传播内容方面，美国等西方国家占据媒体话语权竞争中的内容控制优势，中国面临话语安全方面的挑战；国际议题设置方面，西强我弱。④（2）意识形态渗透依然严重，西方有些国家极力抹黑中国，通过媒体特别是新媒体制造“话题事件”⑤。（3）国际传播效果方面，西强我弱，中国始终没有摆脱其话语攻击。（4）新媒体的技术方面，也是西强我弱，中国存在网络安全风险。

---

① ［日］金子将史、北野充主编，《公共外交》翻译组译：《公共外交：“舆论时代”的外交战略》，外语教学与研究出版社 2010 年版，第 VII 页。

② 吴世文：《全球传播中我国媒体建构国际话语权的探究》，《新闻传播》2010 年第 2 期，第 14 页。

③ 吴世文：《全球传播中我国媒体建构国际话语权的探究》，《新闻传播》2010 年第 2 期，第 14 页。

④ 张志洲：《提升学术话语权与中国的话语体系构建》，《红旗文稿》2012 年第 13 期，第 6 页。

⑤ 李江静：《准确把握互联网意识形态话语权争夺的新形势》，《红旗文稿》2015 年第 22 期，第 11 页。

可见，中国必须借鉴美国等西方媒体话语权的成功经验和教训，加强国际媒体话语权建设。为此，要提高媒体话语权外交的自觉性和敏感性，提高话语设置权能力；面对突发事件应牢牢掌握定义权、解释权；平时注意措辞用语，避免误解，无论是有意曲解还是无意误解，都必须及时纠正，不同的措辞用语会导致不同的认知；塑造良好国家形象，讲好中国故事，阐释中国梦，解释中国实践，展示传统中国文化魅力；发展自己的核心技术，掌握国际先进媒体技术；增强媒体、网络安全意识，加强政府主管部门监管和引导；大力发展新兴媒体，推动传统媒体与新兴媒体的融合发展。

四、学术话语权建构

西方国际话语权的强大还表现在学术话语权的国际影响力方面。由于学术话语本身独有的特点和功能，使得学术话语权具有了更强的文化软实力。对于国家而言，其学术话语影响力的大小，不仅反映着其学术发展的整体高度，是衡量其综合国力和文化软实力强弱的重要标尺，也折射着其维护自身文化安全与意识形态安全能力的高下。不论从学术发展本身而言，还是就提升国家文化软实力、维护国家文化安全等角度而言，努力提升国家学术的国际话语权，都是一个极为重要而紧迫的课题。①

（一）学术话语权的定义

沈壮海将学术话语权定义为：相应的学术主体，在一定的时空范围内、学术领域中所具有的主导性、支配性的学术影响力。这种学术影响力，表现在引领学术发展的趋向、决定学术议题的设置、左右学术评判的尺度、主导学术交流的势态等诸多方面。② 郑杭生认为："学术话语权"是在学术领域中，话语权利、资格和影响力的统一，话语资格和话语权威的

① 沈壮海：《试论提升国际学术话语权》，《文化软实力》2016 年第 1 期，第 97 页。
② 沈壮海：《试论提升国际学术话语权》，《文化软实力》2016 年第 1 期，第 97 页。

统一，是学术共同体在与之相关的学术界中的影响力和支配力。[①] 学术话语权，一方面强调学术主体的话语自由，即学术话语的权利，另一方面是指学术主体的话语权威以及对于客体的多方面影响。[②]

（二）学术话语权的特征

由于学术本身的特点，学术话语权比其他类型的话语权，具有更强的文化软实力。

第一，学术话语权本身的学术性使得权力的体现具有了非强制性特征。学术是指具有理论性和科学性的实践经验总结，是知识和实践经验的理论抽象，它是通过符号来传递思想、知识、信息，因此它的影响途径是柔性、无形的，易于消解权力的强制和压力可能引发的敌意，从而增强它的影响力和吸引力。

第二，学术话语的“科学性”“真理性”地位，使得某一学术话语对象更容易获得人们对其真实性、合理性、正当性、进步性、普适性，或虚假性、不合理性、不正当性、落后性、特殊性的认知，从而使学术话语权起到了价值判断的标准和引导作用。

第三，学术话语的理论性可以加深人们的认知深度。学术是用科学方法探求客观事物的真相、性质、规律的一种认知活动，它通过观察、分析、归纳、综合、抽象、概括、逻辑、推理、论证等方式，向人们提供概念、命题、思想、观点、假说等等，这使得人们对某一话语对象的认知可以上升到理性认知和真理性的把握，在性质和理论的高度达到深度的认知。

第四，学术还具有现实性、创新性、前瞻性、互换性。学术的互换性即可交换性决定了人们可以进行学术上的沟通和交流，这使得学术思想、观点、理论、方法等能够广泛传播与渗透。学术的现实性、创新性是指学术研究往往都关注现实问题，是一个发现问题、分析问题、解决问题的思想创新、理论建构的过程。“世界上伟大的哲学社会科学成果都是在回答

① 郑杭生：《学术话语权与中国社会学发展》，《中国社会科学》2011 年第 2 期，第 27—34 页。

② 陶蕴芳：《学术话语权视域下我国政治认同与道路自信研究：兼论中国学术话语体系的构建》，《社会主义研究》2016 年第 1 期，第 50 页。

和解决人与社会面临的重大问题中创造出来的。”① 追踪问题研究往往也有前瞻性，涉及的问题往往也是比较超前的，可以预测事物发展规律的，所以，学术话语具有改变观念、目标导向的作用。

第五，学术也有意识形态性。一方面，不同的学术主体具有不同的文化价值取向，因而就会产生不同的学术思想和观点等。如西方的个体中心主义会导致社会原子主义，所以西方的社群主义极力批评自由主义的原子主义，提倡新集体主义；而维尔默、霍耐特等又试图将个体主义和共同体主义、道德主义和伦理主义融合起来。② 另一方面，学术研究还有为什么人服务的问题。正如习近平所讲，“为什么人的问题是哲学社会科学研究的根本性、原则性问题。我国哲学社会科学为谁著书、为谁立说，是为少数人服务还是为绝大多数人服务，是必须搞清楚的问题。世界上没有纯而又纯的哲学社会科学。世界上伟大的哲学社会科学成果都是在回答和解决人与社会面临的重大问题中创造出来的。研究者生活在现实社会中，研究什么，主张什么，都会打下社会烙印”。③ 法兰克福学派还将初看不是意识形态的科学技术也视为意识形态。因为科学技术也变成了一种统治人的工具。④ 所以，学术话语权必然与人民利益、民族利益、国家利益、国家安全等密切相关，可以起到维护、增进或破坏、减弱的作用。

（三）学术话语权的功能与作用

学术话语的特征及作用决定了学术话语权是国际话语权的基础，是构建国际话语体系的重要支柱。

1. 学术话语的思想创新性可以改变世界

国际话语权的强弱与学术话语权的强弱密切相关，而学术话语权的强

---

① 《习近平：在哲学社会科学工作座谈会上的讲话（全文）》，人民网，2016 年 5 月 18 日，http：//politics. people. com. cn/n1/2016/0518/c1024 －28361421 －4. html。

② 王凤才：《国际视野中的学术研究与中国学术话语：从“习近平同志在哲学社会科学工作座谈会上的讲话”谈起》，《学习与探索》2016 年第 7 期，第 1—9 页。

③ 《习近平：在哲学社会科学工作座谈会上的讲话（全文）》，人民网，2016 年 5 月 18 日，http：//politics. people. com. cn/n1/2016/0518/c1024 －28361421 －4. html。

④ 王凤才：《国际视野中的学术研究与中国学术话语：从“习近平同志在哲学社会科学工作座谈会上的讲话”谈起》，《学习与探索》2016 年第 7 期，第 1—9 页。

弱与学术的创新性密切相关。通常思想、理念、价值观等有关文化深层次的学术创新，会引发社会制度、社会规范及社会行为的变革。因为思想、理念具有驱动、导向、约束的功能。所以思想的创新，理论的建构，其影响力，小则可以改变一个人，大则可以改变一个国家乃至整个人类世界的命运。它对世界的改变既有促进人类文明发展的积极方面，也有阻碍历史发展的消极方面。因此，学术话语权是国际话语权外交不可忽视的必争之地。

首先，加强学术话语建设是维护国家文化安全的必然要求。纵观古今中外，“人类社会每一次重大跃进，人类文明每一次重大发展，都离不开哲学社会科学的知识变革和思想先导”。无论是古希腊、古罗马时期，还是文艺复兴时期，英国资产阶级革命、法国资产阶级革命、美国独立战争前后，都产生了一大批伟大的思想家及其学说。这些学说的理论思想观点，既是时代发展的产物，也影响了时代的发展方向。科学的、正确的思想观念，对人类社会发展会产生积极影响作用，但错误的、反动的思想观念不仅会阻碍人类的进步发展，还会给人类带来灾难浩劫。比如，法西斯主义的产生和泛滥，带给人类的是巨大灾难。

学术话语权改变和影响世界的功能，也常常被西方某些国家用来做“和平演变”他国的软实力手段。美国等西方话语霸权的构建、种种“中国威胁论”的制造，常常都以“学术研究”为基础，以“学术言说”为形式，因此批驳它们的最好方法也是学术上的回应。① 可见，加强学术话语建设是维护国家文化安全的必然要求。

其次，能为民族文化繁荣、人类文明进步做出重大贡献。学术话语的影响力来自于学术创新，学术创新的关键在于为解决问题提供方法。“20世纪以来，社会矛盾不断激化，为缓和社会矛盾、修补制度弊端，西方各种各样的学说都在开药方，包括凯恩斯主义、新自由主义、新保守主义、民主社会主义、实用主义、存在主义、结构主义、后现代主义等，这些既

① 张志洲：《提升学术话语权与中国的话语体系构建》，《红旗文稿》2012 年第 13 期，第 5 页。

是西方社会发展到一定阶段的产物，也深刻影响着西方社会。”[①] 对于一个国家而言，学术话语的创新在于能为政府和国家的治国理政贡献智慧，能为国民认识世界、改造世界提供科学依据，能为民族文化繁荣、人类文明进步做出重大贡献。所以，学术界作为“一个国家理论生产的场所和主流价值观构建的阵地”，“政府决策的智库和大众教育的重要知识来源”，“对于国家如何构建国际政治观念和外交哲学、如何设置国际议题、如何回应外来关切、如何消解外部的话语霸权并提供替代性的自身国家话语，以及如何做到理论话语的自给和外来话语的取舍，都具有不可替代的功能”，[②] 所以，要想提高国际话语权必须加强学术话语权建设。

最后，对于一个国家而言，学术话语权关系到国家的社稷安危、历史命运，忽视了它的建设，就等于失去了国际话语权，进而失去了在国际社会立足安命的空间。

2. 为政治认同、文化认同提供学理性依据和判断标准

提升政治影响力、文化影响力常常是各国增强国际话语权的重要路径选择，而一国在国际社会中获得多大程度的政治认同、文化认同，决定了其政治影响力和文化影响力的大小。所以政治认同、文化认同是国际话语权提升的重要因素。

政治认同的定义及其重要性。政治认同是指人们在社会政治实践活动过程中，对某种或某些政治理念、政治信仰、政治价值、制度政策、权力运作方式等构成的政治体系合法性的认可、接纳、赞同、支持、理解的情感体验。它包括国家认同、执政党和政府认同、体制认同、政策认同、意识形态认同、发展道路认同等内容。[③] 政治认同是政治稳定和发展的标尺，是执政权力的政治组织及政治制度获得合法性的前提，是民族国家构建的核心环节。[④]

---

① 《习近平：在哲学社会科学工作座谈会上的讲话（全文）》，人民网，2016 年 5 月 18 日，http：//politics. people. com. cn/n1/2016/0518/c1024 －28361421 －4. html。

② 张志洲：《提升学术话语权与中国的话语体系构建》，《红旗文稿》2012 年第 13 期，第 5 页。

③ 常轶军：《政治认同研究评述》，《中共山西省直机关党校学报》2015 年第 1 期，第 36 页。

④ 张平、孙志叶：《当前中国政治认同问题研究述评》，《天水行政学院学报》2009 年第 6 期，第 4 页。

学术话语权对政治认同的影响作用。学术话语权的提升，有助于提升一个国家的国际政治认同。通过学理性阐释，可以为政治理念认同、政治体制认同、意识形态认同、发展道路认同等，提供合法性、正当性的认知依据和判断标准。这有助于国家的制度化建设、政策的有效推行、国际地位的提升、国家形象的构建。当然，它也会为否定和排斥某些政治体制、发展道路、政策理念的合法性、正当性认知，提供“学术依据”。

在西方学术话语体系下，西方的“民主自由”“自由市场经济”“民主和评论”“国强必霸论”等学术概念、理论，往往成为判断政治、经济与外交的学术标尺。[①] 凡与其标尺相符者，就赋予制度上的合法性、利益上的合理性、价值上的正当性；反之，就定义为“非民主国家”“权贵资本主义”“某某威胁论”等，予以否定、排斥、打压，甚至试图推翻和改变之。所以，为了应对西方话语霸权，必须加强学术话语权。

文化认同的定义及其重要性。文化认同是指个体或群体对自己所遵循的文化符号、文化理念和价值观念等所进行的一种文化确认；[②] 也是“民族成员对本民族文化的承认、认可和赞同，由此产生归属意识，进而获得文化自觉的过程”。[③] 据“360 百科”查询，文化认同在内容上，主要包括身份文化认同、民族文化认同、政治文化认同、国际文化认同等方面。其核心是对一个民族的核心价值的认同。对外来文化价值的认同，足以瓦解一国的政治制度、一个民族的凝聚力，反之，本国人民对本国文化的强烈认同，是凝聚该民族共同体的精神纽带，是民族认同、国家认同的重要基础，是国家主权独立的基础、维护国家安全的重要因素，[④] 是国家综合国力竞争中最重要的软实力。

学术话语对文化认同的影响作用。学术话语可以通过学理性阐释、创造性表征，为文化认同提供先在性视域，导引民族成员的意向性投射，即通过

---

① 陶蕴芳：《学术话语权视域下我国政治认同与道路自信研究：兼论中国学术话语体系的构建》，《社会主义研究》2016 年第 1 期，第 50 页。

② 刘社欣、王仕民：《文化认同视域下的国家认同》，《学术研究》2015 年第 2 期，第 24 页。

③ 詹小美、王仕民：《文化认同视域下的政治认同》，《中国社会科学》2013 年第 9 期，第 28 页。

④ 樊志彪：《文化认同与国家安全初探》，《太平洋学报》2005 年第 9 期，第 29—30 页。

一定的概念界定、意义诠释、逻辑论证，为文化认同提供社会资源整合与导向的渠道，为共同价值的承认与共享、选择与确立提供判断标准和行为准则。[①]

随着经济全球化的发展，国际间的文化竞争日趋激烈。各国为了在国际竞争中获得更多的国家利益，往往尽力发挥各自国家的文化软实力来开拓市场，争取国家利益，结果造成发展中国家的文化认同危机。美国等西方国家凭借其经济实力，操作国际规则的制定权，通过经济援助或经济制裁等手段，强行推广西方的“普世价值”，用西方的民主、自由、人权等价值理念取代、影响他国的传统价值观念，致使竞争中处于弱势的他国民众对本国核心价值观的认同受到严重冲击，最终导致国家认同危机。好莱坞电影的扩展、享乐主义的渗透、西方节日文化的侵袭等等，直接影响民众的文化认同。[②] 因此，加强文化认同危机管理，是国家安全维护之所需。而民众文化认同的增强，离不开本国学术话语的支撑，离不开本国学术的繁荣与发展。

总之，个体成员的社会化过程的完成，政治合法性的基础表征、共同利益的抽象和练就，共同体内部的政治关系的总结与诠释，利益调适的有序和规范，价值思想共识的理论推演，政治和文化资源的表达与维系，政治和文化目标的预期与假设，国家和意识形态的强调和保护、文化安全的理论思考等等，都离不开学术话语的支撑。[③]

3. 学术话语的交流功能有助于提升学术话语的国际传播力

学术话语的影响力，不仅有赖于学术话语的思想创新性、逻辑推理的严谨性和论证方法的科学性，还有赖于学术话语的交流与对话功能。没有学术话语的交流，创新的思想、科学的理论、有效的方法就无法得以承继与传播，学术影响力就无从谈起，国际话语权自然也就无法提升。所以，没有学术话语的交流与对话，就没有学术话语的影响力。

根据话语信息传递媒介的不同，学术交流的形式多种多样，如：语言符号和非言语符号、文本、网络、教学、讲座、论坛、报告、座谈、会

① 詹小美、王仕民：《文化认同视域下的政治认同》，《中国社会科学》2013 年第 9 期，第 28 页。

② 樊志彪：《文化认同与国家安全初探》，《太平洋学报》2005 年第 9 期，第 32—34 页。

③ 詹小美、王仕民：《文化认同视域下的政治认同》，《中国社会科学》2013 年第 9 期，第 37 页。

议、访问、留学、出版、电视、广播、合作科研、学术组织、学术评价数据库等等。这些学术交流活动，因其形式的多样性，可以为传播国家声音提供多维时空场所，为扩大学术影响力创造必备条件；因各种学术交流的互动性强，有助于各国学者跨越国界的物理距离，近距离、及时沟通思想、交流观点，增进学者间的心理距离，促进增信释疑的作用；通过营造不同学派间风格多样、民主、平等、包容、争鸣、健康、活跃的学术气氛，淡化话语传播的官方色彩，改变大一统的刻板的官方话语表达方式；通过学术组织举办学术交流活动、媒体采访学者等形式，有助于改变政治本位的“强制力”传播模式，提升文化传播的吸引力；通过学术会议的议题设置，引导国际学术研究的方向；通过互派访问学者、互换留学生等交流形式，发展国际间友好的学者关系、师生关系、学生关系，构建、培养、扩大海内外的“知彼知己”群体。通过丰富多彩的学术交流活动，直观展现中国知识分子“为天地立心，为生民立命，为往圣继绝学，为万世开太平”的学术传统精神，为世人展现一个“学术自信”“理论自信”“道路自信”的“学术的中国”“理论的中国”。

总之，学术话语的国际影响力可以改变观念、变革社会；学术话语的科学性、真理性地位可以为政治认同、文化认同提供理性认知依据，进而提高人们的理性认知能力，增强话语权的软实力功能；学术话语的互换性可以增强国际话语的交流对话功能，作为外交对话的有益补充，为增信释疑、维护国家利益、人类共同体的利益、解决国际问题，发挥公共外交、文化外交的积极作用。西方国家对学术话语功能的有效利用启示我们，要想提升国际话语权，必须加强学术话语权。

第七节　国际话语权的主体间性建构

一、主体与主体性的定义、内涵

哲学意义上的主体是指与客体相对应的存在，是指对客体有认识和实践能力的人，是客体存在意义的决定者；而国际法学上的主体就是指国家主权的行使者与义务的承担者即国家。主体并非仅仅指个体，它还包括社会主体、群体主体、国家主体等。

据“360百科”查询，主体性是主体的本质属性，指人在实践过程中表现出来的能力、作用、地位，即人的自主、主动、能动、自由、有目的的活动的地位和特性。简言之，就是指人的能动性、创造性、主动性。主体性包括如下一些含义：（1）人是万物的中心。（2）人的行为是为自己，不能把人当作工具；社会活动应当以人为本，否则就是不道德的。（3）在人与自然的关系中，人是主体，自然是客体。（4）人具有主体能动性，不仅能认识和改造世界，还能创造客观世界。（5）人具有主体自主性，即人不仅是自然的主人，还是自己的主人，能够把握自己的命运，因而具有自由意志。（6）人有意识，是意识使人具有了上述特质。

主体性哲学发轫于笛卡尔的“我思故我在”，在康德那里得到重大发展，其最大的贡献在于确立了人的主体地位及人类理性的力量，打破了中世纪神学对人的蔑视、神学教条对人的束缚，极大地促进了人的发展，人的尊严、个性、才能得到充分提高、尊重和发挥；封建专制制度一去不返，政治制度越来越文明。但是主体性思想也带来了主体与客体的二元对立，导致了许多恶果。如：在人与自然的关系中，人是主体、自然是客体的思想，导致人与自然的对立，带来过度开发自然、生态失衡、环境污染等恶果；在人与人、人与社会的关系中，自我是主体，他人、社会是客体，导致个人主义膨胀，把他人当作工具而不是目的，常常把自己的意志强加于他人，导致人与人、人与社会的矛盾与危机，导致了国家的霸权、国与国之间的信任危机；导致了技术理性和价值理性的失衡等等。①

二、主体间性的定义、内涵

为了修正主体性哲学带来的主体—客体二元对立的弊端，20世纪的西方学者提出了主体间性哲学思想。主体间性概念最早由哲学家胡塞尔提

① 冯建军：《主体性与教育交往》，《高等教育》2001年第6期，第27页。

出，后来经由海德格尔的“共通性”主体存在（主体间共在）、维根斯坦的“语言游戏”说、伽达默尔的语言交流式主体理解、布伯的“对话主义”学说、哈贝马斯的沟通交往下的主体共识以及马克思的社会交往等理论得以丰富与发展，进而实现了从先验到现实、从认识到实践的历史转变。[①]

“主体间性作为主体间关系的规定，是指主体与主体之间的相关性、统一性”[②]。据“360 百科”查询，主体间性有别于传统主体—客体关系，是主体—主体交互关系，[③] 意即：（1）主体间性不再把交往对象当作对立、控制、征服的对象或客体，而是当作与自我共在的独立的主体。（2）不把自我看作是原子式的个体，而是看作是与其他主体的共在。因为，自我的存在方式是社会性的，没有他人的存在，就没有自我的存在，没有主体际的交往，就没有主体意识的形成。（3）主体间性反映的是主体与主体间的共在关系，而主体间共在，海德格尔认为有两种，一种是处于沉沦状态的异化的共在，这种存在状态是个体被群体吞没；另一种是超越性的本真的共在，个体与其他个体间存在着自由的关系。主体间性既否定原子式的孤立的个体观，也反对社会性对个体性的吞没。（4）主体间性强调自我主体与对象主体间的交往、对话关系，这种关系是建立在民主、平等、和谐基础上的相互尊重、理解、沟通的主体际对话关系，而不是建立在主客二元对立基础上的主体建构和对客体的征服，交往对话是主体间性的本质属性，即主体间性意味着双方相互承认“他我”与自我具有相同的地位、权利，具有平等的人格和机会；意味着彼此默守共同的规则，遵循共同认可的规范；意味着主体之间相互认识和相互理解的互识，以及不同主体对同

① 宋雅萍：《论主体间性》，《马克思主义哲学研究》2008 年第 1 期，第 198 页；王东：《互知、互信、互动：论司法公信力的建构逻辑》，《内蒙古大学学报（哲学社会科学版）》2015 年第 1 期，第 94 页；张锦智、秦永雄：《主体间性问题与马克思的社会交往理论》，《理论探索》2005 年第 4 期，第 21—22 页；胡志丁：《论地缘战略的主体间性：兼论中国地缘战略抉择》，《人文地理》2016 年第 3 期，第 123 页。

② 冯建军：《主体性与教育交往》，《高等教育》2001 年第 6 期，第 27 页。

③ 宋雅萍：《论主体间性》，《马克思主义哲学研究》2008 年第 1 期，第 198 页。

一事物所达成的相互理解和主体间所形成的共同性和共通性。①

三、主体间性和主体性的关系和区别

主体间性并不是否定主体性、反对个性，而是对主体性的重新确认、扬弃和超越，是对主体性合理发挥的规约，是个性的普遍化和应然的存在方式。

第一，主体间性并不否定主体性，相反它是建立在个人主体性的基础之上的。人首先得成为主体才会有主体性，有了主体性才会在与他人交往中建构主体间性。同样，主体性也离不开主体间性，因为自我的存在是以他人的共在为前提条件的。所以，主体间性既包含社会性，也包含个体性，“主体间性实际上是主体性在主体间的延伸，它在本质上仍然是一种主体性”②。

第二，主体性是个体性特征，主体间性是群体性特征。主客体二元对立关系模式下建构的主体性，具有以“自我”为中心的能动性、占有性等个体特征；而主体际交往对话关系模式下建构的主体间性，以“共主体(交互主体)”为中心，具有和谐一致性等群体性特征。

第三，主体性形成于对象化活动中，主体间性形成于交往实践之中。对象化活动反映的是自我主体对客体对象的征服关系；交往实践反映的是自我主体与对象主体之间通过交往对话塑造相互间的关系，进而达成共识、理解、融合的主体间的平等的交互主体关系。也就是说，每个人在交往实践中都是主体，都是交往各方相互关系的创造者，而不是对方的塑造者或客体的征服者。

第四，在主体际关系中，不存在纯粹的客体，但也并非完全不存在客体性。交往的双方，既是主体，又互为对方的对象性存在即客体，因此具有主客体的二重性。在这个意义上，主体—主体关系中包含着更微观的主

① 闫艳：《论思想政治教育主体间性的内涵及其确立的意义》，《学校党建与思想教育》2007年第10期，第25页。

② 陈金美：《论主体性与客体性、主体间性的关系》，《求索》1997年第5期，第87页。

体—客体关系。[①] 同时，主体与主体构成复数的主体，又与它们共同的客体构成主客体关系，成为更宏观的主体—客体关系中的一部分。[②]

总之，主体间性就是指主体与主体之间的交互性、相关性和统一性，是主体在对话和交往活动中表现出来的共在性与和谐性。主体间性从其本质上说是主体间的交往关系和交往实践，[③]“主体间性研究的是主体之间的关系，这种关系是建立在民主、平等、和谐的基础上的相互尊重、理解、沟通的主体与主体之间的交往对话关系，民主平等是主体间性的基础前提，交往对话是主体间性的本质属性”。[④]

四、主客体二元对立的话语方式

主客体二元对立的哲学影响是深远而广泛的，它对国际关系、外交领域的消极影响极大，特别是对美国话语权外交的影响至今犹在。

（一）两极对立化的国际关系视角

主客体两极的思维模式是美国观察和分析事物的主要方法。一方面，他们将自我看成是独立的个体，可以脱离他人而存在，强调独立、自由，趋于摆脱所有束缚，认为作为独特的个体，应该与众不同。另一方面，对于自我以外的一切，都看作是对立、竞争甚至是征服的对象。他们喜欢把事物分成两个相对立的方面：善—恶、好—坏、对—错、黑—白、成功—失败、原因—结果、人—自然、和平—战争、工作—娱乐等等分得很清。这种二元对立的思维方式，也深刻影响了美国看世界的视角。他们常常将国际社会也看成是非黑即白、非好即坏、非友即敌、非我即他、非善即

---

① 郭湛：《论主体间性或交互主体性》，《中国人民大学学报》2001 年第 3 期，第 33 页。

② 郭湛：《论主体间性或交互主体性》，《中国人民大学学报》2001 年第 3 期，第 33 页。

③ 宋雅萍：《论主体间性》，《马克思主义哲学研究》2008 年第 1 期，第 198—207 页；王东：《互知、互信、互动：论司法公信力的建构逻辑》，《内蒙古大学学报（哲学社会科学版）》2015 年第 1 期，第 94 页。

④ 徐涛：《我国近五年来主体间性教育研究综述》，《现代教育科学》2006 年第 4 期，第 112—115 页。

恶、非对即错、两极对抗性的国际关系。[①] 处理复杂的国际问题时，缺乏包容、宽容精神，尤其是与社会制度不同的国家打交道时，经常使用一些极端对抗的语言，表露出一种毫不妥协的态度。[②]

（二）主体化的我—他关系的划分标准

在国际关系领域划分我—他、敌—友关系的判断标准上呈现“主体化”倾向，即以自我为标准，划分我—他、敌—友关系。正如美国学者戴维·肯尼迪所言：“不论敌人是第一次世界大战中的德国‘凯撒主义’，还是第二次世界大战中的日本军国主义，或是冷战中的俄国集体共产主义，在美国人的心目中，敌人这一定义的核心内容都是它反对美国的个人主义的价值观。”[③] 美国有超过80%的人信仰上帝，美国是世界上第一个建立了民主政体的国家，市场经济是美国建立和巩固民主制的必要条件，所以是否信仰上帝、是否实行了民主制、是否实现了经济市场化，成为美国划分敌—友、我—他关系的判断标准。凡是信仰上帝、实行了民主制和经济市场化的国家，就被视为美国的同伴，反之，就是异类。

（三）“敌人饥饿症”

两极化的心态导致美国喜欢给自己寻找或树立敌人，哪怕是假想敌。似乎没有敌人，就无法激起这个民族的凝聚力和斗争的激情。因为善恶对立而存在，有“善”必有“恶”，没有恶，也就没有善的存在意义了，所以，亨廷顿曾忧心忡忡写道：“如果没有‘邪恶的国家’美国人存在的意义何在？美国的国家利益何在？”[④] 在善—恶、敌—我等二元对立的思维模式影响下，美国200多年历史中，各有所“敌”。[⑤] 如大陆时期（1620年至19世纪末），对于美国来讲，欧洲是腐朽、堕落、罪恶深重的旧大陆，

---

① 陈晓萍：《跨文化管理》，清华大学出版社2008年版，第43—44页。

② 王涛：《试析宗教文化对美国外交的影响》，《河南社会科学》2005年第4期，第98页。

③ Kennedy，“Culture Wars”，*Enemy Images*，pp. 354 – 355. 转引自：邢悦：《文化如何影响对外政策》，北京大学出版社2011年版，第252页。

④ Samuel Huntington，“The Erosion of American National Interests”，*Foreign Affairs*，September/October，1997，pp. 29 – 30.

⑤ 王涛：《试析宗教文化对美国外交的影响》，《河南社会科学》2005年第4期，第98页。

是美国的“他者”角色；一战时期（1914 年 7 月至 1918 年 11 月），美国开始中立，后对德国和奥匈帝国宣战，后两者是“敌人”；二战时期（1939 年 9 月至 1945 年 9 月），美国对德国、苏联都没有好感，但形势发展，后来纳粹德国是其主要敌人；冷战时期（1947 年至 1991 年苏联解体），美国认为，美苏冷战是以美国为首的“自由世界”的生活方式与以苏联为首的共产主义国家的生活方式之间的斗争，是“善与恶的较量”，因此苏联是敌人；冷战后，美国因一时找不到敌人而一度患上“敌人饥饿症”，只好寻找潜在敌人。“9·11”事件后，美国找到明确的敌人——恐怖主义组织，此后，那些被认为或疑似支持恐怖主义的政权、用大规模杀伤性武器威胁美国的“无赖国家”都是美国的敌人。①

（四）尊己抑人的定义方法

美国的主客体两极化的重要表现还包括褒扬自己，贬损敌人，即对自我的定义是“善、道德的化身”“上帝选民”“天赋使命”“美国例外”“美国优先”；对敌人的定性是“邪恶、被拯救、征服的对象”。这样的思维方法体贯穿于美国历届总统的话语表述中。如开国总统华盛顿在 1789 年就职演说中说：“人们已将维护神圣的自由火炬和维护共和政体命运的希望，理所当然地、意义深远地、也许是最后一次地，寄托于美国民众所进行的这一试验上。”② 1919 年威尔逊说：“我相信，美国人民有一种精神能量，这是任何其他民族都无法贡献给人类的。……（在以往的战争中）美国具有实现命运和拯救世界的极强的特殊素质。”③ 吉米·卡特总统说过：“在这个世界上，能够在国际社会中真正承担领袖国家的只有一个，那就是美国。”④ 布什总统在 1991 年的国情咨文中称：“美国在建立世界新秩序的努力中承担主要的领导责任。在世界各国中，只有美国才有道义上的地位以及支持这种地位的手段。……美国的实力使美国在一个寻求自由的世

① 邢悦：《文化如何影响对外政策》，北京大学出版社 2011 年版，第 246—252 页。
② ［美］乔治·华盛顿著，聂崇信等译：《华盛顿选集》，商务印书馆 1989 年版，第 257 页。
③ A. M. Schlesinger Jr. , *The Cycles of American History*, Houghton Mifflin Company, 1999.
④ A. M. Schlesinger Jr. , *The Cycles of American History*, Houghton Mifflin Company, 1999.

界中成为自由的灯塔。”①

与自我褒扬形成对比的是对于敌人的“邪恶”描述。大陆时期，欧洲对于美国来说就是一个“腐朽、堕落、罪恶深重的旧大陆”，所以，殖民地时期革命家托马斯·潘恩写道：“旧世界的所有政府如此根深蒂固，暴政与世俗如此制服人心，以致无从在亚洲、非洲或欧洲着手改革人类的政治条件。”② 二战结束后，由于西欧各国建立了民主制度、接受了美国的国际领导地位，西欧民主国家变成了美国的朋友，而作为共产主义领导的苏联成为美国的“邪恶的帝国”。③ 使用“邪恶”定语最多的是小布什总统。自2001年“9·11”事件发生到2003年6月16日，他在319次讲话中论及“邪恶”问题占讲话内容的30%，使用“邪恶”的名词914次、形容词182次。④

（五）主客体两极化的交往方式

去异求同。二元对立的思维方式使得美国不能接受、容忍矛盾和差异的存在，遇到差异、矛盾或分歧，喜欢通过非此即彼、去异求同的方式来解决分歧、消除矛盾、消灭差异。反映在国际关系上，美国追求同质化的交往方式，根据是否与自己一样来划分敌友。如果不一样，特别是在政治体制方面不一样的话，总是试图同化对方、改造对方；如果他国不遵从、不改变，就会用攻击性话语制造国际舆论压力，逼迫对方改变自己。为达到目的，有时不惜采用更为极端的方式（经济制裁、军事打击等），强迫他国做出顺应自己的改变。在调解国际危机的过程中，往往根据自我标准做出是非判断、对错裁断。对于自己认为对的一方，给予明显袒护；对于“不对”的另一方，则要求做出让步。美国解决巴以冲突等许多国际纠纷的基本政策，都反映了美国人的这种二元对立的思维方式。⑤

① 梅孜编译：《美国总统国情咨文选编》，时事出版社1994年版，第786页。

② ［美］托马斯·潘恩著，马清槐译：《潘恩选集》，商务印书馆1981年版，第225页。

③ ［美］J. 斯帕尼尔著，段若石译：《第二次世界大战后美国的外交政策》，海南出版社2000年版，第42页。

④ 邢悦：《文化如何影响对外政策》，北京大学出版社2011年版，第251页。

⑤ 潘忠歧：《中美思维方式差异及其对构建新型大国关系的寓意》，《当代亚太》2017年第4期，第39—64页。

顺我者昌，逆我者亡。美国不仅在划分敌友时采取“顺我者友，逆我者敌”，与这些国家交往的方式也是“顺我者昌，逆我者亡”。二战后，在英国首相丘吉尔的“铁幕”演说和美国总统杜鲁门“两种生活方式的斗争”的鼓动渲染下，美国与西欧国家成为了朋友。对于朋友，美国竭尽全力给予援助。反映在经济援助上，如著名的“马歇尔计划”（“欧洲复兴计划”），给予欧洲国家援助共计132亿美元。反映在军事援助上，如与西欧国家组成“北大西洋公约组织”军事集团，并签订《北大西洋公约》（1949年），通过《军援法》，拨款13.14亿美元用于对外军援，为期一年，其中10亿用于北约国家。

但是，美国的观点是，如果和我不一样，我就加以改造，拒绝改造即不顺着我的，就是敌人。对待敌人，美国的态度就是“逆我者亡”。冷战时期，美国对苏联的政策目标就是使其政府“灭亡”，然后再使其“新生”，即接受美式民主制度和市场经济，加入“自由世界”。据“360百科”查询，美国对苏联采取“遏制政策”，即以军事包围、经济封锁、政治颠覆、“和平演变”、局部性武装干涉和持续性政治冷战等方式，来遏制苏联及其他社会主义国家的发展和影响。顺我者昌、逆我者亡，就是一种霸权主义的国际交往方式。

现实主义利益观。由于美国属于极端个体主义文化类型，十分强调自我、独立、自由，其人际关系十分重视利益，同时也充满竞争，往往忽视情感的交换关系。反映在美国对外政策上，素有现实主义利益传统，即重视物质实力的建设和运用，强调国家利益的维护。[①] 但是主客体对立的交往模式下，美国在处理与他国（特别是社会制度、意识形态不同的国家）的利益关系时，往往是以自我为标准的。特朗普为了“美国优先”，不惜与所有相关国家甚至盟友国家打贸易战就是这种现实主义利益观的明显表现。

总之，二元对立的思维方式影响下，形成了主客体两极分化的话语方式，使得拥有军事、科技、经济、文化实力的美国拥有了国际话语霸权：（1）“唯我独尊”式的自我主体性认知；（2）客体化的交往对象认知，即

① 尹继武：《战略心理与国际政治》，北京大学出版社2016年版，第224—225页。

将交往的对象主体当作征服、控制、操控的对象；（3）主客体两极对立的交往模式，以“我”的标准判断是非、敌友，顺、同即为友，逆、不同即为敌，然后消灭差异，铲除异己，只关心自己作为话语主体的单向度的权力性，只追求自己对话语接受者的单方面的作用，使得话语接受者作为话语交往主体的主体性被客体化、对象化、边缘化、敌视化，抽离了多个言说者之间的主体间性，进而形成了两极对立的话语结构，导致不公、不民主、不和谐，直至冲突。

五、国际话语权的主体间性建构途径

如何应对主体性观念带来的全球治理问题和西方二元对立的主客体两极分化的话语外交弊端，中国提出了建立新型国际关系和人类命运共同体的外交理念。新型国际关系和人类命运共同体具有主体间性特征。

从自我主体认知来看，人类命运共同体中的每个国家都是具有平等地位的主体性的国家，都有独立自主、自我选择、实践创造的权利和权力，而不是唯我独尊、主宰一切或失去自我、依附他国的行为体。中国作为负责任大国，将发挥积极作用，“积极参与全球治理体系改革和建设，不断贡献中国智慧和力量”，“永远不称霸，永远不搞扩张”。[①]

从对象主体认知来看，他国不是征服、改造、演变、占有的对象，零和博弈的对手，你死我活的敌人，而是合作共赢的伙伴，共生共存共建共享的合作者，同心同德、政策民心相通的朋友，唇齿相依、休戚相关的邻居；“尊重各国人民自主选择发展道路的权利，维护国际公平正义，反对把自己的意志强加于人，反对干涉别国内政，反对以强凌弱。中国决不会以牺牲别国利益为代价来发展自己，也决不放弃自己的正当权益，任何人

① 习近平：《党的十九大报告》（《决胜全面建成小康社会，夺取新时代中国特色社会主义伟大胜利：在中国共产党第十九次全国代表大会上的报告》），共产党员网，2017 年 10 月 18 日，https：//news. 12371. cn/2018/10/31/ARTI1540950310102294. shtml。

不要幻想让中国吞下损害自身利益的苦果”。[①]

从主体际关系来看，人类命运共同体理论强调国际关系的交互性、平等性、宽容性、合作性、约束性，即强调国际关系的相互联系、相互依存性；“坚持国家不分大小、强弱、贫富一律平等”，“倡导国际关系民主化”；“高举和平、发展、合作、共赢的旗帜，恪守维护世界和平、促进共同发展的外交政策宗旨，坚定不移在和平共处五项原则基础上发展同各国的友好合作，推动建设相互尊重、公平正义、合作共赢的新型国际关系”；“积极发展全球伙伴关系，扩大同各国的利益交汇点，推进大国协调和合作，构建总体稳定、均衡发展的大国关系框架，按照亲诚惠容理念和与邻为善、以邻为伴周边外交方针深化同周边国家关系，秉持正确义利观和真实亲诚理念加强同发展中国家团结合作。加强同各国政党和政治组织的交流合作，推进人大、政协、军队、地方、人民团体等的对外交往”。[②]

从多主体、类主体角度来看，承认多主体，强调“世界多极化”；坚持多边主义，不搞单边，呼吁“各人民同心协力，构建人类命运共同体，建设持久和平、普遍安全、共同繁荣、开放包容、清洁美丽的世界”，完善全球治理。[③]

为此，需要解决的问题是各国行为体共同面对的“客体”：恐怖主义、网络安全、重大传染性疾病、气候变化等非传统安全威胁，以及贫富分化日益严重、世界经济增长动能不足，地区热点问题此起彼伏等共同挑战；“要坚持以对话解决争端、以协商化解分歧，统筹应对传统和非传统安全威胁，反对一切形式的恐怖主义”；“要坚持环境友好，合作应对气候变

① 习近平：《党的十九大报告》（《决胜全面建成小康社会，夺取新时代中国特色社会主义伟大胜利：在中国共产党第十九次全国代表大会上的报告》），共产党员网，2017 年 10 月 18 日，https：//news. 12371. cn/2018/10/31/ARTI1540950310102294. shtml。

② 习近平：《党的十九大报告》（《决胜全面建成小康社会，夺取新时代中国特色社会主义伟大胜利：在中国共产党第十九次全国代表大会上的报告》），共产党员网，2017 年 10 月 18 日，https：//news. 12371. cn/2018/10/31/ARTI1540950310102294. shtml。

③ 习近平：《党的十九大报告》（《决胜全面建成小康社会，夺取新时代中国特色社会主义伟大胜利：在中国共产党第十九次全国代表大会上的报告》），共产党员网，2017 年 10 月 18 日，https：//news. 12371. cn/2018/10/31/ARTI1540950310102294. shtml。

化，保护好人类赖以生存的地球家园等”；“秉持共商共建共享的全球治理观”。①

在政治交往方式上，“要相互尊重、平等协商，坚决摒弃冷战思维和强权政治，走‘对话而不对抗、结伴而不结盟’的国与国交往新路”②；坚持“四要四不要”即“要和平不要冲突，要合作不要对立，要公平不要强权，要共赢不要零和”③，“倡导国际关系民主化”，“支持联合国发挥积极作用，支持扩大发展中国家在国际事务中的代表性和发言权”④。

在经济交往上，“要同舟共济，促进贸易和投资自由化便利化，推动经济全球化朝着更加开放、包容、普惠、平衡、共赢的方向发展”；“秉持正确义利观和真实亲诚理念加强同发展中国家团结合作”，“要奉行双赢、多赢、共赢的新理念，扔掉我赢你输、赢者通吃的旧思维了”，“积极促进‘一带一路’国际合作，努力实现政策沟通、设施联通、贸易畅通、资金融通、民心相通”。⑤

在文化交往上，“要尊重世界文明多样性，以文明交流超越文明隔阂、文明互鉴超越文明冲突、文明共存超越文明优越”⑥。

---

① 习近平：《党的十九大报告》（《决胜全面建成小康社会，夺取新时代中国特色社会主义伟大胜利：在中国共产党第十九次全国代表大会上的报告》），共产党员网，2017 年 10 月 18 日，https：//news. 12371. cn/2018/10/31/ARTI1540950310102294. shtml。

② 习近平：《党的十九大报告》（《决胜全面建成小康社会，夺取新时代中国特色社会主义伟大胜利：在中国共产党第十九次全国代表大会上的报告》），共产党员网，2017 年 10 月 18 日，https：//news. 12371. cn/2018/10/31/ARTI1540950310102294. shtml。

③ 《王毅主持安理会公开辩论，主张国际关系四要四不要》，参考消息网，2015 年 2 月 24 日，http：//www. cankaoxiaoxi. com/china/20150224/676911. shtml。

④ 习近平：《党的十九大报告》（《决胜全面建成小康社会，夺取新时代中国特色社会主义伟大胜利：在中国共产党第十九次全国代表大会上的报告》），共产党员网，2017 年 10 月 18 日，https：//news. 12371. cn/2018/10/31/ARTI1540950310102294. shtml。

⑤ 习近平：《党的十九大报告》（《决胜全面建成小康社会，夺取新时代中国特色社会主义伟大胜利：在中国共产党第十九次全国代表大会上的报告》），共产党员网，2017 年 10 月 18 日，https：//news. 12371. cn/2018/10/31/ARTI1540950310102294. shtml。

⑥ 习近平：《党的十九大报告》（《决胜全面建成小康社会，夺取新时代中国特色社会主义伟大胜利：在中国共产党第十九次全国代表大会上的报告》），共产党员网，2017 年 10 月 18 日，https：//news. 12371. cn/2018/10/31/ARTI1540950310102294. shtml。

六、话语霸权下的自我主体性认知建构

如前已述，话语霸权体现的是一种主客体对立的、主体性的、对象化的交往模式，反映在对华关系方面，就是一种唯我性、强制性、单向性、征服性、偏执性、霸权性的话语交往特征，典型事例就是美国大肆渲染的各种“中国威胁论”及其招牌下的各种对华围堵遏制战略及策略。很长一段时期，美中话语关系都呈现出一种攻击与忍让、误解或曲解与解释、牵制与被动、信息输出与接收的不对称状态，使中国处于国际话语权劣势状态。这一方面反映了美国话语权外交的极端主体性特征；另一方面也说明中国话语权外交的主体性意识有待提高。但也正是这种话语环境，激发中国学人自我主体意识的觉醒，使如何提高中国国际话语权成为热门话题，也使提高国际话语的自我主体性认知成为必修课题之一。

加强自我主体性认知，主要包括两方面内容：其一，加强对自我主体地位、能力的认知；其二，加强自我主体结构的建设。

（一）自我主体地位、能力的认知

主体间性并不反对主体性，主体性是主体间性的基础。鉴于中美话语权外交关系中，美国话语主体性强、中国话语主体性弱的情况，中国要建构国际话语权的主体间性，首先要加强对自我主体性的认知，这是产生主体间性关系的前提。根据“360 百科”查询，哲学意义上的主体是指对客体有认识和实践能力的人，而国际法学上的主体是指国家主权的行使者与义务的承担者即国家。主体性是指人的能动创造性。如果从主客体关系角度来看，话语权外交的主体是话语表达者，客体就是话语解读者；如果从主体间性角度来看，话语表达者和话语解读者互为主体，且相互关系平等。话语霸权的产生就是由于霸权话语主体之外的话语主体的主体性意识不高、主体建构不强，这也是国家话语权主体间性被消解的原因所在，所以有针对性地提高弱势话语主体的主体性认知，是增强国际话语权主体间性建构的必要途径。

（二）加强自我主体结构的建设

由于国际话语权竞争涉及政治、经济、军事、文化、价值理念、意识形态、制度规范等各个领域，涉及多个部门，所以各国话语权外交的主体通常是由多层次、多元化的多个主体构成，形成主体系列。根据国际关系理论，国际关系主体主要分为国家行为体和非国家行为体。国家行为体即主权国家，一般指一个国家的中央政府，因为国家参与国际事务一般由政府作为代表。非国家行为体，指那些不具有主权特征但有国际行为能力的主体，包括非政府组织、跨国公司、民众、城市、个人等。根据国际关系行为体的划分，以及在主权国家统一领导下，不同层次的众多部门在国际话语权竞争中所扮演的不同角色，话语权外交的主体可以分为政府体制内和体制外两大类。其中政府体制内的话语权外交主体主要包括最高领导层、职业外交部门及其他部门。非国家行为体包括政府官员、跨国公司、海外侨胞和族裔群体、非政府组织和思想库或智库。同时要加强对交往对象主体的认知，交往对象主体不是客体，不是改造“我”的主体，即“我”不能把“他”当成改造、征服、演变的对象，“我”更不能沦为“他”改造、征服、演变的对象，因为“我”与“他”都是独立、自主的交往主体，主体之间应该是平等、合作、互利、共赢、互赖、包容的关系。

总之，从话语交往的主体角度来看，在二元对立的主客体两极对立的话语模式占据强势甚至霸权地位的情况下，国际话语权的主体间性建构是克服话语霸权的必要选择。为此，首先要区分主体性话语交往模式和主体间性话语交往模式的差异是什么，然后通过提升主体间性的自我主体性认知和对象主体性认知，建构主体间性的国际关系，寻求主体间性的国际共识和制度建构等等，实现主体间性的交往方式对极端主体性的交往方式的超越与克服。

第五章　国际交往中的语言文化安全问题及外交语言的特征和策略

第一节　国际交往中的语言文化安全

语言不仅是国际交往中的沟通工具，也是与国家的政治安全、经济安全、军事安全，特别是文化安全密切相关的重要课题。所谓文化安全是指一个国家与民族的文化特征不受到来自内部或外来力量的破坏、威胁而消失或退化的客观状态，具体指人们在价值理念、思维方式、宗教信仰、政治制度、社会规范、生活方式、语言信息、国民教育体系等问题上的安全感。[①] 文化安全是非传统安全的重要内容，其中语言安全在文化安全中占有非常重要的位置。

所谓语言安全，简言之就是语言文字的使用与发展处于安全的状态。它具体包含两方面含义：第一，指一个国家使用自己固有语言与文字的权利不受内部和外部因素特别是外部强权的威胁和侵害的客观状态。这个外部因素有二：一是因外族入侵并推行同化政策而强力禁止使用本民族国家固有语言；二是因他国语言文字的影响或侵入而导致本民族本国语言文字失去了在国家政治、经济、社会、科技等领域的原有的主动地位。内部威胁因素主要指因语言规划或语言文字改革与发展不利，导致语言纷争，或

① 潘一禾：《当前国家体系当中的文化安全问题》，《浙江大学学报（人文社会科学版）》2005 年第 2 期，第 13—20 页。

给国家和人民带来的不便多于便利，害处大于益处。第二，语言能力也是构成语言安全的重要内容。语言能力指一个国家运用语言处理涉及国家利益的内外事务的能力，具体包括：国家外语能力、国家通用语的国际传播能力、行业语言能力、国家话语能力等。[①] 拥有强大的语言能力，有助于国家深度参与全球治理，参与国际规则的制定与协商，提升国际话语权，有利于推动本国的文化、政治、经济、军事、科技、信息等各领域的创新发展，保障本国的语言安全和总体国家安全。

有人说语言安全是文化安全中最核心、最本质、最重要的安全之一，这是由语言与文化的密切关系所决定的。从分类学角度来看，语言是文化的组成部分，语言安全必然也是文化安全的重要组成部分。文化可谓包罗万象，由于其中的语言特殊性及其与文化的密切关系，决定了语言安全是国家文化安全的首要构成要素，是国家文化安全的重要组成部分，也是影响国家文化安全的关键因素，语言安全与文化安全共生共灭，语言规划影响语言和文化安全，语言能力不足也会影响文化安全。[②]

一、语言与文化的关系

对于语言与文化的关系，有三种不同观点。第一种观点认为，文化决定了语言形式，如阿尔诺和郎斯洛就认为，语言是表达思想的符号，思维与文化决定语言形式[③]；第二种观点认为，语言形式决定了语言使用者的思维与文化，如萨丕尔和沃尔夫就认为，语言形式决定着语言使用者对宇宙的看法，语言怎样描写世界，我们就怎样观察世界，世界上的语言不同，所以各民族对世界的分析也不相同；第三种观点认为，语言和文化的关系是复杂的，很难说哪一方由哪一方决定，而是相辅相成、相互影响、

① 王辉：《全球治理视角下的国家语言能力》，光明网，2019 年 7 月 27 日，https：//m. gmw. cn/baijia/2019 -07/27/33032725. html。

② 王英杰：《语言规划与国家文化安全》，《武陵学刊》2013 年第 4 期，第 130—133 页。

③ ［法］安托尼·阿尔诺、克洛德·朗斯洛著，张学斌、柳利译：《普遍唯理语法》，商务印书馆 2010 年版。转引自：王江涛：《〈普遍唯理语法〉的语言观：唯理性与普遍性》，《现代语文》2020 年第 4 期，第 117—121 页。

相互制约、相互渗透的，[1] 但是由于语言的特殊性，语言对于文化的重要性要比其他表层文化更为突出。

第一，语言是文化的载体，是文化的象征符号，它记录着一个民族、国家的形成、发展、演变的历史轨迹，也承载着一个民族国家的思想、观念、价值、心灵、思维、情感，正如洪堡特所言，“每种语言都包含着一种独特的世界观”[2]。因此，语言不仅具有文化的代际传承作用，语言与文化还构成全社会的共同财富，是人类智慧的结晶。

第二，语言是文化交流和传播的工具。语言不仅具有纵向传承作用，也有横向交流与传播的作用。通过语言的交流和学习，可以传播一国的优秀文化，展示一国文化的独特魅力，也有利于不同文化间的互学、互鉴、取长补短、共同进步和发展。当然，如果管理不善，跨文化的交流也有助语言文化帝国主义的侵略，导致弱势语言文化被强势语言文化同化、替代。

第三，语言具有文化认同功能。共同的语言像纽带一样，可以将人们团结起来，凝聚成共同的思维方式、共同的价值追求、共同的审美心理、共同的心理素质与共同的民族感情，进而形成对自己民族文化的认同和热爱。如果一个民族的语言被粗暴对待，或被轻视忽略，甚至被取消使用权利，必然会对这个民族造成伤害。据“百度百科”查询，文化认同，尤其是对外来文化价值的认同，足以瓦解一国的政治制度；反之，本国人民对自身文化的强烈认同，即是该国自立于世界的伟大精神力量。

第四，语言是文化软实力的重要组成部分。众所周知，文化对个人、社会、群体具有塑造、规范、整合的作用，而这些影响作用，常常是通过语言形式所呈现的价值观感召力、政治制度吸引力、文化感染力等无形的软实力来实现的，所以作为文化的载体、象征符号，语言具有潜移默化的文化整合的软作用。

第五，语言是文化的重要组成部分，它与文化的价值理念、制度文化等其他要素之间具有结构上相互联结、功能上互信依存的链锁关系。当语

---

① 张娟：《从萨丕尔—沃尔夫假说看语言、思维及文化的关系》，《教育理论与心理学》2014年第4期，第313—314页。

② ［德］威廉·冯·洪堡特著，姚小平译：《洪堡特语言哲学文集》，湖南教育出版社2001年版，第298页。

言符号产生变动或消失时，也会导致文化的其他部分的连锁变动甚至消失，所以语言与文化共生共存，民族语言与该民族的存亡息息相关。

二、语言安全与文化安全共生共灭

由于语言是文化的载体，语言与文化共生共存，所以取消一种语言，意味着消灭一种文化、消灭一个民族。历史上不乏这样的例子，如日本侵略吞并朝鲜半岛时期，推行同化政策，禁止朝鲜人民使用自己的母语，一律改用日语、起日本名字等等，目的就是想通过消灭朝鲜语言来消灭朝鲜民族。为了抵抗日本殖民统治，朝鲜半岛成立了朝鲜语学会，通过一系列方式，开展朝鲜语运动，以维护自己的民族文化。[①] 同样，法国作家都德的短篇小说《最后一课》反映的也是普鲁士人占领作者的家乡后，推行德语教育，禁止学校教授法语的历史事实。作者通过小说告诉人们：我们必须把母语记在心里，当了奴隶的人民，只要牢牢记住他们的语言，就好像拿着一把打开监狱大门的钥匙，就永远不会被征服。[②] 不论异族的统治多么严酷，这个民族的人民怎样被分离，民族的精神文化随时可以把他们团结到一起。侵略者只能奴役其身，不能奴役其心。[③] 这些事例都证明语言与文化、语言与民族共生共存，语言安全非常重要。

三、语言安全是影响文化安全的关键因素

语言安全是影响文化安全的关键因素，因为语言作为文化系统当中的一个重要构成因素，与其他构成要素之间具有连锁关系，语言发生变化，其他如价值理念、制度规范、习俗文化等都会发生连锁变化。也就是说，如果一个国家全民都学习外语，把外语当作比本国语言还重要的语言，那么就会对本国语言文化安全构成威胁。因为语言是文化的载体，学习一种

---

① 《韩国手册》，韩国海外公报馆 1990 年版，第 111 页。

② ［法］都德：《最后一课》，华语网，https：//www. thn21. com/teach/11198. html。

③ 蒋孔阳：《蒋孔阳全集（第四卷）》，上海人民出版社 2014 年版，第 583 页。

语言就等于接受其背后所承载的文化，如果没有正确的疏导和管理，很容易导致学习者的价值理念发生变化，进而造成其对民族文化认同的缺失，这必然会对本国文化的生存和发展造成冲击和损害。

目前，英语已成为全球通用语言，具有强势的主导地位。对此，托夫勒曾说："美国目前所具有的第一大优势是它的语言……全球各地数以亿计的人口至少能在某种程度上掌握英语，从而使得美国的思想作风、发明和产品能够畅通无阻地走向世界。"他还说，拥有信息的强权人"会使用手中掌握的网络控制权、信息发布权，利用英语这种强大的语言优势达到暴力、金钱无法征服的目的"。①

面对文化全球化时代的英语霸权，世界上许多国家都采取各种防范措施，以加强对本国语言和文化的保护，维护本国文化安全。如马来西亚坚持以马来语为国语和官方语言，通过统一用语来促进和加强民族的统一性；法国为应对英语和美式文化的冲击，自20世纪60年代以来就颁布了《巴斯—劳里奥尔法》《法语使用法》等一系列语言政策，在国内规范法语使用，保护法语的官方地位，在国外大力推广法国文化，重视团结法语国家，扩大法语在国际社会的影响。②

四、语言规划影响语言和文化安全

语言规划是指政府或社会团体有计划地对语言文字及其使用进行干预和管理的活动。③ 据"360百科"查询，其包括语言地位规划和语言本体规划两部分内容，具体涉及民族共同语的确立和推广、规范和完善，以及语言选择、语言协调、语言调查、科技术语的统一和标准化、文字创制和改革等具体内容。

多语言国家在选定官方语言或国语时，很容易引起语言纠纷和矛盾，

---

① ［美］阿尔文·托夫勒著，刘江等译：《权力的转移》，中共中央党校出版社1991年版，第465页。

② 高原：《文化多样性视角下的法国语言政策研究》，南京大学硕士论文，2015年，第1页。

③ 刘海涛：《语言规划和语言政策：从定义变迁看学科发展》，《第四届全国社会语言学学术研讨会论文集》，2004年，第57页。

伤害民族或族群的感情，引发社会动荡，导致对整体民族和国家的认同危机。加拿大因法语和英语的地位之争，曾使社会动荡不安，法语在魁北克的胜利，弱化了对联邦国家的认同，导致两次脱离联邦全民公投，但两次均以失败而告终。为了遏制分裂势头，加拿大联邦政府于1999年推出了《清晰法案》，规定地方独立需得到全国多数民意同意，由此削弱了魁北克独立的可能性。①

要想避免语言文化乃至国家总体安全危机，就要科学规划语言，协调好各族群间的语言关系，保障人民的语言权利，强化国家统一意识，维护国家统一和民族团结及社会稳定。语言问题处理科学得当，有利于社会稳定，促进教育、文化、科技发展，促进各族群间的语言、文化、情感交流沟通，增强对国家文化的认同。

五、语言能力不足也会影响文化安全

语言能力不足也会影响文化安全和国家安全。首先，外语能力不足会影响国家文化安全乃至国家的总体安全。国家外语能力指国家对待特定外语需求的应对能力②，是国家的重要语言能力。从语言的交流工具角度来看，在全球化的今天，不闭关自守，就必须包容、开放，就需要外语人才和外语能力，否则会对经济、政治、文化、军事等各领域的跨国、跨文化交流造成障碍和损失；从语言的文化价值角度来看，我们需要了解一国国情，必须从语言入手，因为掌握一个民族的语言就意味着获得了进入这个民族文化内核的通行证，特别是我们要实现“一带一路”的“政策沟通、设施联通、贸易畅通、资金融通、民心相通”，更是离不开外语能力的提升，所以外语人才和外语能力非常重要，已经成为国家参与全球事务的战略资源。

其次，一国语言的国际传播能力也构成文化安全的重要内容。因为，

① 《加拿大颁最严法案，扼杀魁北克独立公投》，大公网，2020年7月5日，http://www.takungpao.com/news/232111/2020/0629/468279.html。

② 文秋芳：《国家外语能力的理论构建及应用》，《中国外语》2011年第3期，第4—10页。

国际交往需要相互理解，不仅需要学习外国优秀文化，也需要将本国的优秀文化传播到外国去。以我国为例，要想让世界了解自己，冲破“中国威胁论”的话语围攻，需要提升语言能力，语言能力不足会使我们的语言安全、文化安全乃至国家安全陷入危险境地。作为语言能力的重要内容，汉语的国际传播承担着文化传播的功能，这不仅关涉经济利益问题，更关涉中华优秀文化海外传播与国家良好形象树立问题。所以，提升汉语国际传播能力是文化安全、国家安全的重要课题之一。

再次，行业语言能力是指语言在金融、贸易、科技等具体行业上的服务能力。全球化背景下各行各业的深度发展，都需要有足够的专业外语人才、行业发展所需语言大数据、语言智能技术等的大力支持。我国共建“一带一路”就需要大量精通国际法、商务谈判、知识产权的外语人才。[①]

最后，国家话语能力是文化安全的关键要素。国家话语能力是指国家的语言表达能力、阐释能力、理解能力、议题设置能力、传播能力、话语体系的建构能力等。良好的话语能力对讲好中国故事、提出中国方案、应对国际话语围攻，维护国家文化安全、保障国家利益，无疑具有关键作用。如果阐述不到位，受众不理解，面对国际舆论围攻，一味回避、忍让、息事宁人，不会换来真正的理解与和平，相反可能因他国的有意或无意或恶意的误解、歪曲，而损害我国国家形象和国家利益。因此，国家话语能力是国家文化安全、总体国家安全的重要内容。

总之，语言是文化的构成要素，更是文化的载体，在全球化进程中，语言起着维系民族国家生存和发展的文化屏障作用。一个国家的外语能力不强、语言信息处理技术不强，就可能导致这个国家不能及时准确地解读外部相关重要信息，进而不能做出准确的外交预判和正确的外交应对决策。一个国家的语言表达能力不强、话语影响力不强，就意味着这个国家无力应对他国的误解、抹黑和攻击，使其国家形象、国际地位乃至国家利益受损。一个国家因他国语言文字的影响和侵入或因外部强权的干涉和威胁而使本国固有的语言文字失去在国家政治、经济、文化等领域的主动地

---

①　王辉：《全球视角下的国家语言能力》，光明网，2019 年 7 月 27 日，http：//m. gmw. cn/baijia/2019 -07/27/33032725. html。

位，这就意味着这个国家的政治、经济、文化等方面的国家安全受到了威胁和侵害。一个民族的语言被取消、替代，就意味着这个民族的文化乃至这个民族的消亡。所以，语言安全是国家安全的重要风向标。随着经济全球化、信息全球化的快速发展及国际关系的错综复杂，我们应该加强语言的科学规划，大力推广和规范使用国家通用语言文字，增强国家语言能力，维护国家语言文化安全。[①]

第二节　国际交往中的外交语言特征

一个主权国家在错综复杂、变幻莫测的国际交往环境中，如何创造有利于国家生存和发展的国际舆论环境，如何塑造国家形象、维护好国家利益与国家安全、实现国家的战略目标、提高国际话语权？外交语言即各国在外交实践中所使用的语言，是国家语言能力的重要象征和重要组成部分，是国家软实力的重要表征和依托支持。

一、外交语言特征的相关研究

关于外交语言的特征，已有不少学者从不同角度进行了归纳总结。鲁毅、黄金祺等著的《外交学概论》一书与黄金祺的《外交语言的要求和特性》一文中，将外交语言的要求和特点合并做了如下归纳：鲜明的立场、准确性、分寸感、含蓄、精确与含糊的辩证关系、外交语言的多风格多姿采等。[②] 颜连城在《外交语言的规范性和模糊性》一文中，对外交语言的规范性和模糊性做了专门阐述。[③] 王心起在《外交词令的语言逻辑特点初探》一文中认为外交辞令的语言逻辑特点主要有：用词含糊、概念宽泛、

① 朴钟锦：《外交语言概论》，中国财政经济出版社 2021 年版，第 30—37 页。

② 鲁毅、黄金祺等：《外交学概论》，世界知识出版社 2004 年版，第 265—270 页；黄金祺：《外交语言的要求和特性》，《世界知识》1989 年第 6 期，第 31—32 页。

③ 颜连城：《外交语言的规范性和模糊性》，《世界知识》1988 年第 9 期，第 14 页。

语义隐含，此外，作者还提到了“以全概偏”“褒向概括”等特殊逻辑方法。[①] 陈敦荃认为外交语言“是一种书面色彩较浓的语体，也较多地具有政论语体的特点，要求准确、严密、简练”，然后作者从语言技巧应用角度，提到了外交语言的政治立场和身份问题，政治原则性、高度灵活性和熟练的语言技巧结合的问题，委婉含蓄与笼统模糊的问题，澄清与纠错的问题，讲话注意留有余地、指事而不点名等技巧问题。[②] 郭鸿根据雅各布森关于语言功能的理论观点，对外交语言进行六大种类划分，并分别从其功能角度分析外交语言的特征，认为外交语言是正式程度和复杂程度较高的语言，其中，社交场合会话正式程度与复杂程度最低（具有用语通俗、结构简单的特点），法律性外交文书正式程度与复杂程度最高（具有独特的格式、句子结构和词汇，文体正式、庄重，不可产生歧义），中间排序依次为外交场合的演说和发言（具有书面语言特征，用词审慎，有不少结构复杂的长句，篇章结构完整；有些演说、祝酒词等带感情色彩，采用比喻、拟人、夸张、引用等修辞手法）、礼宾性外交文书（如递交国书时所致讼词、唁电、贺电、慰问或感谢电等，语言比较通俗简单，没有复杂的词句，多半是礼貌用语）、通信外交文书和证明性外交文书（如通知、照会、交涉、抗议、备忘录、电报、护照、签证、国书等，讲究格式、双方身份和职位对等，语言正式、礼貌，有特殊技巧）。[③]

上述关于外交语言特点的研究，为我们进一步分析外交语言的特点奠定了基础。

二、政治性

外交语言的政治性主要表现在：话语或文本内容的政治属性；话语或文本的政治工具性和话语表达的政治立场性；话语或文本解读的政治归因性和高度的政治敏感性；意义建构的竞争性。

① 王心起：《外交辞令的语言逻辑特点初探》，《逻辑与语言学习》1986 年第 3 期，第 23—24 页。

② 陈敦荃：《也谈外交语言的特点》，《世界知识》1986 年第 12 期，第 22 页。

③ 郭鸿：《外交语言的特征》，《现代外语》1990 年第 4 期，第 9—14 页。

（一）话语或文本内容的政治属性

外交语言的行为主体的政治身份、外交言语的政治目的，都决定了外交语言的内容具有政治属性。如国际条约文本、对外政策文本、外交文书、联合声明、任命书、信函等涉及外交书面语，而且外交场合的问答、磋商、对话、谈判、交涉等外交口头语涉及的内容都是政治话题，即使是情感表达类的语言，也都离不开政治含义与功能。外交语言所涉及的政治内容，包括国家利益、国家安全、国家形象、国家主权、国家发展道路、国家权力等；还包括外交战略、外交决策、外交政策、外交关系、外交立场、外交原则与规范、外交思想、外交哲学、外交理论、外交协议与履行、外交沟通与谈判、外交调停与危机、外交机构、外交体制、首脑外交、多边外交、公共外交、职业外交、经济外交、文化外交等；以及国际关系、国际问题、国际制度、国际经贸、国际组织、国际法律、国际道德、国际舆论、国际秩序、和平与战争、恐怖主义、金融危机、大气污染、全球治理、气候变化、能源资源安全、粮食安全、领土安全、公共卫生安全等，无一不是高政治性话题。

（二）话语或文本的政治工具性、话语表达的政治立场性和话语或文本解读的高度的政治敏感性

外交的目的决定了外交语言具有政治工具性特点，它是体现一国对外政策和维护本国利益的主要途径，是追求国家权力、国家安全与和平的重要手段，是一国与他国进行沟通、合作的重要工具，体现了一国对外认知与推理的重要方式。外交语言都是以维护国家利益、国家安全、国家形象为导向的政治性话语和文本，所以外交语言的表达常常具有鲜明的政治立场。外交语言的政治性还表现为，人们对外交场合出现的任何言语都喜欢做政治归因化处理，即喜欢以政治视角来解读，对于外交话语的微妙变化，具有高度的政治敏感性。

外交语言中应注意的政治敏感性问题有很多，“360 百科”中关于“政治性错误”的举例，如国际组织的提法，应注意：“欧共体”于 1993 年 11 月 1 日改称为“欧盟”；一些国际组织的成员只能称为“成员”或“成员

方”，而不能称为“成员国”，因为其中有一些“单独关税区”，它们不是主权国家。这些政治敏感性问题，如果不注意，很容易造成灾难性后果。

（三）意义建构的竞争性

外交语言的政治性特点，还表现在意义建构的竞争性上。外交活动可以说是各国政治家们为达到自己的政治目的而就意义的建构和解构、明示与解读、阐释与质疑、说明与歪曲、沟通与攻击、维护与取代或改变等展开的竞争过程。首先，意义并不是客观事物的镜像反映，针对同一事物，不同的外交目的、不同的外交话语语境，往往会建构出不同的话语意义。如，针对美国发动的伊拉克战争，美国政府解释这是“帮助伊拉克人民摆脱萨达姆压迫的‘解放’战争”；而对于很多饱受战争伤害的伊拉克人民来说，这根本就是美国对伊拉克的侵略战争。这种多样性，使得国际社会陷入意义危机，扎基·拉易迪称这是“没有意义的世界”。①

其次，一次成功的外交活动可以说是一次成功的外交语义建构过程，而外交语义的成功建构关键在于建构者能够在相关外交行为体之间建立一个共有的意义，即建构者根据自己的外交目的，寻找相关外交行为体之间的语境共性，进而建立相互间的语义共识，即大家都能接受的意义。当各行为体普遍接受某种意义时，这个意义会相对稳定，各行为体面对同一国际事务、国际问题将产生共同的期待或反应；当共有意义出现分歧、反应的一致性下降时，就说明与意义相关的限制和规则出现了问题，这时就需要改变意义结构，建立新的意义以取代旧的意义，并使新的意义制度化，把各个相关国家纳入到这个新的意义体系中。每次意义的改变都伴随着竞争，不同行为体都想把自己的意义强加给对方，建立有利于自己国家利益的意义，但如果共有意义的建立是通过正式的辩论、非正式的争论或是程序上的约束等，而不是通过强制、贿赂等手段，那它就是成功的意义建构和成功的话语权外交。② 如联合国就是由美国首先倡议并由多个主权国家出于人类无法承受第三次世界大战的广泛共识，基于维护世界和平，推动

---

① 孙吉胜：《语言、意义与国际政治》，上海人民出版社 2009 年版，第 28—29 页。

② 孙吉胜：《语言、意义与国际政治》，上海人民出版社 2009 年版，第 28—29 页。

解决国际安全、经济发展、社会进步和人权等方面问题的合作的共同意愿，于1945年创建并取代了有明显缺陷的国际联盟。“联合国”一词最先由罗斯福使用（用于描述同盟国），于1942年1月1日首次出现在《联合国家宣言》中。联合国的成立过程也经历了各种争议和批评。美国国内有约翰·柏奇就曾发起过“让美国退出联合国”运动（1959年）；法国因美国迟迟不承认法兰西共和国临时政府为法国合法政府而对早期联合国持有偏见。1945年10月24日在美国旧金山签订生效的《联合国宪章》标志着联合国正式成立。目前联合国共有193个成员国，是世界上代表性最广泛、最有权威的综合性国际组织，在维护世界和平、缓和国际紧张局势，解决地区冲突方面，以及在协调国际经济关系，促进各国经济、科学、文化合作方面，发挥着积极的作用。

三、规范性

规范指人们行为的准则，包括两种：明文规定的法律法规，如法律条文和群体组织的规章制度；约定俗成的准则，如风俗习惯。外交语言的规范性主要体现在两方面：一是规范性话语的多样性和系统性，二是规范性话语的有效性和约束性。

（一）规范性话语的多样性、系统性

外交其实是主权国家通过非武力的和平方式即语言的方式处理国际问题、国际事务的言语交往活动。追求和平、有序发展是人类普遍的愿望，但随着17—18世纪现代国家的兴起和国际交往的深入，国际问题、国际关系纷繁复杂，各国的外交活动也逐渐从一个简单、偶然的话语交往活动，走向复杂、制度化的话语交往活动。那些指导人的行为、规范国家间关系的制度性话语，也逐渐固定下来、丰富起来，形成了一系列复杂、多样的制度规范系统。所以，制度性外交话语是外交语言的内在结构和静态存在形式，是主权国家以语言的和平手段处理国家间关系和国际事务的一系列相对稳定的原则和规范、法律和制度、机构和程序，即“游戏规则”的总和。随着国际交往的深入发展，外交活动的日益增多，制度性外交话语越

来越丰富多样和系统，外交的话语活动也越来越呈现出制度化特点。①

1. 多样性

首先，制度性外交话语涉及的领域越来越广泛多样。1648 年《威斯特伐利亚和约》签订后，国际条约作为约束各方外交行为的基本手段和国家间外交斗争与合作的重要工具，一直扮演着解决国家间问题、规定国家间关系的重要角色。20 世纪以来，随着全球化的深入发展，国际组织大量涌现，条约的使用范围越来越广泛，扩展到了政治、经济、外交、文化以及人权保护、环境保护、海洋、航空、外太空等领域，这些条约规定了各缔约国在各领域的相应责任和义务，几乎涵盖了国际社会生活的方方面面。随着 1969 年《维也纳条约法公约》和 1986 年《关于国家和国际组织间或国际组织相互间条约法的维也纳公约》的签订，国际条约的签订更加规范和完整，国际条约的管理也更加法制化。②

其次，制度规范性文本形式越来越多样。以条约为例。条约是指国际法主体间缔结而以国际法为准，旨在确立其相互间权利与义务关系的国际书面协议。③ 只要符合该定义中的四点，即在国际法主体之间、以国际法为准、明确相互间权利与义务、拥有书面协议特征的一切协议，都视为广义的条约。在广义条约中，还有很多名称各异的条约，如公约、协定、议定书、换文、文件、联合宣言、联合声明、联合公报、宪章、盟约、规约、谅解备忘录、临时协定等。不同名称表示在有效期长短、正式程度、议题、使用目的范围、缔结程序、批准机构级别、条约发起者、签订的场合时间、条约功能、问题重要性程度等方面存在差异。④

除条约外，还有大量的国际协议，如国际政治协议、国际贸易协议、国际金融协议、国际文化教育技术协议等。这些国际协议涉及大使馆和领事馆的安排、贸易、财政援助、渔业、文化教育及技术合作等领域，它们尽管在法律效力上不如条约，但具有更强的政治性，是国家间在广泛领域

① 赵可金：《外交学原理》，上海教育出版社 2011 年版，第 74 页。
② 赵可金：《外交学原理》，上海教育出版社 2011 年版，第 210 页。
③ 万鄂湘等：《国际条约法》，武汉大学出版社 1998 年版，第 3 页。
④ 赵可金：《外交学原理》，上海教育出版社 2011 年版，第 212—213 页。

扩展合作的指导性文件。[①]

2. 系统性

系统性指出制度规范性文本和话语间纵向关系和横向关系的特点。随着外交活动法制化进程，外交的规范制度也日益完整、系统。纵向而言，规范性话语包括三个层面，即：第一层为外交原则性话语，第二层为外交法律与制度性话语、外交规则与惯例性话语；第三层为外交礼仪性话语。

第一层的外交原则与准则，是国际公认的国家在从事外交活动中应遵循的基本行为规范，在本质上与国际法基本原则一致。"国际法基本原则是指被国际社会公认、具有普遍意义、适用于国际法一切效力范围、构成国际法基础和核心并具有强行法性质的国际法原则。"[②] 这是任何一个主权国家或主权国家的代表外交人员，绝对不能违背的法律原则，否则将会受到国际舆论和道义的谴责。目前，国际法原则的主要依据是《联合国宪章》及其他一系列条约规定，是一种相对不变的根本价值取向，有主权平等原则、互不干涉内政原则、和平解决国际争端原则、承担国际责任原则。

第二层为外交法律与制度性话语、外交规则与惯例性话语：（1）外交法律与制度性话语。外交法是指一个国家为便利对外交往、平衡派遣国在接受国领土主权内对其对外政策利益的追求，在其对外交往中要遵循的制约有关机关职能、行为及法律地位的规范及原则的总称，它特别涉及一国在他国领土上所设代表机关的职能与地位。从内容上说，外交法包括：国际法中的外交法，如外交特权与豁免等；国内法中的外交法，如外交行政法、涉外经济法、涉外诉讼法等。[③]（2）外交规则与惯例性话语。外交规则与惯例是指各国在外交实践中所形成并自觉遵循的、约定俗成的、各国公认的常规做法和习惯，包括成文和不成文两种外交惯例。外交规则与惯例包括外交承认或国际承认、建立外交与派遣使团、外交制裁和外交报复、外交保护和外交庇护等环节和内容。[④]

第三层的外交礼仪，是指一国的国家领导人或外交代表及其他官方人

---

① 赵可金：《外交学原理》，上海教育出版社 2011 年版，第 212—213 页。

② 赵可金：《外交学原理》，上海教育出版社 2011 年版，第 77 页。

③ 赵可金：《外交学原理》，上海教育出版社 2011 年版，第 93 页。

④ 赵可金：《外交学原理》，上海教育出版社 2011 年版，第 90 页。

士在对外活动（访问、谈判、交涉、发出外交文件、缔结条约、参加国际会议和国际组织活动等）中，为表示尊敬、友好、庄严、隆重之意所遵守的一系列规矩和程序、规格和仪式、形式和礼节的总和。外交礼仪具有通用性（在大多数国家和地区通用）、限定性（限定于外交人员之间和外交活动中）、稳定性（不受领导人更迭影响）、庄严性（形式内容上的庄严、神圣、崇高）、礼宾性（以礼待宾、礼尚往来）、准强制性（在正式场合具有合法性或一定的法律约束力，不适用于非正式场合）等特点。①

以上三个层面自上而下构成了指导与反映、驱动和受动、影响与体现的纵向关系结构。具体而言，第一层居于指导地位，起着指导、驱动第二、第三层的规范性话语建构的作用；同时由于第一层的外交原则与准则属于价值理念的深层次概念，比较抽象，它需要第二、第三层面的规范性话语来体现和反映。所以第二层反映出第一层外交原则的价值取向，同时又影响、驱动第三层的外交礼仪性话语行为；第三层外交礼仪则体现第二层和第一层的规范性话语意义。这些纵向关系结构中的规范性话语与前面已述的渗透于各个领域且相互间密切联系的各种条约、协议等，构成了纵横交错且相互支持的成型化的规则系统与制度性外交话语体系，指导和规范着各国的外交行为。

（二）规范性话语的有效性、约束性

外交原则与准则、外交法律与制度，是各国必须遵守的规范性话语，不遵守将会受到国际社会的谴责与国际法和国内法的追究，因此，它们具有强制性和硬约束力。

外交规范与惯例则是各国自觉遵守的游戏规则，是约定俗成的公认的常规做法和习惯，具有准强制性，一般受到各国法律保护，具有一定法律约束力，但属于软约束力。如果一个国家不遵守这些规范惯例，只要它有能力捍卫国家安全和领土完整，且不侵害他国，最多遭致孤立和对外交往限制，不会导致其他严重后果。② 外交礼仪除去一些已经成为国际法规范

① 赵可金：《外交学原理》，上海教育出版社 2011 年版，第 91 页。

② 赵可金：《外交学原理》，上海教育出版社 2011 年版，第 76 页，

（如外交代表的礼宾位次的排列、轮署制，外交代表使用本国国旗、国徽等），还有很多不具有法律约束力。尊重它，不是基于法律的义务；违反了，也不能作为违法行为而被追究法律责任。[①] 但各国都极力避免外交失礼或失误，那样会被认为是反常行为或外交素质低下而遭致他国的外交猜忌或耻笑，为对外关系、国家形象带来负面影响。

总之，外交是有规矩的话语行为，外交语言中规范性话语体系为外交行为体的外交活动提供了是非判断标准、言语行为依据，有助于减少国家间的矛盾、误解，有助于维护国家间的正常关系和国际社会秩序。当然它不是一成不变的，也需要不断完善、改革，但是它一旦形成，就具有了强制性或准强制性的硬约束力或软约束力。外交语言的这一规范性特点，要求相关人员在外交行文措辞、言语行为时，必须小心谨慎，做到严谨、准确，不能随意、草率、疏忽大意。可见，外交语言活动责任重大，事关国家主权、国家利益、国家安全与国家形象。比如，宪法第五十二条规定："中华人民共和国公民有维护国家统一和全国各民族团结的义务"；第五十四条规定："中华人民共和国公民有维护祖国的安全、荣誉和利益的义务，不得有危害祖国的安全、荣誉和利益的行为"；第五十五条规定："保卫祖国、抵抗侵略是中华人民共和国每一个公民的神圣职责"。这些文字本身就体现了外交语言的规范性。

四、格式化

外交语言的格式化特点也是规范性的表现之一。

1. 书面语化特点

联合国大会、其他国际会议、各种仪式、正式宴会上的演说或发言等，都具有书面语的特点。虽然演说和发言、答记者问等，属于口头表达，但事关国际、国家大事，一般都是事先写好临场选读或做了充分准备，因此具有书面语的特点，如用词正式审慎、句子结构复杂偏长，篇

---

① 李家发编著：《外交外事知识与国际交往礼仪》，广西师范大学出版社 2008 年版，第 214 页。

章结构完整。许多外交场合的演说稿和发言稿都是重要的国际文献，但有时遇到一些特殊情况需临场变动、发挥，这时使用的语言往往口语特征较强。

2. 程式化特点

很多外交语言具有程式化特点，即有一套完整的、相对固定的表达方式。（1）法律性外交文书，如宪章、条约、公约、协议、协定、议定书、合同、涉外法规、涉外公证及认证式样等，都有固定的格式。比较正式的条约，一般由条约名称、序言、正文、最后条款、附件等构成。其中，序言包括缔约各方代表的姓名职衔、缔约宗旨和缘由等，是正文条款的解释依据；正文是条约的主要内容，规定各缔约方的权利义务，实质性条款的第一条往往对下文中将使用的术语加以解释；最后条款用来说明条约的适用范围、批准、生效、有效期、第三国加入程序、条约的文字、签字时间和地点等问题。[①] 这个格式体现了篇章结构上的严密性。它有独特的词汇，如法律词汇、各种专业词汇；通篇使用间接指示代用词，如缔约双方或各方、派出国、接受国等；句子比较长、复杂等。（2）证明性外交文书，如护照、签证、国书、全权证书、任命书或介绍信、领事证书等，也有固定格式。护照有“注意事项”“须知”等说明、发证人或机关等，主要内容是对某些事实做出肯定或否定的答复，因此使用的词汇、句子和篇章结构都非常简单，语言比较正式、简明扼要。（3）通信外交文书，包括正式照会、普通照会、正式外交函件、非正式外交函件、备忘录、电报等，用于通知、交涉、抗议、达成协议、祝贺、悼唁、慰问、感谢等，其特点也是讲究格式、双方身份和职位对等，语言正式、礼貌，有技巧。[②]

3. 固定用法

外交语言常常使用套话，一些礼宾性外交文书，包括大使呈递国书时所致讼词、唁电（信）、贺电（信）、慰问或感谢电（信）等；话题主要涉及祝贺、哀悼、感谢、慰问等寒暄性话语，语言比较简单，多半是礼貌用语。如唁电的基本内容是表示哀悼与慰问，赞扬逝者生前的功绩，赞扬

① 赵可金：《外交学原理》，上海教育出版社 2011 年版，第 213 页。

② 郭鸿：《外交语言的语言特征》，《现代外语》1990 年第 4 期，第 12—13 页。

逝者在建立、维护和发展两国关系中所做贡献，相信对方国家人民将继承逝者遗志继续发展两国友好关系。通常根据国家关系的亲疏远近、领导人的身份高低和影响力的大小来确定称呼、措辞、提法、内容的长短等。

五、文化差异性

语言既是文化的重要组成部分，也是文化的重要载体，文化的形成和表达、传承和发展离不开语言，语言与文化共生共存，相互制约影响。作为表层的显性文化，不同民族、国家的语言符号系统之间，既有文化共性，也有文化差异性。其文化差异主要表现在两方面，一是语言符号本身的差异，二是语言符号所指称和蕴含的文化内涵不同。语言的这种文化差异自然会影响跨文化交流的顺利进行，也会影响作为国际交往主要工具和手段的外交语言活动的顺利进行。

比如，作为文化表层要素的语言符号本身的差异，有时会成为外交语言沟通、理解障碍。外交领域的语言沟通主要通过翻译，不仅不方便，而且常常因为不同语言之间缺乏对应的词语或话语，导致有意或无意的曲解和误解。如20世纪80—90年代中国提出的“韬光养晦，有所作为”战略方针，就被美国等西方国家有意或无意的误读和曲解。①

外交语言的文化内涵差异，主要体现在不同国家因价值理念不同，外交政策、外交理念的语言表达也会不同；反过来说，不同国家的不同外交政策话语，体现的往往是不同的价值理念。如美国等西方国家提出的“普世价值”“国强必霸论”与中国积极倡导的全球发展倡议、全球安全倡议、全球文明倡议，就存在很大文化差异，这种差异常常是外交话语权竞争的主要内容之一，涉及国家利益与国家安全。

但还有一些文化差异，如不注意，虽不至于给国家利益、国家安全带来太大损失，但至少是外交失礼，会影响外交人员的个人形象及其所代表的国家形象。如称谓语的使用，如果不考虑身份、习惯用语、文化习俗、

---

① 肖枫：《邓小平同志的“韬光养晦”思想是“权宜之计”吗?》，《北京日报》2010年4月6日。

惯例、礼仪等因素，就可能造成外交失礼或笑话。

六、安全性

外交语言的符号差异性及其文化内涵的差异性问题如果解决不好，不仅会给国家间交往带来障碍，也会给国家的安全带来威胁。国家安全是指一个国家处于没有危险的客观状态。亨廷顿在其《文明的冲突与世界秩序的重建》一书中指出："文化类同的社会彼此合作；从一个文明转变为另一个文明的努力没有获得成功；各国围绕着它们文明的领导国家或核心国家来划分自己的归属"，"冷战时代的世界是一个包含了七个或八个文明的世界。文化的共性和差异影响了国家的利益、对抗和联合。世界上最重要的国家绝大多数来自不同的文明。最可能逐步升级为更大规模的战争的地区是那些来自不同文明的集团和国家之间的冲突。战争和经济发展的主导模式因文明的不同而不同。国际议题中的关键争论问题包含文明之间的差异。权力正在从长期以来占支配地位的西方向非西方的各文明转移。全球政治已变成多极的和多文明的"。[①] 他的文明冲突论观点未免有些极端，但对文化重要作用的强调却一点也不为过。文化差异不一定导致冲突，但的确是国际关系、国际政治中的重要影响因素。而文化对国际关系、国际政治的影响，离不开外交语言的方式。

语言是文化的构成要素，更是文化的载体，在全球化进程中，语言起着维系民族国家生存和发展的文化屏障作用。一个国家的外语能力不强、语言的信息处理技术不强，就可能导致这个国家不能及时准确地解读外部相关重要信息，进而不能做出准确的外交预判和正确的外交应对决策；一个国家的语言表达能力不强、话语影响力不强，就意味着这个国家有可能遭受他国的误解、歪曲和攻击，使其国家形象、国际地位乃至国家利益受损；一个国家因他国语言文字的影响和侵入或因外部强权的干涉和威胁而使本国固有的语言文字失去在国家政治、经济、社会、科技等领域的主动

① ［美］塞缪尔·亨廷顿著，周琪、刘绯等译：《文明的冲突与世界秩序的重建》，新华出版社 2002 年版，第 8 页。

地位，这就意味着这个国家的政治、文化、经济等方面的安全受到了威胁和侵害；一个民族的语言被取消、替代，就意味着这个民族的文化乃至这个民族的消亡。所以，语言安全是国家安全的重要风向标。

一个国家官方语言的确立是处理语言差异和文化差异的重要方式，但如果处理不得当，往往会引发语言纷争，导致社会动荡、政府瘫痪、国家分裂。因不懂外语而不能及时解读外语文字情报信息，也会给国家安全带来隐患甚至灾难。2001 年美国“9・11”事件就以血淋淋的事实告诉美国及世人，一个国家的外语能力严重缺乏，不仅意味着难以正常进行跨文化交流沟通，还会给国家安全、人民生命留下隐患①；外国语言文化的强势影响意味着对本国语言文化安全的威胁，所以 20 世纪中期以后，随着英美经济科技的高速发展及英语国际影响力的快速提高，许多国家都采取了保护本国语言文化发展、免受英语文化侵害的语言文化政策。如法国面对英语的强势挑战，坚定地采取捍卫法语的保护政策和扩大法语国际影响力的对外推广政策。②

七、权利性和权力性

国际政治或外交领域的语言权利性和权力性主要体现在三方面。一是一个主权国家有不受外国强权干涉而自主制定和实施语言规划与语言政策的权利和权力。语言规划包括语言地位规划和语言本体规划。语言的地位规划指“存在多种语言或语言变体的国家和地区，通过法律的形式赋予他们不同的社会职能，即确定哪一种语言或方言为官方语言，确立各民族的语言权利和公民个人的语言权利，确立官方与非官方语言的关系”。语言本体规划指“为了地位规划中确立的语言或语言变体能够达到规划所预期的效果而进行的有组织的规划行为”。也就是说，“地位规划是政府通过制定语言政策以巩固或提高某种语言的使用地位”，“本体规划是针对某种语

① 舒莉、孙渝红等：《“9・11”事件后美国外语教育政策研究》，《中外教育研究》2012 年第 1 期，第 8 页。

② 戴冬梅：《法国语言政策与其“文化多样性”主张的悖论》，《北华大学学报（社会科学版）》2012 年第 6 期，第 21 页。

言的自身结构，通过文字创制和改革，标准化，现代化，为语言或方言的标准化提供基本的手段，使它们能够充分履行其各自社会职能”。因而，“语言的地位规划能提升语言的使用地位，而语言的本体规划能够增强语言自身的所指能力”。[①]

二是在国际场合使用本国语言、维护和发展本国语言国际地位的权利和权力。各国领导人或外交代表、发言人等在外交场合使用本国语言是国家主权的象征，是维护国家语言文化主权的必要途径。某个国家语言在国际社会的广泛流行（如法语在历史上的流行、美式英语在当代的流行），不仅是其国际地位、国际影响力的体现，也是其国家软实力的重要标志。

三是拥有国际话语权利和权力，即在国际舞台上，进行平等对话、沟通、交流、协调、传播等的话语权利和权力，对国际事务、国际关系、国际问题、国际制度、国际组织的知情权、表达权、解释权、定义权、评议权、裁判权、定价权、制定权、参与权、议程设置权等。目前国际社会中存在话语权失衡现象，西方国家凭借自己的话语霸权更容易为己谋利，而许多发展中国家则时常处于失语或无言的困境。[②]

八、策略性

外交语言属于政治语言，因为事关国家利益、国家安全、国家形象，所以在语用方面通常比较小心谨慎，行文用语一般会体现正式、严肃、庄重、规范等特点，像规范性、制度性文本就需要遵循一定格式、使用相应套语。但外交语言还有另一面，即需要策略、技巧和艺术。外交语言作为一种语言艺术，可因形式、内容、场合不同而风采各异，有时严峻、刻板，有时幽默、俏皮；有时采用条文式、政论式，有时采用散文式；有时简练、平易和口语化，有时文雅、优美并带有文学性。很多杰出的政治家和外交官在语言上都极富才华与文采，这与他们的个人文化素养、知识结构、身份地位、气质特征、外交修养等有密切关系。外交语言作为一种对

① 王跃平：《语言规划与语言政策》，《语文学刊》2014 年第 2 期，第 9 页。

② 孙吉胜：《语言、意义与国际政治》，上海人民出版社 2009 年版，第 59 页。

话和论辩用语，可以采用准确、模糊、比喻、暗喻、幽默、委婉、含蓄等各种修辞性、艺术性技巧和策略，所以外交话语根据所采用的外交语用策略手段的不同而呈现出不同的策略习惯，如准确性、模糊性、委婉含蓄性、直白明示性等特点。①

总之，外交语言具有政治性、规范性、格式化、文化差异性、安全性、策略性等特点。出于政治上或策略上的考虑，国家的外交活动需要各种语言策略理论与方法的综合作用，对其特点、功能等进行分析和研究，有助于提高我们对国际交往中外交语言重要性的认识，也有助于帮助我们正确解读外交语言，准确表达外交思想、国家政策，提高国际话语权，维护国家安全与国家利益，妥善处理国际关系和国际问题。②

第三节　国际交往中的外交语言策略③

外交语言策略属于语用策略范畴，有关语用策略的研究始于 20 世纪 60 年代，奥斯汀和赛尔分别以“逻辑与会话”理论和“言语行为”理论开创了语用策略研究的先河，此后，众多学者纷纷加入语用策略研究的行列，对语用策略进行了不同角度的研究和概括，提出了许多有益的见解，这些研究成果对外交语言运用无疑具有重要指导作用。

一、“合作原则”与外交语言策略

（一）格赖斯的“合作原则”及“特殊会话含义”

1. “合作原则”

“合作原则”是由美国著名语言哲学家格赖斯于 1967 年在哈佛大学的演讲中提出的。他认为，在人们交际过程中，对话双方似乎有意无意地在

① 黄金祺：《外交语言的要求和特点》，《世界知识》1989 年第 6 期，第 32 页。
② 朴钟锦：《外交语言概论》，中国财政经济出版社 2021 年版，第 11—24 页。
③ 朴钟锦：《外交语言概论》，中国财政经济出版社 2021 年版，第 114—168 页。

遵循着某一原则，以求有效地配合从而完成交际任务。因此，提出了会话中的“合作原则”。“合作原则”的四项准则包括：数量准则、质量准则、关系准则以及方式准则。其中，数量准则，是指所说的话应包含当前交谈目的所需要的信息，所说的话不应包含多于需要的信息；质量准则，是指不要说自知虚假的话和不要说缺乏足够证据的话；关系准则，是指所说的话与话题要相关联；方式准则，是指说话应该避免晦涩、歧义，应该简练、有条理。

2. “特殊会话含义”

人们在实际言语交际中，并非总是遵守“合作原则”，出于需要，有时会故意违反合作原则。格赖斯把这种通过表面上故意违反“合作原则”而产生的言外之意称为“特殊会话含义”。“特殊会话含义”需要听话人根据当时的语境来推断说话人所阐述的隐含意义。[①]

（二）“合作原则”在外交语言中的应用

格赖斯的“合作原则”不仅适用于人的日常言语交际，也适用国际政治和国家外交活动。出于维护国家利益、实现国家对外政策的目的，在各种外交活动中，各行为体常常通过各种语言策略来推进外交活动顺利进行。

一方面，严格遵循格赖斯的“合作原则”来实现交际意图。如政府级会谈、国际组织间谈判、发表声明、发布公报等无不体现着“合作原则”。“上海公报”、《中华人民共和国政府和日本国政府联合声明》、《中华人民共和国政府和大不列颠及北爱尔兰联合王国政府关于香港问题的联合声明》等，都是严格遵循“合作原则”中四项准则的双边政治条约，成为具有深远意义的历史性文献。另一方面，通过违反“合作原则”实现交际意图。外交活动往往涉及政治、经济、军事等重大问题，情境常常不允许公开直言，说话人面临说实话和不能尽抒其意的矛盾。于是外交人员常常会利用违反“合作原则”的技巧方式，来表达“特殊会话含义”，从而实现

① Grice, H. P., *Studies in the Way of Words*, Beijing: Foreign Language Teaching and Researching Press, 2002.

交际意图。①

1. 通过违反“数量准则”，控制和运用会话含义

（1）信息不足。故意违反“数量准则”中所说的话应包含当前交谈目的所需要的信息，以使听话人推导出会话含义。语用回避就是信息不足的语用策略。（2）信息多余。故意违反“数量准则”中的“所说的话不应包含多于需要的信息”，使听话人推导出其含义。

2. 违反“质量准则”，控制和运用会话含义

（1）故意违反“质量准则”中的“不要说你自知是虚假的话”，故意说些不符合事实的话，让听话人推导出会话含义来。（2）故意违反“质量准则”的“不要说缺乏足够证据的话”，说一些不诚实或不负责任的话，从而使听话人推导出某种含义来。

3. 违反“关系准则”，控制与运用会话含义

“关系准则”规定了会话交流的双方说话要切题，但在言语交际中，有时一方提出的话题让对方不好回答，或者不好直接做出肯定或否定的回答，往往会选择“顾左右而言他”的方式。提问者和回答者大多是一种合作关系，双方都“愿意合作”，遵守合作原则，但由于双方的立场、观点、感兴趣的领域不同，如果没有言语策略和技巧就很容易导致言语冲突。为避免冲突，可以运用焦点转移策略。

4. 违反“方式准则”，控制和运用会话含义

（1）故意违反“方式准则”中的“避免歧义”，故意使用歧义句来产生会话含义。产生会话含义的歧义句，是为了某种目的故意精心安排的，其会话含义只有了解说话人实际情况的听话人才能准确地推导出来。（2）违反“方式准则”中的“简练”和“有条理”，进行模糊处理。外交语言一般要清晰、简练，避免含糊不清，以免造成听话人不理解和误会。但有时有些场合如新闻发言人在回答记者提问时，出于各种原因，常常故意不遵守方式准则，运用委婉、模糊的语言技巧，产生会话含义，保证外交活动在相对轻松活跃的气氛下顺利进行。

---

① 刘萍：《外交语言与合作原则》，《理论高地》2007 年第 6 期，第 11 页。

二、“礼貌原则”“面子理论”与外交语言策略

（一）利奇的“礼貌原则”

“礼貌原则”的提出。英国语言学家利奇为完善格赖斯的理论，于1983年在他的《语用学原则》一书里系统地提出了“礼貌原则”理论。他认为，谈话双方不遵守“合作原则”有时是出于礼貌或语境的需要，并非出于说谎和故意。一方如果觉察到对方的话没有遵守“合作原则”时，就会越过对方话语的表面意义去设法领会说话人话语中的弦外之音，由此产生会话含义，即一种特殊的非自然意义。他说其“礼貌原则”与格赖斯的“合作原则”是互补的。总之，利奇的“礼貌原则”理论丰富和发展了格赖斯的理论。①

利奇提出了六条礼貌准则，每条准则里面又包括若干次准则。（1）得体准则（用于指令和承诺），包括两个次准则，即使他人受损最小与使他人受惠最大。如：我可以打断你一秒钟吗，我是否能澄清一下这件事？（2）慷慨准则（用于指令和承诺），包括两个次准则，即使自身受惠最小与使自身受损最大。如：你放松一下，我来写发言稿，你一定要来参加我们的颁奖典礼。（3）赞誉准则（用于表情和表述），包括两个次准则，即尽量缩小对他人的贬损与尽量夸大对他人的赞扬。如：我在电视里看见你接受采访了，你看上去很有精神！（4）谦虚准则（用于表情和表述），包括两个次准则，即尽量缩小对自身的赞扬与尽量夸大对自身的贬损。如：噢，我太愚蠢了，我不记得我们的协议的最后条款了，你呢？（5）求同准则（用于表述），包括两个次准则，即尽量减少双方的分歧与尽量增加双方的一致。如：A：我不想我们一起来讨论这个。我想我们一起讨论那个，B：是的，但主席先生，在我们的上一次会议上我们已经解决了这件事。（6）同情准则（用于表述），包括两个次准则，即尽量减少双方的反感与尽量增加双方的同

① 何兆熊：《新编语用学概要》，上海外语教育出版社2001年版；刘润清：《关于Leech的“礼貌原则”》，《外语教学与研究》1987年第2期，第42—46页。

情。如：无法用语言表达我们对你遭受了这样的事的痛心！[①]

（二）布朗和莱文森的“面子理论”

1. “面子理论”的提出

“面子”这一概念最早是由中国人类学家胡先缙介绍到西方国家的。受此影响，英国社会心理学家高夫曼于20世纪50年代指出，所谓“面子”就是指“一个人在某一具体交际场合中，通过采取言语动作而为自己获得的正面的社会价值，是按照社会所赞许的属性而创造的自我形象”。[②]“面子策略”则是指为减少面子损失以及增加面子收益的具体战术、战略。他认为，人类的交往活动无不涉及“脸面工作”，脸面是人类的行为准则之一，“面子”是个人神圣的私有物，是安全感和幸福感的中枢。“面子”的维持和赋予取决于他人，要想自己不丢“面子”，就得不让别人丢“面子”，问题的关键在于交际会话中双方要尽力保护自己和对方的“面子”。[③]

2. “面子保全论”的主要观点

在高夫曼的理论基础上，英国人类学家布朗和莱文森又进一步对“面子”进行了系统研究，并在其《语言应用的普遍现象：礼貌现象》一文中，提出了“面子保全论”。[④]

根据布朗和莱文森的理论，所谓“面子”是指社会成员意欲在公众面前呈现的个人形象，是每个人的基本需求。它分为“积极面子”和“消极面子”两类。“积极面子”是指人们普遍希望得到别人的肯定、赞同和喜爱；“消极面子”是指人们不喜欢别人把想法强加于自己，希望自己的行

---

① Leech, G. N., *Principles of Pragmatics*, New York: Longman, 1983, p. 80；潘熙：《浅谈利奇的“礼貌原则”》，《剑南文学（经典教苑）》2011年第4期，第220、222页。

② 何兆熊：《语用学文献选读》，上海外语教育出版社2000年版。转引自：雷玉兰、姚敏：《中西方面子理论差异探微》，《长春理工大学学报（社会科学版）》2008年第1期，第85页。

③ 徐薇薇：《面子策略对关系结束质量的影响》，西南交通大学硕士论文，2007年，第12页；雷玉兰、姚敏：《中西方面子理论差异探微》，《长春理工大学学报（社会科学版）》2008年第1期，第85页。

④ Brown, Penelope, Stephen Levinson, *Politeness: Some Universals in Language Usage*, Cambridge: Cambridge University Press, 1987, pp. 61 – 62.

为不受到别人的干涉和阻碍，有自己选择行动的自由。①

布朗和莱文森认为，许多言语行为本质上是威胁“面子”的，为了减轻这种威胁，理性的交谈者都会尽量回避损害“面子”的行为，或从后面的五种应对策略中选择相应的策略来降低损害程度：直言，即说话人直抒胸臆；积极礼貌，即直言相告同时根据听话人的积极面子调整话术；消极礼貌，即直言但要根据听话人的消极面子调整话术；婉言，即委婉但明确地表白意图；回避，即避而不谈。②

他们认为，社会交往中，人们应既尊重对方的“积极面子”，又照顾对方的“消极面子”，这样才能尽量少损害对方“面子”，同时也能保全自己“面子”不受损害。如果双方在保留“面子”上能达成共识，那么往往可以避免难堪局面发生或避免关系恶化。③ 为了使交往顺利进行，我们必须满足人们的“面子”需求，而为满足“面子”需求，大家往往会选用礼貌策略即使用礼貌语言。积极礼貌策略针对“积极面子”，要求实现双方的平等、熟悉；消极礼貌策略针对“消极面子”，要求照顾听话者的想法，控制双方的社会距离。④

（三）“礼貌原则”“面子理论”在外交语言中的应用

1. 人际礼貌与国际礼貌的联系与区别

人际礼貌与国际礼貌既相互联系又相互区别。国际关系也是一种人际关系和文化关系。国际间的军事、政治、经济和文化交往都不是由“国家”完成的，而是由具体的“人”（个体）完成的。国际关系是人际关系以国家、民族、种族、地区、团体等为单位进行的交往，它们是人们的信仰（或观念）、行为方式和不同组织制度之间的交往，因此，国际间交流也要遵循人际交流的礼貌原则。但是国际交往遵循的礼貌即国际礼貌或国

---

① Brown, Penelope, Stephen Levinson, *Politeness: Some Universals in Language Usage*, Cambridge: Cambridge University Press, 1987, pp. 61－62.

② 王雅刚：《布朗与列文森礼貌理论研究述评》，《长沙大学学报》2005 年版，第 85 页。

③ 何兆熊：《语用学文献选读》，上海外语教育出版社 2000 年版。转引自：雷玉兰、姚敏：《中西方面子理论差异探微》，《长春理工大学学报（社会科学版）》2008 年第 1 期，第 85—86 页。

④ 高航：《面子、礼貌与语用》，《解放军外语学院学报》1997 年第 2 期，第 24—28 页。

际礼仪与人际礼貌有所区别。人际礼貌一般是约定俗成的，而国际礼貌不仅被各国自觉遵守，而且许多规则还被国际法明文确定下来。从价值观念看，人际礼貌的基础是人的正面的社会价值，而国际礼貌的基础是国家与民族的尊严；从功能看，日常交际的礼貌是保护个人脸面①，国际礼貌则是维护国家尊严；从行为动机看，人际礼貌奉行的是“人际间的温暖”②，国际礼貌奉行的则是主权至上和主权国家间的平等。③

2. “礼貌原则”“面子理论”在外交中的运用

第一，得体准则。得体准则是外交言语行为最基本的礼貌要求，它也是国际礼貌的第一准则。国际礼貌中的得体准则意味着言语要符合国际惯例，不违反国际法。一般来讲，得体准则不仅适用于合作型外交语言行为，也适用于冲突型外交语言行为。诸如请求、建议、赞同、协商、让步、警告、拒绝、谴责、抗议等，都需遵守得体准则。违反国际惯例和不符合国际法的外交言辞或外交文书，不仅给人以不得体、不礼貌的感觉，还会产生不尊重对方主权的语义效果，有时会导致外交关系的复杂化。所以，要想实现得体准则，外交人员常常将灵活性与原则性完美结合，使语言表达得体、到位。④

第二，慷慨准则。利奇的慷慨准则是指减少表达利己的观点，尽量使自己少得益。在国际礼貌中“慷慨”意味着在动机里和话语中都不能歧视任何国家，不论国家大小，不能带任何种族或其他偏见。但这并不是说，外交人员为“慷慨”就可以牺牲民族利益、国家尊严，就可以对任何侮辱性语言行宽容大度，相反，慷慨准则应服从于对等原则，对无端的指责要严正驳斥，对有损国格、国家尊严的侮辱性语言，要予以恰当反击。慷慨准则必须建立在相互平等、相互尊重的基础上，决不能以损害国家尊严和民族利益为代价。⑤ “国不在大，热爱和平、主持公道就好”，只要按照

---

① 祝畹瑾：《社会语言学概论》，湖南教育出版社 1992 年版。转引自：武瑷华：《谈国际礼貌原则》，《外语学刊》2004 年第 6 期，第 53 页。

② 顾曰国：《礼貌、语用与文化》，《外语教学与研究》1992 年第 4 期，第 10—16 页。

③ 武瑷华：《谈国际礼貌原则》，《外语学刊》2004 年第 6 期，第 53—54 页。

④ 武瑷华：《谈国际礼貌原则》，《外语学刊》2004 年第 6 期，第 54—55 页。

⑤ 武瑷华：《谈国际礼貌原则》，《外语学刊》2004 年第 6 期，第 55 页。

《联合国宪章》宗旨办事，就会受到国际社会的尊重；反之，在国际舞台上实行霸权主义、强权政治，就不会受到别国尊重。[①]

第三，赞誉准则。利奇的赞誉准则即“尽量减少贬低别人，尽量夸大对别人的赞扬”，也完全适用于国际政治舞台，它有助于营造良好的对话氛围，促进两国关系发展，或者缓解双方的紧张关系，减轻对立气氛。[②]

第四，谦虚准则。利奇的谦虚准则即“尽量减少对自己的表扬，尽量夸大对自己的批评”，如果运用于国际政治、外交舞台，则与日常会话有所不同：一般不用贬己之辞，多用间接、委婉、含蓄的语言表达谦虚之意；尽量不用命令的口吻讲话，不把自己的意见强加于人，讲话留有余地，不把话说得太实、太死；讨论问题时，既要维护自己国家利益，也要考虑对象国的利益。尊重国家主权、不干涉他国内政是国际关系和国际法上的一项基本原则，因此，有些国家即便干着干涉别国内政的事，也不会赤裸裸地溢于言表，而是使用大量间接语言，体现谦虚准则，以显示对他国内政的“不干涉”。为了避免给人“强加于人”的感觉，许多有经验的外交官、世界政要，在外交场合还常常运用诸如“我不认为”“我不觉得”“我看不出来”等否定形式，或者用假设句等来体现谦虚准则。[③]

出于政治、策略上的考虑，外交场合往往不会把话说得太死。基辛格曾说，语言过分精确可能会危及交涉的成功。所以，外交使节面对某一突发事件，特别是未得到本国政府指示时，往往使用模糊而有弹性的灵活语言，避免言语失当，给国家造成不必要的损失。如“我们对……不无兴趣”，“我们注意到了×国领导人××于×月×日在×地的谈话”，“我们对……事态的发展感到关切”等，这样的外交语言，宽泛模糊，谦虚谨慎，进退有余。[④]

第五，求同准则。利奇的求同准则也常常运用于外交场合，特别是在

---

① 袁长普、邱天河：《外交语言模糊性的语用分析》，《郑州航空工业管理学院学报（社会科学版）》2008 年第 2 期，第 89 页。

② 武瑷华：《谈国际礼貌原则》，《外语学刊》2004 年第 6 期，第 55 页。

③ 武瑷华：《谈国际礼貌原则》，《外语学刊》2004 年第 6 期，第 56 页。

④ 李家发编著：《外交外事知识与国际交往礼仪》，广西师范大学出版社 2008 年版，第 336 页。

与本国有分歧、有矛盾的国家发展关系时，在对话交流过程中，如果能够坚持“求同存异”原则，如利奇所言，“尽量减少与他人的不同意见，尽量增加与他人的共识”，不仅符合国际礼貌，也有利于构建良好的对话氛围，化解矛盾，消除分歧，促进两国关系向好的方向发展。

外交访问、会谈、会晤的最终目的是消除、缩小分歧，谋求尽可能多的共同点，并以彼此都能接受的用词表述出来。（1）如果两国关系十分友好，所讨论的观点一致，在其发布的会谈公报中，往往会说两国对所讨论的问题取得了“广泛一致”“高度一致”“非常一致”“完全吻合”“取得了非常积极的成果”“进行了富有建设性的会谈”等。（2）如果两国关系一般，会谈结果中多数观点一致，少数观点不一致时，通常也会选择积极、正面的用语来表述。如：会谈是“建设性的”、两国“存在许多相似或一致的看法”、在许多问题上“观点一致或接近”等，表示会谈气氛一般，存在分歧；如果用“两国更加意识到两国的利益非常一致，更加意识到两国在国际上的义务”等话语表述，便有想要协调分歧的意思。（3）如果两国关系紧张，矛盾公开化，会谈后分歧依然难于一致，为了强调共同点，会用“我们并未在所有问题上达成共识，但我们能够本着友好和合作的精神讨论我们的分歧”，“本着随时忘掉过去和朝前看的善意，努力促使我们两国接近”，“要看大局，不能只盯着两国之间的分歧”等说法，以努力求同存异。（4）如果会谈毫无成果，又不愿意否定会谈会晤的意义，影响各方解决问题的愿望或现存关系，往往会说“双方重申了各自的立场”“阐明了各自的主张”“会谈增进了双方的了解”“双方的态度是积极的”“会谈是真诚的”等，虽在内容上没有达成一致，但从会谈态度、涉及问题的广度、深度等方面寻求积极因素加以肯定，为下一步继续会谈保持必要的气氛。（5）如果会谈非但没有取得预期成果，反而扩大、加深了分歧，甚至尖锐对立，外交人员也会从会谈气氛入手，寻求积极的共同点。如“会谈是在坦率、认真的气氛中进行的”，“双方都试图理解对方，努力寻求相互谅解”，“期待着促进今后的相互理解”等。[①] 总之，有经验的外

---

① 李家发编著：《外交外事知识与国际交往礼仪》，广西师范大学出版社 2008 年版，第 339—341 页。

交人员在会谈会晤中，善于发掘那些有可能使今后双方观点达成一致的正面的契合点；为了求同存异，即使想要表达反对意见，也会先尽量找到积极因素加以肯定，然后再委婉、间接地表达反对和否定的态度。①

第六，同情准则。利奇的同情准则即“尽量减少对他人的反感，尽量增加对他人的同情”，完全符合国际礼貌原则。当对某国政要逝世表示哀悼、对某国遭遇自然灾害表示慰问时，当某国适逢节日、领导人就职等表示祝贺时，常常运用同情准则，尽可能设身处地地去深切体会听话人的情感、处境等，用便于听话人理解的手段表达自己的意图；尽量减少对他人的反感，增强对他人的同情、尊重，这样有利于增进双方的感情，促进相互之间的友谊。

总之，格赖斯的“合作原则”和利奇的“礼貌原则”也适用于外交语言中。但日常社会生活中的“礼貌原则”和国际礼貌发生冲突时，以国家主权平等、尊重国家尊严为基本原则的国际礼貌是第一原则。②

三、关联理论与外交语言策略

（一）斯珀伯和威尔逊的关联理论概述

关联理论由斯珀伯和威尔逊于1986年在其合作出版的《关联性：交际与认知》中提出。该理论主要是通过人的认知角度探讨人类的交际行为，认为语言交际是一种认知过程，话语理解既是人们主动思维、积极认知的动态的推理过程，又是依靠语境建构相关话语信息的求解过程。

1. 明示与推理

关联理论认为：（1）语言交际是一种明示—推理的认知活动，是交际者对所处认知环境进行认识和互明的过程。（2）明示活动是指发话者向听话者展示自己的信息意图（即提供话语的字面意义）和交际意图（即发话者想通过明示的意图所要传达的真正的含义）。（3）推理是针对听话者而言，指听话者根据发话者通过明示或暗含的手段提供的信息，激活有关认

① 武瑷华：《谈国际礼貌原则》，《外语学刊》2004年第6期，第56页。
② 武瑷华：《谈国际礼貌原则》，《外语学刊》2004年第6期，第58页。

知语境，努力寻找关联，并进行推理，从而明白对方的交际意图，获得语境效果的过程。（4）明示和推理是人类交际不可缺少的两个组成部分。交际之所以成功，就是因为双方都遵循这样一个认知模式——相关原则（或称关联原则）。

2. 成功的交际与最佳相关

关联理论认为：（1）对话语的理解是将其语境化的过程，即将话语信息与在此基础上建构的相关语境相互作用的结果。其中，语境不是预先给定的，也不是静态凝固的，而是在不断更新变化的认知语境中选定的，而且随着认知语境的变化而不断变化着。（2）特定语境的选择是根据相关原则来实现的。人的认知特点决定了人们的交际行为都会产生最佳相关性期待，即在认知过程中力图以最小的投入获得最大的认知效果。要达到此目标，需要在发话者最佳相关的语言基础上，寻求最佳相关的语境要素，对信息进行最优化的处理。（3）最佳相关是交际成功的关键要素，但最佳相关不是最大相关，而是适当的相关。对于发话者而言，成功的交际是对话语的一种最佳选择，即根据自己的交际目的，根据他对听话者认知语境的假设和对交际情景的了解，选择适当的话语方式进行交谈，以取得预期的效果；对于听话者而言，就是在交际双方共知的认知环境中找到对方话语和语境之间的最佳关联，通过推理推断出语境的暗含意义，以达到最佳相关的理解，取得最佳的语境效果。（4）最佳相关与最佳效果也只是交际的一种目标、一种期望。交际的成功是在此基础上的不断推测、验证、调整、适应的过程。

3. 认知语境的共性

（1）认知语境定义。所谓认知语境，不仅包括交际双方在某时、某地，关于某事、某人相关事实的了解，而且还包括词语信息、关于世界的百科信息和逻辑信息。其中，词语信息是指交际双方所必须拥有的关于语言的知识；百科信息是指关于世界的一切概念和信念的知识；逻辑信息是指人的认知和推理的能力。

（2）认知语境的共性。人类的认知语境既有个性差异，也有共性趋同之处，这是人类交际得以成功的条件。不同的经历使每个人具有不同的知识结构、价值信念和认知信息，具有不同的思维方式和观察事物的角度。

面对同一事物，不同的人会有不同的判断、不同的记忆和解释。但由于人类社会的共同需求、利益要求，人类生理和心理特征的统一性使得人们在衣食住行、生活工作环境、社会文化和认知能力（感知能力和推理能力）等许多方面具有共性，而这种相似的经验和认知假设、趋同的推理能力等人类共有的认知语境，就是人类语言交际得以进行的必要条件。交际双方在认知语境上越趋同，交际也就越容易成功。[①]

（二）关联理论在外交中的运用

1. 不同语境的介入对话语产生不同的关联

语境决定意义，有时尽管针对同一个环境，如果从不同角度来框定语境，就会直接影响行为体的行为取向。比如在伊拉克战争的语言建构中：(1）对现实语境框定不同。不同语境要素的选择（联合国原则和规范的不同角度选择）对话语产生了不同的关联。2002 年秋到 2003 年初，就是否应该对伊拉克发动战争问题，美国和法德两国意见不一致。尽管是在联合国安理会内部，但由于双方在整体语境中选择了不同的语境内容，使双方在是否有必要通过武力解决伊拉克危机方面，推导得出了不同的结论。美国主张对伊动武，其语境框定的重点在于：联合国是一个维护世界和平与安全的国际组织，是由主权国家构成的国际组织，是国际社会的代表，美国是这个国际组织和国际社会的一员。面对伊拉克的威胁，国际社会有责任组成联军来推翻萨达姆政权，以维护国际社会的和平与安全。这种语境内容的相关选择，使得美国不惜顶着国际社会的反对声音，一意孤行，抛开联合国，采取单边主义行动，最终发动了对伊战争。[②] 法国、德国等国反对发动对伊战争，其语境框定的重点在于：联合国的成员国要在联合国的框架内、在联合国授权的情况下采取行动；联合国的宗旨是维护世界和平与安全，所以负有责任的联合国成员国应该最大限度地通过和平方式（包括对话和遵循国际法）来解决问题。这种不同于美国的语境选定，推导出的结论必然不同于美国，即反对美国发动对伊战争。美国与法国、德

① 赵艳芳：《认知语言学概论》，上海外语教育出版社 2001 年版，第 171、173—177 页。

② 孙吉胜：《语言、意义与国际政治》，上海人民出版社 2009 年版，第 130 页。

国等国面对伊拉克危机和联合国的宗旨、原则等，选定了不同的语境内容，直接导致了不同的立场和态度。（2）对历史语境框定不同。在对历史语境的框定方面，美国和法国、德国等国也完全不同，这也直接影响了它们之间在对伊动武方面的不同话语行为。欧洲国家的言辞重点在于强调历史上的战争带给人类的灾难和痛苦，而战争带给人类的灾难痛苦警示人们，尽量避免战争是人类的责任。正如德维尔潘在2003年3月7日发表演讲时所言："我们认为使用武力只能引起仇恨和积怨，引发文化和身份冲突，避免这样的事发生是我们这一代的首要责任。"① 而美国针对历史上的战争，则从另一个角度选择相关，强调这些战争是自由人民的伟大意愿、伟大的联盟力量和美国人民的力量击败了希特勒主义、军国主义的野心，而不是呈现战争给人们带来伤害的一面。②

2. 推理思辨认知能力对话语解读的作用

根据关联理论，话语解读是听话者对发话者的话语进行解码、思辨、推理的一种心理认知过程，这种心理活动以个人的知识水平、思辨能力、经验阅历、机智聪慧等内在素质作为基础。如果针对某个问题或事件的话语（态度）与人们早已接受的观念或心理认知模式一致或相似，它会更容易被公众接受。所以，行为体要想更好地实现一种战略性社会建构，就必须在与话语对象的交际过程中巧妙地框定相关语境要素和认知模式，以便更好地推销自己的观点，否则误解、曲解、冲突、矛盾就会发生。（1）认知水平差异导致误解。（2）定势心理导致误读偏见，即读者根据固定的认知图式来理解，容易导致误解、偏见。（3）从价值心理来说，符合听话者价值取向的就容易被接受。

3. 关联理论与外宣翻译策略

关联理论认为交际的成功取决于交际双方的互明和关联性两个条件。因此，要取得理想的传播效果，在外宣翻译中译者需要考虑：（1）外国受众的认知环境，包括语境背景、理解水平和表达习惯等。汉语讲求用词工

① Rodger A. Payne, "Persuasion, Frames and Norm Construction", *European Journal of International Relations*, 2001, Vol. 7, No. 1, p. 241.

② 孙吉胜：《语言、意义与国际政治》，上海人民出版社2009年版，第130页。

整或音韵对仗；而英语用词则倾向简洁自然，所以外宣翻译时，应力求翻译文本语言简洁、平实。（2）保持中国文化元素，考虑文化差异，进行解释性翻译。由于中外存在文化差异，且外国人对中国文化了解甚少，外宣翻译过程中，译者需要通过增加文字进行解释性翻译，为读者提供及建立必要的认知环境，便于读者理解和接受原文文本的内容。

四、顺应理论与外交语言策略

（一）顺应理论概述

顺应理论是比利时语言学家维索尔伦于1987年在其著作《作为一种语言顺应理论的语用学》中提出来的，后在1999年的《语言学新解》一书中，得到了进一步的发展和完善。他的理论贡献可以概括为三点：提出语言使用是语言选择的过程；提出了语言的三个特性；提出了四个研究角度。①

1. 语言选择

据“360百科”查询，顺应理论认为语言使用的过程是发话者与听话者不断选择语言的过程。这种选择可能是有意识的或无意识的，也可能是语言内部的原因或语言外部的原因所致。这种选择既在语言结构（语音、语调、词汇、语法结构）层面上发生，也在策略（风格语体）层面上展开。选择发生在语言产生和语言理解两方面，即语言选择它不是发话者单方面的活动，而是听话者也参与的活动。② 语言选择的具体手段和策略深受社会和文化等因素的影响和制约，因此语言选择的手段和策略是不等同的。③ 选择的过程是语境和语言选择二者相互顺应的动态过程，在这个过程中，语言使用者对交际过程的意识程度通过语言选择突显出来。

2. 选择保证

语言使用者一旦使用语言，他就要不断地根据语言的三种特性（变异

① 林俐、王海燕：《价值观与语言运用》，中国地质大学出版社2007年版，第141页。

② 李元胜：《“冗余信息”作为语用策略的顺应性研究》，《北京第二外国语学院学报（外语版）》2007年第4期，第59页。

③ 林俐、王海燕：《价值观与语言运用》，中国地质大学出版社2007年版，第142页。

性、商讨性、顺应性），对语言进行选择。所谓变异性，是指语言选择的范围是变动不定的；所谓商讨性，是指语言选择的过程又是不确定的、需要不断协商的；所谓顺应性，是指语言使用者从提供可选项目范围之内选择可协商的语言和策略，从而满足交际的需要。这三种特性互相联系、密不可分。变异性和协商性是基础，为顺应性提供实质内容；顺应性是语言表意功能的发挥，是语言选择的功能性指向。①

3. 研究视角

顺应理论以顺应性为基点从以下四个方面对交际过程进行描写和解释。

一是语境关系顺应。其指语言使用过程中，语言的选择必须与交际语境顺应，也称语境关联成分，指交际语境中必须和语言选择相互顺应的全部要素。如：物理维度（时间、空间、位置、体态语、生理特点、外表形象等）、社交维度（社交场合、社会环境、语言社团的交际规范、文化等，其中文化是相当重要的因素）、心智维度（双方的个性、情绪、愿望和意图等认知和情感方面的因素）、语言使用者（发话者和听话者是语境的中心）、语言语境（衔接、篇际制约、线性序列）等。上述因素会影响语言的选择，包括书面语和口头语。②

二是结构客体顺应。其指语言各层次的结构和结构组成的原则。包括：（1）语言、语码和语体的选择，即指语言使用既要考虑自己的语言能力、语言的方便和实用程度，也要考虑社会因素。在双语或多语的社会中，语言的选择涉及语言使用者的政治立场、意识形态、语言态度和语言政策等重大问题。而语码转换，在双语或多语言环境中就是一种积极的语用策略。（2）话语构建成分的选择。即指语法研究的各个层次上的选择，如声音结构（语音语调、节奏、停顿、音质等）、词素和词汇、分句和命题结构等的选择。（3）话语和语段的选择。如言语行为和语篇类型的选择等。（4）话语构建原则的选择。既包括句子的组织问题，也包括语篇的连贯与关联问题，以及其他诸如信息结构、句子顺序和主题结构等的选择。③

---

① 林俐、王海燕：《价值观与语言运用》，中国地质大学出版社 2007 年版，第 142 页。
② 林俐、王海燕：《价值观与语言运用》，中国地质大学出版社 2007 年版，第 143—144 页。
③ 林俐、王海燕：《价值观与语言运用》，中国地质大学出版社 2007 年版，第 145 页。

三是顺应的动态性。顺应理论认为理话语意义是动态生成的，与意义生成密切相关的语境和结构顺应也应具有动态性，这就是顺应的动态性。这种动态性涉及语言使用的时间维度、语境维度、语篇结构特征。人们使用语言时，要根据不同的交际目的、场合选择恰当的语言形式，需要因时因地因人，对话语内容、方式、策略做出合适的取舍。同时，语言顺应不是单向的，而是双向多维的，即语言顺应语境，或语境顺应语言，或两者同时顺应。语言使用过程是在不同的意识程度下对语言结构与语境相关成分之间相互顺应的过程。①

四是顺应的意识凸显性。语言选择活动是一种心理操作活动，它有时是有意识的，有时是无意识的，其意识程度有所不同。顺应的意识凸显性，即意识凸显程度，是指在意义产生的过程中语言交际者根据自己所处的地位而做出语言顺应的心理作用程度。这种意识凸显性，是一种自我意识，所以称自返性意识或反射意识；又由于它发生在做出语言选择之前，亦存在于语言使用这一层面之上，所以又称之为元语用意识。② 所有的言语选择都有一定程度的语用意识，而某些言语选择所反射出的意识更加明显。社会因素和认知因素会影响言语交际者的顺应意识程度。其中，认知影响因素包括对周围客观世界的感知和表征（交际的前提）、计划（顺应未来）和记忆（顺应往事）；社会因素如社会规范会影响交际者的语言顺应过程。语言选择与思维活动之间存在着思维的“顺应媒介”，这就是交际者的地位和顺应的方式，如明说或隐含等。③

交际目的不同，元语用意识程度也不同，因此在做出语言选择时，会留下不同程度的“语言痕迹”。④ 用来标示元语用意识的手段很多，有语言性的，也有副语言性的；有显性的，也有隐性的。维索尔伦将其分成了三大类：第一大类是转换语，一般是指一些指示性语言符号，如人称代词，

---

① 李元胜：《“冗余信息”作为语用策略的顺应性研究》，《北京第二外国语学院学报（外语版）》2007 年第 4 期，第 59 页。

② 吴亚欣：《语用含糊的元语用分析》，《暨南大学华文学院学报》2002 年第 1 期，第 65—72 页。

③ 林俐、王海燕：《价值观与语言运用》，中国地质大学出版社 2007 年版，第 147 页。

④ 吴亚欣、于国栋：《话语标记语的元语用分析》，《外语教学》2003 年第 4 期，第 17 页。

其他的一些指示表达，动词的体、时、态、语气、情态等[①]；第二大类是话语标记语，这类语言的范围很广，可以是单个的词语，也可以是短语或小句子，有关这类语词的研究很多；第三大类称作语境化线索，一般是指韵律手段，如重音、语调，以及语码转换等。也有人将元语用意识的语言标示成分分为两大类：其一，语言标示成分，包括语音层面（韵律手段，如重音、语调等）、词汇层面、句子层面（直接引语和间接引语等）、语篇层面（语篇类型）；其二，副语言标示成分，即用来协助语言（口语）传递信息、表达情感、表明态度的非言语技巧的总称（如面部表情、手势、身势、说话人的紧张程度、体距、眼睛对视等）。[②]

（二）顺应理论在外交语言中的运用

1. 交际语境的顺应

心理世界的顺应。这里的心理世界是指交际双方的个性、情绪、信念、愿望、意图等认知和情感方面的因素。交际者选择语言的过程，就是对自己和交际对象心理世界的一种动态顺应过程。[③] 首先，自我保护的心理。外交活动中，外交官代表国家形象，外交活动旨在维护国家利益。因此，有经验的外交人员，为了不让自己的话语有损国家形象和国家利益，很多时候常常选择模糊语言来应对各种提问。其次，保存对方的“面子”心理。任何社会的成员都希望得到别人的认可、赞同、喜爱、欣赏和尊敬，都希望别人给自己“面子”。而要保全自己的“面子”，就需要给他人留“面子”。同样，在外交场合，不同国家的外交人员，为了维护本国的国家利益，也需要考虑对方维护本国利益的需求，在外交言语活动中，尽可能选择那些能够保全双方“面子”的措辞用语，这样才能不违反国际礼貌。比如，外交人员在外交场合经常使用“众所周知”“有关方面”“有关国家”“某国政府”“西方有人”等委婉、模糊的语言，就是为了避免

① 《元语用意识的标示成分》，豆丁网，http://www.docin.com/p-1232108710.html。

② 吴亚欣、于国栋：《话语标记语的元语用分析》，《外语教学》2003 年第 4 期，第 17 页。

③ 秦小锋：《从顺应理论角度探析外交语言活动中的语用模糊现象》，《长江师范学院学报》2008 年第 4 期，第 104 页。

直接提出对方的名字而采取的一种礼貌、顺应策略。①

物理世界的顺应。物理世界包括特定的主体、对象、时间、空间、话题五个因素，其中任何一个因素方式变化，都会使交际者产生特定心理，从而影响交际形式的选择和语言的选择。② 在国际关系错综复杂的外交场合，无论是口头语言，还是书面语言，在意义构建和解读过程中，都需考虑对物理世界各种因素的顺应。

社会世界的顺应。社会世界指社交场合、社会环境、文化氛围、风俗习惯、行为准则、价值观念等。对社会世界的顺应，就是指交际者在使用语言时必须选择符合社交场合、社会环境、社会风俗、语言社团的交际规范，这是人的社会性所决定的。在外交场合，遵守国际法、国际惯例、国际礼仪等也是外交家们遣词造句必然遵循的规范。③ 首先，从顺应风俗习惯、文化传统来看，许多外国领导人访华时都在不同场合引用过中国古典诗词名句，即赋诗言志，就是顺应中国文化传统的表现。其次，许多委婉语的选用也是对社会世界的顺应。许多军事相关的词语被称为"镀了金的词语"，就是因为它们选用委婉、模糊的词语粉饰残酷的现实世界，以顺应人们对和平、正义、人道主义等的热爱支持，对战争、非人道主义等的反对的心情。

2. 元语用意识

外交事务中，由于错综复杂的国际关系以及维护国家利益的外交需要，使得外交语言具有较高程度的元语用意识，反映在词汇、语音、修辞等语用的方方面面。

词汇方面的顺应。一些非限定性指示语的使用，就是对国际礼貌、错综复杂的国际关系、国家利益的一种顺应选择。如"某国政府""西方有人""有关方面""有关国家""由于大家都知道的原因"等，都是非限定

① 秦小锋：《从顺应理论角度探析外交语言活动中的语用模糊现象》，《长江师范学院学报》2008 年第 4 期，第 105 页。

② Verschuerren, *Understanding Pragmatics*, London: Arnold, 1999. 转引自：林俐、王海燕：《价值观与语言运用》，中国地质大学出版社 2007 年版，第 149 页。

③ 秦小锋：《从顺应理论角度探析外交语言活动中的语用模糊现象》，《长江师范学院学报》2008 年第 4 期，第 104 页。

性指示语，具有模糊特点，而选择语用含糊的词语有利于委婉表达自己的意图，礼貌地避免直言造成的尴尬局面。其他，如“大体上”“基本上”“常常”“据估计”“我怀疑”等模糊限制语的使用，都有增强意义的不确定性的概念，这在外交语言里也经常被使用。

语音方面的顺应。语音上的顺应，即指选择谐音字词传达一种音在此而意在彼的意图的语用方法。如“韩流”“汉风”等，就是借助语音的顺应而描述、概括韩国影视剧等流行文化在中国等国家的广泛传播、中国文化在韩国等其他国家的传播效应。根据交际对象做出适当的语言选择和顺应，可以拉近心理距离。

修辞方面的顺应。修辞层面的顺应，指用比喻、夸张、反讽等方法，使语言更具感染力和说服力的语用方法，外交言语活动中也经常会使用这种方法。如越南战争后期，美国和越南开始和谈，但谈判不顺利。对此，美方谈判代表基辛格曾这样形容道：“我们目前的谈判道路非常地漫长而且曲折，但在路的尽头，我们可以看到一丝胜利的曙光。”[①] 他用“道路的漫长和曲折”，形容双方谈判艰难曲折，因错综复杂的问题，难以达成共识；用“路的尽头”“曙光”，比喻谈判成功依然有希望。[②]

五、模糊理论与外交语言策略

（一）模糊语言的定义和功能

1. 模糊概念

1965 年，美国加利福尼亚大学控制论学者扎德教授首先提出了模糊集合论，使人们对数学中模糊性与精确性的关系取得新的认识。他指出：任何事物都在不断运动、发展、变化中存在，其过渡的、中介的形态是难以绝对精确判定的；同时各个事物之间的相互联系、渗透、转化的形态也是多种多样的，所以事物只有在它的中心地带是明晰的，它的周缘地带是模

① ［美］罗伯特·舒尔茨辛格著，任东来等译：《外交博士基辛格》，世界知识出版社 1992 年版，第 29—30 页。

② 秦小锋：《外交活动中语言的元语用意识分析》，《河南师范大学学报（哲学社会科学版）》2009 年第 4 期，第 223 页。

糊的。①

客观事物具有难以精准确定的模糊性，这一客观现象反映在人的大脑便产生了概念上和思维上的模糊性，随之也就产生了语言的模糊性。② 我国语言学家伍铁平在其著作《模糊语言学》中谈道："人类语言中，许多词语所表达的概念都是没有精确边缘的，即都是所谓的'模糊概念'。"③ 何自然认为，"模糊"概念就是表达命题真假之间存在界限不明的延伸。④ 此外，在言语交际当中，说话人为了达到某种特殊的交际目的，有时会把原本可以清楚表达的意思故意使用不明确的语言表达出来，这种语言使用现象被称为"语用模糊"，是一种语用策略。⑤ 综合而言，模糊语言具有语义不明确、内涵丰富、概括性较强等基本特征，因而对模糊语言的研究应该涵盖自然语言模糊性和语用目的模糊性两大板块。⑥

2. 模糊语言的功能及其外交领域运用的必要性

20 世纪 80 年代初，英国约克大学的语言学博士乃尔谈到模糊语言的功能时指出："模糊语言能提供恰到好处的信息，可以提高语言的表达效率，用较少的代价就能传递符合会话精神的信息；当不想说明详细情况时，发话者有时就用模糊语言来隐瞒真情或不愿意提供确切的信息；模糊语言具有劝导性，有时可以使语言更有说服力。"⑦

由于模糊语言具有如此之多的功能，因此常常被用于外交领域。因为国际社会是一个错综复杂、变化多端的庞大系统，充满了模糊、不确定性，因此，当外交人员代表本国就国际重大问题做出反应、发表看法、表

① 王蓓：《高校教学秘书沟通艺术》，《湖北函授大学学报》2010 年第 4 期，第 96—97 页；林俐、王海燕：《价值观与语言运用》，中国地质大学出版社 2007 年版，第 120 页。

② 颜连城：《外交语言的规范性和模糊性》，《世界知识》1988 年第 9 期，第 14 页。

③ 伍铁平：《模糊语言学》，上海外语教育出版社 1999 年版，第 13—15 页。

④ 何自然：《再论语言含糊》，《外国语》2000 年第 1 期，第 7—13 页。

⑤ 吴亚欣：《语用含糊的元语用分析》，《暨南大学华文学院学报》2002 年第 1 期，第 65 页。

⑥ 范武邱：《模糊语言研究中凸现出的几个问题》，《现代外语》2007 年第 2 期，第 155—162 页。

⑦ Joanna Channell, *Vague Languiage*, Shanghai: Shanghai Foreign Languge Education Press, 2000. 转引自：肖乐：《模糊语言在旅游英语翻译中的运用》，《佳木斯大学社会科学学报》2011 年第 1 期，第 154 页。

明态度时，往往措辞比较含蓄、委婉、间接、留有余地，很少直截了当，充满了模糊性，这是国际社会现实对国际交往的一种客观需要。事实上，语言的模糊性不但不会成为人们言语交际的消极因素，相反，它是语言具有弹性、简洁、灵活的表现。恰当运用语言的模糊表达，不但不会成为人们言语交际的消极因素，反而会提高语言表意的准确性，起到委婉含蓄、谦虚礼貌、富有联想等交际和美学效果。另外，如前已述，由于外交工作的特殊性，要求外交语言必须具有高度的政治敏感性、明确的立场性、准确性、分寸感、规范性、礼貌性，委婉含蓄，要做到这些，模糊策略必不可少。

根据相关学者归纳，外交领域使用模糊语言，具有如下具体功能：（1）保全“面子”，顾全大局；（2）扩大概念，争取多方支持；（3）减少分歧，强化共同点；（4）增强表达，加大信息；（5）可以提供恰到好处的准确信息；（6）使语言措辞更为婉转、含蓄；（7）留有回旋余地；（8）自我保护（保密、维护国家利益）；（9）提升礼貌、修养等。①

（二）模糊理论在外交语言中的运用

如何在外交活动中，对语言进行模糊化处理？方法很多，如可以通过违反“合作原则”，通过运用“礼貌原则”、关联理论、顺应理论等，实现模糊化处理，如前已述。下面，从修辞角度，看看外交语言的模糊策略主要有哪些。

1. 修辞性模糊

在现代汉语里，修辞即修饰言辞之意，狭义指文字修辞，广义指“调整言辞”，既包括文章的谋篇布局、遣词造句的全过程，同时也包含语言文字修辞。而模糊修辞，是指利用语言的模糊性来提高语言表达效果的一种艺术手法②，或利用修辞格来实现模糊的语用功能的艺术手法。这种方法在外交领域广泛使用。

（1）双关语。据“360 百科”查询，所谓双关，就是指利用词语的同

---

① 吴冬丽、马云霞：《外交中模糊语言的功能》，《武汉工程大学学报》2009 年第 2 期，第 88—89 页。

② 陈意德：《论模糊修辞及其语用功能》，《天津外国语学院学报》2001 年第 2 期，第 27—30 页。

音多义特点，有意使句子具有双重意义的修辞方法。双关有四种方法，即谐音双关，语意双关，音、形双关，音、形、义双关。外交活动中使用双关语可以避免回答无法回答的问题，是对提问者的礼貌回应，也是对自己国家利益的保护。（2）委婉语。委婉就是用婉转、温和的新词或话语，替代具有令人不悦，含义不够尊重，具有负面、攻击性或禁忌意涵的词或表达方法。[①] 委婉语经常用于外交场合，特别是话语涉及原本具有血腥、攻击性的军事术语时，常常用委婉语替代，这样可以使话语更有礼貌性质，更容易让人接受。礼貌语言不等于委婉语，但使用委婉语可以模糊事物的性质，显得很有礼貌。（3）隐喻。据“360 国学”查询，隐喻即以喻体来代替本体，直接把甲（本体）说成乙（喻体），从而暗示它们之间有相似之处的比喻手法。外交场合使用这种方法，可以使语言产生模糊、含蓄、简洁的表达效果。

2. 非修辞性模糊

外交场合经常会用有意偷换概念、空话回避、归谬法和模糊限制词等非修辞性模糊方法来实现外交话语的交际目的。

（1）有意偷换概念。据“360 百科”查询，偷换概念就是指在言语交际过程中，有意无意地违反同一律的逻辑要求，用一个概念替换另一个不同的概念的方法。如果遇到难以回答或者不便于回答的问题时，用该方法可以回避对方问题，避免发生外交失误。（2）空话回避。空话回避即用不带有实际信息的空话来回答问题的方式。在外交场合，当提问者的问题过于敏感，又不得不回答的时候，外交人员多采用空话回避方法来应对提问。（3）归谬法。归谬法也叫推至极端法，就是顺着提问者的逻辑进行推理、引申、放大，从而得出极其荒谬可笑的结论，以驳倒对方观点的论证方法。[②] 这种以荒谬对荒谬、模糊语义、转移话题的反驳方法，比起直接反驳的论证方法更有说服力，更富于幽默感。（4）模糊限制词。模糊限制词就是指能使事物变得模糊的词语，如“足够”“大量”“非常”“极端

① 杨桂兰：《论英语委婉语的构成及其规律变化》，《校园英语》2012 年第 12 期，第 216 页。

② 张霞：《外交辞令中模糊语言的生成机制》，《湖南第一师范学院学报》2008 年第 2 期，第 124 页。

地”“实际上”“从某种意义上说”“彻底的”等。在外交场合，为了避免直陈可能造成的失误，许多外交人员都会采用模糊限制词，使回答留有余地。

六、幽默理论与外交语言策略

（一）幽默的定义

据“360百科”查询，王国维在其《屈子文学之精神》一书中，提及“humor”，并将其音译为“欧穆亚”，认为“欧穆亚”是一种达观的人生态度，但未展开论述。1924年，林语堂在《晨报》副刊上发表的《幽默杂话》中，定“幽默”为“humor”的汉译名，后来被广泛接受使用。英语、法语的“幽默”一词来自古希腊医学之父希波克拉底提出的“体液学说”。他认为气质取决于人体内的四种液体，即血液、粘液、黄胆汁、黑胆汁的混合比例，并以何种体液占优势而把人的气质分为多血质、粘液质、胆汁质、抑郁质。故该词还有性格、情绪、情感冲动等意，并转指人的举止、言谈、行文中所具有的诙谐趣味，进一步又衍生为对上述诙谐趣味的感受和表达能力。①

幽默的定义有广义和狭义之分，广义即指一切滑稽可笑的事物，狭义则是与讥讽、揶揄相区别的。古往今来，不同人从不同角度给幽默下了不同的定义，至今没有统一的定义。

弗洛伊德认为幽默的快乐比玩笑具有更高的价值，它能使人得到解脱和提高。幽默分为两种情况：一是针对自己的幽默，二是针对他人的幽默。无论哪种情况，幽默都能使旁观者（听众）分享到快乐。幽默有这样几个特征：与玩笑一样，幽默是潜在的情感能量的释放；原则为拒绝现实的要求和实现快乐；与玩笑相比，幽默带有某种高尚庄严的东西，是不屈从外界痛苦并藐视这种痛苦的自信、乐观。所以，幽默不是屈从，而是反叛，它表现出自我的胜利与快乐原则的胜利。②

---

① 龚维才：《幽默的语言艺术》，重庆出版社1993年版，第2—3、11页。

② 龚维才：《幽默的语言艺术》，重庆出版社1993年版，第2、8页。

《辞海》中的相关定义。幽默在文学艺术中有两个含义。第一个是发现生活中喜剧性因素和在艺术中创造、表现喜剧性因素的能力。真正的幽默能够洞悉各种琐屑、卑微的事物所掩藏着的深刻本质。第二个是一种艺术手法。以轻松、戏谑但又含有深意的笑为其主要审美特征，表现为意识对审美对象所采取的内庄外谐的态度。幽默在引人发笑的同时，竭力引导人们对笑的对象进行深入的思考。通常是运用滑稽、双关、反语、谐音、夸张等表现手段，把缺点和优点、缺陷和完善、荒唐和合理、愚笨和机敏等两极对立的属性不动声色地集为一体。在这种对立的同一中，见出深刻的意义或自嘲的智慧风貌。①

老舍视幽默为一切喜剧的表现形式，讽刺、机智、滑稽、奇趣都可以包括在里面，不过，在绝大多数情况下，他把幽默看作一种心态，即主体对客体之滑稽的一种讪笑态度。他认为幽默比较宽厚，而讽刺因道德的目的必须毒辣而不留情。但讽刺家心里充满热情，切盼大家改过自新，齐步前进。②

中国喜剧美学理论家陈孝英认为，幽默有多层含义。广义的幽默是生活和艺术中各种喜剧形式的总称；狭义的幽默是创作主体以比较温和的态度和比较含蓄的手法，通过美与丑的强烈对照，对包含喜剧因素的事物做有意识的理性倒错的反映，造成一种特殊的喜剧情境，并进而创造出一种包含复合感情、充满情趣而耐人寻味的意境，使欣赏主体（审美主体）产生会心的笑，来表达美对丑的优势。③

上述定义为我们了解幽默的特点、形式、本质等提供了帮助。本书采用广义的幽默定义，即幽默是指生活和艺术中各种喜剧形式的总称，讽刺、机智、滑稽、奇趣等都包括其中。

（二）幽默的分类

根据不同标准可以将幽默进行不同分类。有人按照层次将幽默分为不

① 夏征农主编：《辞海》，上海人民出版社 1999 年版，第 952 页。

② 龚维才：《幽默的语言艺术》，重庆出版社 1993 年版，第 14 页。

③ 龚维才：《幽默的语言艺术》，重庆出版社 1993 年版，第 15 页。

同层次：浅层次的幽默是取笑逗乐、联络感情、活跃气氛的表现；中间层次的幽默是旨在追求诗意与艺术冲突旨趣的表达能力；高层次的幽默则是一种修身养性、感悟世事哲理意蕴的能力。① 根据风格的内容因素，幽默可分为机智、讽刺、滑稽、荒诞等。根据表现形式，幽默可分为雅与俗、隐与显、繁与简等。此外还有人将幽默分为病态幽默、灰色幽默、黑色幽默、黄色幽默、玫瑰色幽默等。

高雅的幽默其语言追求的是真善美的境界。所谓“真”，就是要善于运用智慧和思辨哲理来说明事实；所谓“善”，就是发话者表达出高尚的道德品质，使听话者受到启发和教育；所谓“美”，是指发话者运用艺术性的技巧，给人以语言睿智而风趣的美感。低俗或庸俗的幽默，是指格调不高、低级趣味的幽默，或是以取笑他人生理缺陷，或是以丑化、污蔑、诽谤他人形象为乐的言行，这种幽默给人的不是美感，而是令人不舒服的负面效应。病态幽默，是指以悲剧情景为内容来表现主人公对生活绝望的心境，揭露生活中痛苦、丑陋一面的幽默形式。与健康幽默相比，病态幽默带给人的可能不是欢笑，但它还是反映了人们的一些真实心理取向。② 据“360 百科”查询，黑色幽默是指用饱含痛苦和绝望、眼泪和笑声、忧郁和沉闷、苦涩和愤怒的荒诞不经、冷嘲热讽和玩世不恭的态度来对待、嘲讽现实中的一切荒谬、丑恶、残酷、阴暗等“黑色”的事物，是一种哭笑不得的幽默、绝望的喜剧和“绞刑架下”的幽默。冷幽默带有一点黑色幽默的成分，但又区别于黑色幽默，可以理解为一种很随意的、意图不明显的幽默，即当事人并没有刻意地追求某种幽默效果，而是淡淡的、不经意间的自然流露，却让人发愣、不解、深思、顿悟、大笑，回味无穷。白色幽默指令人恐惧而又感到好笑的话或句子。黄色幽默，又称荤幽默，指带有色情意味、性暗示的幽默。灰色幽默多是在压抑、苦闷、忧郁、绝望、失望的心境下产生的一种幽默，通常以不黑不白、不好不坏、不荤不素、不咸不淡的笑话、言语来揭露事物的阴暗面，表达或暗示发话者内心的苦闷、压抑与不满，使人苦笑、大笑后有所思考。玫瑰色幽默是“一种

① 龚维才：《幽默的语言艺术》，重庆出版社 1993 年版，第 16 页。
② 龚维才：《幽默的语言艺术》，重庆出版社 1993 年版，第 91—94、98 页。

喜剧美学的表现形式”，其特点在于其“近于诗歌”的幽默风格，以温柔、和蔼、委婉的方式嘲讽社会生活中的某些不足之处，它“很少使人捧腹大笑”，却常常“让人微笑相伴始终”。①

（三）幽默在外交语言活动中的功能与作用

在外交语言活动中，适当运用幽默策略，可以产生积极效果。

第一，幽默可以使人发笑，使人在笑声中获得愉悦和快乐，有助于赢得别人的好感和信任。著名的自然科学家肯兰德·洛伦茨曾说：“笑（作为幽默的公开表达形式）在参与者中同时可以产生出强烈的伙伴感情和对局外人的一致攻击性。对相同事物的开怀大笑可以形成一种紧密的默契，恰如人们对相同观念所抱以的热情。在同一事物中发现可笑性，这不仅是真正友谊的必要条件，而且还经常是友谊形式的第一步。”②

第二，可以打破陌生感，消除紧张气氛，制造轻松、愉快、友好的沟通氛围，增添人们交谈的情趣，拉近与听话人的心理距离。如，美国总统林肯在会见某国总统时，还没握手就谈笑风生：“啊，原来我的个子还没有你高，怎么样，当总统滋味如何?”那位总统有点拘束，说：“你说呢?”林肯：“不错，像吃了火药一样，总想放炮。”这段话使两位总统间的猜疑、戒备之心立刻消减了。

第三，可以避免尴尬，回避敏感问题，摆脱窘境，化解矛盾，消除对立情绪，甚至言语危机，转危为安，和谐关系。朱光潜指出：“在一个集会中，大家正襟危坐时，每个人都俨然不可侵犯的样子，彼此中间无形中有一层隔阂。但到了谐趣发动时，这一层隔阂便涣然冰释，大家在谑浪笑傲中忘形尔我，揭开文明人的面具，回到原始时代的团结与统一。托尔斯泰以为艺术的功用在传染情感，而所传染的情感应该能团结人与人的关系。在他认为值得传染的情感之中，笑谑也占一个重要的位置。刘勰解释‘谐’字说：‘谐之言皆也；辞浅会俗，皆悦笑也。’这也是着重和谐的社

① 龚维才：《幽默的语言艺术》，重庆出版社 1993 年版，第 100—110 页。

② ［美］保罗·麦吉著，何广林、王小伦、张增武译：《幽默的起源与发展》，南京大学出版社 1992 年版，第 33 页。

会性。社会的最好的团结力量是谐笑，所以擅长谐笑的人在任何社会中都受欢迎。在极严肃的悲剧中有小丑，在极严肃的宫廷中有俳优。”①

第四，可以增强语言的生动性和艺术感染力，提高语言的影响力。

第五，林语堂曾说：最上乘的幽默，可以表达“心灵的光辉与智慧的丰富”。高雅的幽默，能体现达观的人生态度、高尚的情操和丰富的知识，有助于树立说话人个人亲和形象，提升国家的良好形象。

第六，有讽刺、怨刺的作用。

（四）幽默的技巧

幽默的技巧很多，有人归纳如下：（1）音形的趋同，语义的偏离。如双关、飞白、曲解、别解、换义、仿拟、仿射等。（2）语形的解构，语义的隐现。如藏词、藏代、析字、析词、镶嵌、换序等。（3）语义的突变，前后的反差。如衬跌、杂混、承转、设歧、旁逸等。（4）语式的偏离，效果的新奇。如折绕、设疑、设彀、示例等。（5）语阈的越位，风格的混合。如比喻、比拟、倒反、降用、借用、移时、夹杂、错用等。（6）逻辑的偏离，产生笑话。一是对同一律的偏离，如误会、夸张、错位等；二是对矛盾律的偏离，如矛盾、佯否、臧否等；三是对排中律的偏离，如闪避、歧义等；四是对充足理由律的偏离，如强推、谐辨等。②

（五）幽默在外交语言中的运用

第一，幽默的成语、歇后语。有许多幽默的成语、歇后语是记录中国古人幽默的活化石，为后人提供了取之不尽、用之不竭的幽默源泉。如成语“揠苗助长”“邯郸学步”“狐假虎威”“南辕北辙”“朝三暮四”“守株待兔”“画蛇添足”“刻舟求剑”等；歇后语“麻袋绣花——底子太差”“麻袋做龙袍——不是那块料”“脚踩西瓜皮——滑到哪里算哪里”等。这些成语、歇后语，对于外国人来说是一种新颖独特的表达方式，既恪守原

---

① 朱光潜：《诗经·第二章诗与谐隐》，《朱光潜美学文集（第二卷）》，上海文艺出版社1982年版，第27页。

② 《幽默修辞研究》，豆丁网，http：//www. docin. com/p－889627978. html。

则，又妙趣横生。①

第二，夸张。夸张是指对事物的形象、特征、作用、程度等方面有意夸大或缩小，以增强表达效果的修辞方式。在外交或涉外场合，适当使用夸张手法，可增强语言的幽默效果。

第三，反语。反语就是使用与自己本意相反的词语或句子来表达本意，即说反话，从而达到讽刺、嘲弄或赞扬、打趣、自嘲的效果。反语可以是正话反说，也可以是反话正说，都能极大地增强文章和话语的幽默感。外交语言涉及的都是严肃的政治内容，它要求外交官们必须准确、严谨地使用语言，但这不意味着外交官们必须紧绷着脸，使用刻板生硬的语言交谈问题，不排除灵活多样地使用语言。除了直陈、明示的话语表达方式外，也可以委婉含蓄，借助“俏皮话”，使僵硬的政治谈判、交际应对富于幽默感。

第四，返射。返射亦称仿射，如谭永祥所定义的，是指把对方之言语当作反讥和戏谑对方的手段，即“以其人之‘言’，还治其人之身”。这里的返射，也包括模仿对方的逻辑和语言形式建构与之相似的话语来回应对方的手段。②

第五，自嘲。所谓自嘲，指自我嘲笑、自我解嘲的一种言语策略，是为人处世的一种方法。在人际交往中，恰当使用自嘲法，可以活跃气氛，解除尴尬，消除自卑。自嘲法也常常应用于外交场合，可以起到同样的作用。

第六，双关。利用词的多义和同义的特点，有意使语句具有双重意义的修辞手法叫双关。双关可以使语言表达更为含蓄、幽默。双关分语义双关和谐音双关。语义双关是指借用同义的词语来表达一个双关的意思；谐音双关是指利用同音或近音的条件而构成的双关，如“韩流”与“寒流”，便利用了“韩”“寒”同音。

第七，比喻。比喻就是通过寻找两个事物之间的相似点，用其中一个事物来说明另一个事物的修辞手法。比喻可分为：明喻、隐喻、借喻、博喻、简喻、缩喻、扩喻、引喻、较喻、对喻等。巧用比喻不仅可以产生幽

① 《幽默修辞研究》，豆丁网，http：//www. docin. com/p－889627978. html。
② 《幽默修辞研究》，豆丁网，http：//www. docin. com/p－889627978. html。

默效果，缓解紧张气氛，化解尴尬，有时还可以使深刻、抽象的道理更为浅显、具体、生动地表达出来，化繁为简，化抽象为具体，使语言更为有理有力。所以，比喻不仅是普通人逗笑取乐的方式，也是政治家、外交家的有效工具。

（1）明喻。所谓明喻，是指本体、喻词和喻体同时出现的比喻。常用的喻词有："像""好像""好似""如""有如""如同""恰似""仿佛"等。（2）隐喻。隐喻又叫暗喻，指本体和喻体同时出现，二者在形式上是相合的关系，说甲（本体）是（喻词）乙（喻体）。喻词常由"是""就是""成了""成为""变成"等表判断的词语来充当。

第八，强推。强推是指说话人故意违背逻辑推理规则，将原本毫无联系的前提与结论硬拉扯在一起，作错误推理，得出荒谬结论，以增强自己的话语效果。①

第九，设彀。所谓设彀，是指巧妙运用语言设下圈套，诱使对方按照发话者预期的那样说出某句话或做出某一行为，然后顺水推舟，表明自己的意图。设彀的方式多种多样，有激将法、征询问答法、以退为守法、利益引诱法等。恰当使用语言设彀，可以避免直陈带来的尴尬。②

第十，悬念法。悬念法是一种"先藏后露、欲扬先抑、引而不发"的修辞法，包括三个基本环节：制造悬念、悬而有念、解锁悬念。首先，制造悬念使人注意，产生好奇，相当于设置谜面，置人于悬念中；其次，利用悬而有念、好奇探谜的心理因素，使听话者产生急切求解的心理；最后，解锁悬念，即拨开听话者心头迷雾，揭开谜底，让人出乎意料又合乎情理，产生幽默效果，使人获得心理上的满足和艺术上的享受。③

第十一，曲解。所谓曲解，指故意对某些词语、事物、现象的意思进行歪曲的解释，以满足幽默的需要。运用曲解可造成幽默诙谐的语言特

① 朱晓阳、吕菊梅：《探外交语言的非逻辑性艺术》，《上饶师范学院学报》2003 年第 1 期，第 105 页。

② 《幽默修辞研究》，原创力文档，https：//max. book118. com/html/2014/0812/9401293. shtm。

③ 《作文设置悬念的方法解析》，圣才学习网，2012 年 11 月 16 日，http：//hanyu. 100xuexi. com/ExtendItem/OTDetail. aspx？ id = ff1056aa – e41c – 40fb – ba66 – 1f85acc73adf。

色，增加轻松愉快的沟通气氛，或达到辛辣嘲讽的效果。

言语幽默表达法还有许多种，上面仅例举了其中几种方法。外交场合适当运用这些技法，可以使谈吐更加风趣、诙谐，增强语言的感染力。但幽默也不是随心所欲，到处乱用的。不分对象、不分场合、不分形式的幽默只会适得其反。所以幽默的运用也受到一定条件的制约，尤其在外交场合，除了要考虑国家利益、外交原则外，还应注意对方的宗教、文化差异等诸多因素。只有运用得恰到好处，幽默才能真正发挥它的积极作用。

七、赋诗言志与外交语言策略

赋诗言志不仅是中国传统的诗学活动，更是独特的外交话语方式。中国人自古以来就善于在外交场合通过吟诗作赋来表达立场、传递外交信息，或者通过吟诗作赋对外交事务发表观点、表达立场，这种外交话语方式，我们称之为“诗赋外交”。它源于西周，兴于春秋，盛于唐宋明清，相承千载，贯穿古今，其间，赋诗方法、诗歌内容等许多方面都发生了变化，但以诗代言、赋诗明志的独特外交话语方式却始终没有消失，相反作为中国传统文化的一部分，至今仍发挥着它独特的外交艺术魅力和公共外交作用。

（一）赋诗言志：兴起于春秋时期的外交话语方式

赋诗言志兴起于春秋时期各诸侯国之间的外交外事活动，这可以从《左传》《国语》中记载的赋诗场合及赋诗频率等数据中得到证实。根据俞志慧统计，《左传》赋诗涉及外交飨礼场合的有 10 例，涉及外交聘飨的有 4 例，涉及外交聘宴的有 3 例，涉及外交盟享的有 2 例，涉及外交盟会的有 2 例，涉及外交聘礼、外交便宴、外交朝宴、外交宴礼各 1 例，另外还有 2 例也与外交场合有关，此外的 4 例赋诗涉及君臣议政、朝廷飨礼等场合，说明春秋时期的赋诗多发生在外交场合。

另外，春秋时期的赋诗言志是一种职业性外交手段，是各国诸侯、大夫等的外交应对基本功。这可以从孔子的言语中得到证实。孔子说：“不学《诗》，无以言”（《论语・季氏》），“《诗》可以兴，可以观，可以群，可以怨，迩之事父，远之事君，多识于鸟兽草木之名”（《论语·阳货》），“诵《诗》三百，授之以政，不达；使于四方，不能专对。虽多，亦奚以为?”（《论语·子路》）。

可见，孔子的目的在于培养学生的外交应对能力。赋诗言志也是各国诸侯、大夫“微言相感”、外交应对的基本功。不学诗，就无法参加外交活动，不会赋诗就意味着教养的缺乏、没有“出使专对”的资格。大夫出使、交接别国，根据礼仪必称诗谕志，这是当时外交活动中不可缺少的一个过程。因为赋诗言志，不仅可以体现赋诗者个人的教养，还可从使者的表现（赋诗才能的表现）看出一个国家的前途。所以，赋诗言志是春秋时期外交舞台上最为盛行的一种辞令方式。①

（二）赋诗言志：盛行于唐宋元明清的外交话语方式

“诗赋外交”在唐宋元明清时期得到了空前发展，主要体现在中国与朝鲜、日本之间的赋诗言志活动中。由于朝鲜与日本深受中国汉字文化影响，汉文学、汉诗甚为流行，两国与中国使臣往来不断，经常以诗会友，甚至通过赋诗言志来解决棘手的政治外交问题，为增进友谊、化解矛盾起到了积极作用，留下了许多诗赋佳作和外交史话。

1. 古代中朝两国间的“诗赋外交”

明初，朝鲜大臣权近前往南京。“初进入朝，帝赐对，知近有学问，命赋题诗二十四篇。近应制为帝嘉赏，令从仕文渊阁，且赐御制，盖宠之也。”（朝鲜《太祖实录》六年三月辛本条）权近的 24 首“应制诗”中 9 首为五言律诗，其余 15 首则是七言律诗。内容为介绍奉使目的、旅程的纪行诗和介绍朝鲜历史、地理、名胜的咏史诗以及歌咏京师（今南京）的咏景诗。朱元璋的御制诗三首分别是《鸭绿江》《高丽故宫》《使经辽左》。权近出使明朝期间还将所见所闻所感以 120 余首诗歌形式加以记录形成《奉使录》，为“诗赋外交”留下典范之作。此后，明使臣出使朝鲜，朝鲜

① 朴钟锦：《中国诗赋外交的起源与发展》，知识产权出版社 2013 年版，第 208—209 页。

必将此间双方唱和诗文汇辑刊行，定名为《皇华集》，至明末共刊行50卷。[①] 至清代，两国使臣往来不断，亦留下了很多宝贵的“诗赋外交”作品。清朝官员阿克敦的《奉使图》，以绘画题诗记录了出使期间的所见所闻所感。[②]

2. 古代中日两国间的“诗赋外交”

中日间的“诗赋外交”兴盛于唐代。725年，唐玄宗为欢送日本遣唐使藤原清河回国，作诗相送，其诗《送日本使》曰：“日下非殊俗，天中嘉会朝。念余怀义远，矜尔畏途遥。涨海宽秋月，归帆驶夕飙。因惊彼君子，王化远昭昭。”表达了对藤原清河一行的友好之情和美好祝愿。

据“百度百科”查询“阿倍仲麻吕”一词，可以发现他与中国友人之间的诗赋唱和。唐开元四年（716年，日本元正灵龟二年），阿倍仲麻吕作为遣唐使来到中国学习、做官。其间以诗会友，广交朋友，与唐朝诗人李白、王维、储光羲、赵晔（骅）、包佶、卢照邻等都结下了深厚的友谊。多年后，他因思乡心切，请求归国。听说他要回国，他的中国好友纷纷以诗相送，如王维的《送密书晁监返日本国》、储光羲的《洛中贻朝校书衡，朝即日本人也》、包佶的《送日本国聘贺使晁巨卿东归》等，表达了对他才华的赞美、对中日友好关系的颂赞以及依依惜别之情。阿倍仲麻吕回国途中不幸遇险，消息传来，唐朝朝野上下，以为他已身亡作古，纷纷祭奠追悼。李白挥泪写下《哭晁卿衡》：“日本晁卿辞帝都，征帆一片绕蓬壶。明月不归沉碧海，白云愁色满苍梧。”词短意长，感情真挚。但晁衡死里逃生，辗转返回长安。当他看到李白为他写的诗时，百感交集，当即写下了著名诗篇《望乡》：“卅年长安住，归不到蓬壶。一片望乡情，尽付水天处。魂兮归来了，感君痛哭吾。我更为君哭，不得长安住。”此后，阿倍仲麻吕再也没有回国，终老在中国。

同据“百度百科”查询，明朝朱元璋召见日本绝海中津，谈到徐福传说时，垂询熊野古祠，绝海中津便赋诗《应制三山》一首作答：“熊野峰

① 李岩：《中朝文学关系史》，社会科学文献出版社2003年版；杨昭全：《中国—朝鲜·韩国文化交流史（II）》，昆仑出版社2004年版，第777—778页。

② ［清］阿克敦著，黄有福、千和淑校注：《奉使图》，辽宁民族出版社1999年版。

前徐福祠，满山药草雨余肥，只今海上波涛稳，万里好风须早归。”明太祖即席和韵赐诗云：“熊野峰高血食祠，松根琥珀也应肥。当年徐福求仙药，直到如今更不归。”绝海中津得到这首御制诗，如获至宝，带回日本之后，什袭珍藏。明惠帝时期曾派遣禅僧道彝天伦和教僧一庵一如出使日本，绝海中津将明太祖的御制诗轴捧示，叫二人按原韵和诗。道彝天伦将自己作的诗附于诗轴之末：“采药秦人旧有祠，春风几见求苗肥。老僧曾到中华国，御笔题诗赐远归。”一庵一如的诗云：“挂锡龙河古佛祠，一生高洁厌轻肥。赋诗诏入金銮殿，携得天香满袖归。”这些诗记录了中日友好交流的历史，饱含着浓浓的友好感情。①

（三）当代的“诗赋外交”

由于语言和文化的差异，古代那种以汉诗为媒介的群体共时互动的唱和赠答，在当今国际环境下已再难出现，但中国领导人经常在外交场合赋诗言志，引起了世人的普遍关注，产生了积极的国际互动效应。我们看到，外国领导人在与中国的外交往来中，也时常会引用中国的诗文名句、成语典故来表情达意，增强沟通效果，深受中国人民的欢迎。这是“诗赋外交”的“群”的功能体现，虽然与古代直接用汉诗共时互动式的唱和有所不同，但它却是最能打动人心、最容易获得对象国民众喜欢的外交话语方式。

第一，“海内存知己，天涯若比邻。”1984 年时任美国总统里根访华，在欢迎晚宴上，里根在祝酒词中说：“很多年前，一个叫王勃的中国诗人说，‘海内存知己，天涯若比邻’。第二天，在晚宴上的祝酒词中他再次引经据典说：“让我们同心同德，正如《易经》中一句话说的那样‘二人同心，其利断金’。”

里根引用中国古诗，旨在表达他对中美关系的认识和希望：两国虽相隔浩瀚的太平洋，但中美两国依旧像邻近朋友一样。只要团结起来，就没有不能克服的障碍。

---

① 朴钟锦：《中国诗赋外交的起源与发展》，知识产权出版社 2013 年版，第 118—122、152—153 页。

第二，“一乡之善士斯友一乡之善士，天下之善士斯友天下之善士。”1998 年克林顿总统访华，在国宴祝酒词中说：“我们在以不同的方式坚决维护着孟子的思想：‘一乡之善士斯友一乡之善士，天下之善士斯友天下之善士。’”① 孟子的这段话出自《孟子·万章（下）》，大意是：一个乡的优秀人物就和一个乡的优秀人物交朋友，一个国家的优秀人物就和一个国家的优秀人物交朋友。

第三，“轻舟已过万重山。”（唐代李白《早发白帝城》）。1989 年，老布什总统访华，在欢迎晚宴上，他在引用“前人栽树，后人乘凉”之后，提到他和夫人在中国旅行，特别是到杜甫老家游览、乘船经过三峡的经历时说道：“我们想起了三国故事，几乎听到了诗人李白‘轻舟已过万重山’的描述。”老布什引用李白的诗，显然意在暗示：中美关系冲破重重阻力，破浪前行。

第四，“民可近，不可下。民惟邦本，本固邦宁。”（《五子之歌》）。2005 年 11 月，美国总统小布什访问中国之前，在日本京都演讲时曾引用过《尚书·夏书》中的古诗《五子之歌》。他说道：“在托马斯·杰斐逊或亚伯拉罕·林肯诞生的几千年前，就有一位中国诗人写道：‘民惟邦本，本固邦宁。’”②

第五，“山川异域，风月同天”“岂曰无衣？与子同裳”。2020 年初，新冠疫情期间，日本捐赠了一些物资，上面标注有“山川异域，风月同天”和“岂曰无衣？与子同裳”，让中国民众深受感动。③

“山川异域，风月同天”出自日本长屋的《绣袈裟衣缘》。长屋，日本天武天皇的孙子。721 年任右大臣，开始掌握政权。长屋执政期间，曾造一千领袈裟，委托遣唐使带到中国，终养众僧。在袈裟的衣缘上绣了四句偈语（佛经中的颂词）：“山川异域，风月同天。寄诸佛子，共结来缘。”

---

① 《历任美国总统演讲引用的中国经典诗词佳句》，巨人教育网，2012 年 12 月 11 日，http：//www. whjuren. com/1/gzyyjh/20121211/53960. html。

② 高玉昆：《国学与我国当代外交实践》，《国际安全研究》2011 年第 2 期。

③ 《“山川异域，风月同天”，日本捐赠的不仅是物资，还有千年情谊》，腾讯网，https：//new. qq. com/omn/20200207/20200207A0PQ5800. html。

表达了作者希望中日两国人民尤其是佛教界人士永远友好相处的美好愿望。[①]

“岂曰无衣？与子同裳”出自《诗经·秦风·无衣》。《秦风·无衣》是《诗经》中最为著名的爱国主义诗篇，因产生于秦地（今陕西中部和甘肃东南部），故得名“秦风”。据“360百科”查询，商周时期，秦人与戎狄杂处，经常遭受戎狄侵扰。所以，秦人中的成年男子，平时耕种放牧，若有戎狄来犯，穿上战袍，战场挥戈，英勇杀敌。在抗击西戎入侵的战争中，秦国人民表现出了英勇无畏的爱国精神，也创造了这首充满爱国主义激情的慷慨战歌。由于诗的语言质朴无华，情感真挚，具有震撼人心的力度，所以流传千古。日本援助物资上印的这句话，表达了日本人民支援武汉，愿与武汉人民共同抗击疫情的决心和美好心愿。

总之，赋诗言志作为中国传统的外交话语方式，在中国历代历朝的外交舞台上，以其委婉含蓄、高雅睿智、形象生动、宽猛相济的诗句，书写外交历史，传递外交思想，阐明外交立场，表达爱憎情感，为捍卫国家尊严，维护国家利益，提升国家形象，展现中国文化底蕴，维护世界和平与发展，发挥了独特而积极的影响作用。正如习近平指出：“学史可以看成败、鉴得失、知兴替；学诗可以情飞扬、志高昂、人灵秀；学伦理可以知廉耻、懂荣辱、辨是非。”[②] 只有学贯古今中外，提高自身的修养，才能胜任当前和未来的外交、外事工作的实践以及国际关系、外交领域的研究工作，从而为中国文化软实力的提升，为中华民族在世界民族之林的复兴而做出应有的贡献。[③]

八、针锋相对，以牙还牙，以眼还眼

（一）针锋相对，以牙还牙，以眼还眼

前面讲了许多种外交语言的应对策略，基本上都是强调在外交场合外

① 朴钟锦：《中国诗赋外交的起源与发展》，知识产权出版社2013年版，第134页。

② 丁涛：《习近平历史文化“金句”：学史鉴得失，学诗志高昂》，人民网，2019年2月2日，http：//politics. people. com. cn/n1/2019/0202/c1001 - 30608828. html。

③ 朴钟锦：《中国诗赋外交的起源与发展》，知识产权出版社2013年版，第221—225页。

交官或新闻发言人应该避免与人当面争吵，言语方式尽量做到既准确又模糊，既明确又含蓄，既委婉又幽默，既严谨又诙谐……但当记者或对方的提问有明显敌意、恶意攻击、诋毁和煽动等情况时，该针锋相对还得针锋相对，该反击还得还击，否则会显得软弱可欺，让对方得寸进尺。针锋相对地回答问题时，要注意击中要害。打蛇要打在七寸上，抓住要害反击才见效；避免使用过激的语言，因为针锋相对不是吵架，用反诘的方法会增强反击效果。

（二）如何说“不”

提倡少说或不说“无可奉告”，并非意味着发言人或外交官任何时候都不能说“不”。因为：有些问题授权有限或问题太敏感，不允许发言人向记者提供更多的情况或发表评论。发言人不可能什么事情都知道。对一些没有核实的消息不宜急于盲目表态。那么如何说“不”？该说“不”时，不仅要说“不”，还要说好“不”。邹建华在其《外交部发言人揭秘》一书中，列举过许多种说“不”的方式，可以借鉴。[①]

① 邹建华：《外交部发言人揭秘》，世界知识出版社2005年版，第146—151页。

后　记

本书主要论述了文化与国际交往的相关问题。全书共分五章：第一章“文化与国际交往概况”，主要对文化的概念、构成、功能和特征，以及国际交往的概念、分类、功能和原则做了阐述。

第二章“文化与跨国人际交往”，主要通过介绍文化“洋葱比喻说”的价值驱动论、跨文化交流模式理论、六大价值取向理论、文化维度理论、个体—集体主义理论、文化架构理论，阐述了文化如何影响跨国人际交往，跨国人际交往中有哪些文化差异会影响人们的生活和工作态度等。

第三章“文化与国家间交往”，通过对文明冲突论、软实力理论、建构主义理论观点介绍，阐述文化对国际关系、外交政策的影响作用，并指出当今国际交往面临的困境及对策。然后以美国、日本为例，具体分析了文化中不同价值观念对其外交政策产生的影响作用。

第四章“国际交往中的话语权竞争”，除了对国际话语权、话语权外交的概念、分类、构成要素，对国际话语权的基础、本质、重要性等进行界定、厘清、阐述之外，还根据认知语境理论，提出了话语权外交的成功模式、话语体系建构的必要性，并根据主体间性理论，提出了以主体间性的国际话语交往模式克服和超越二元对立的主客体两极对立的话语交往模式。

第五章“国际交往中的语言文化安全问题及外交语言的特征和策略”，对国际交往中的语言文化安全问题进行了分析，指出语言安全与文化安全共生共灭，语言能力不足也会影响文化安全乃至国家安全。其中，作为国家语言能力的重要组成部分，外交语言能力可谓是国家语言能力的象征和软实力的表征，它具有政治性、规范性、格式化、文化差异性、安全性、权力性及权利性、策略性等特点，在国际交往中发挥着重要的软实力作用，所以，外交人员在国际交往中的语言应对策略和技巧显得格外重要和必要。作为外交语言的应对策略，“合作原则”、“礼貌原则”、“面子理论”、顺应理论、模糊理论等，不失为指导我们学习和了解外交语言策略和技巧的理论和方法。

本书的出版得到了北京市教师队伍建设—教师教学促进—双培计划虚拟教学团队建设项目（544013/004）的资助，笔者对项目资助方所提供的支持表示感谢。本书的完成有赖于所参考的相关专家学者的研究成果，在此对相关专家学者谨表谢意。同时，特别感谢成书过程中给予笔者帮助和支持的所有人。由于各种原因，本书的写作与出版经历了许多曲折，几经仓促修改，书中疏漏、谬误之处在所难免，敬请读者给予批评指正和谅解。

朴钟锦